最新版 （オールカラー）

個人事業の経理と節税

監修
税理士
益田あゆみ

はじめに

個人事業主として どうも経理や数字が苦手…という皆さまへ

働き方が多様化する昨今、副業・個人事業・フリーランスの方が増えてきています。そして「個人事業」という枠も、美容室、飲食店のような店舗営業はもちろん、ライター、デザイナー、業務委託、配達員、民泊など、業種・業態・規模の面でも想像以上に幅広くなってきました。

会社に勤務していれば、給与計算をはじめ、税金の計算も納税も雇用主がやってくれます。しかし個人事業として自分が代表になると、帳簿の記録や請求書の発行、納税など、いろいろな事務作業に追われます。実際、開業間もない方からは何から手を付けていいのかわからないという声を、何年も個人事業をやってきた方からは自己流でやってきたけど合っているのかわからないという声を耳にします。

帳簿をつけ、お金を管理することは、事業資金の流れの傾向とその対策に役立ちます。たとえば売上よりも自分でコントロールできる費用（経費）を見直すことで、利益が増える場合もあります。そのためには、もれなく経費を計上し、賢く節税し、正しい税務申告を行い、（嫌かもしれないけど）税金を払うことを繰り返す。そうすることで事業の信用が得られ、貯金も増える。結果、経済的に不安定といわれる個人事業を安定させていくことにつながる、と私は信じています。

かく言う私自身もこの仕事をする前は「確定申告」も「所得税」もまったく知らない素人でした。高校を卒業して就職した先の給与明細を見ても理解できず、年末にはただ源泉徴収票を受け取るだけでした。

だからこそ、本書を監修するにあたり、わからない方の気持ちを理解し、簡単な言葉遣いや見やすさを意識しました。今回のリニューアルにあたっては、個人事業主の方にとって、より頼りになる経理スタッフのような存在になる本づくりを目指しました。

本書を手にされ、お役に立てればこの上ない喜びです。皆さまの事業の発展を願っています。

税理士　益田あゆみ

CONTENTS

最新版　オールカラー

個人事業の経理と節税

2章 経理の基礎知識 43～60

3章 帳簿づけを始めよう！ 61～100

4章 雇用と外注について 101〜124

5章 決算書を作成しよう！ 125～152

6章 知ると得する節税テクニック 153～182

7章 確定申告をしよう！ 183～213

※本書は特に明記しない限り、2024年5月31日現在の情報に基づいています。

早わかり！個人事業の経理 基本のキ

そもそも、経理は何のためにするもの？

経理を行う意味と目的を知ろう！

●自分の事業のお金の流れを把握する！

事業において経理部門は「心臓」、お金は「血液」といわれています。なぜなら、経理の仕事は取引先への請求書の発行、入金管理、仕入先からの請求書にしたがって期日までに支払う……など、事業を円滑に循環させるために一番大事なお金の流れ（人間にとって血液の流れのようなもの）にかかわる大切な作業だからです。

そして、個人事業主であれば、このお金に関する仕事をすべてひとりで行うことがほとんどです。そのため、事業の継続・発展のため、お金を正しく循環させて経営に活かしてこそ、本来の経理の仕事といえるのです。

個人事業主が行う経理の仕事

請求書などを発行して、期日までに入金されているかを確認。

取引先・顧客

納品と納品書、請求内容が正しいかチェックし、期日までに支払いをする。

仕入先

個人事業主

勤怠から給与計算を行い、支給日に振込み。社会保険や年末調整などもする。

従業員

源泉徴収が必要かの判断をしたり、期日までに支払いをする。

外注先

預金口座の管理や借入を受けたいときの手続き、経営状態を示す書類を作成する。

銀行

所得税、消費税などの確定申告書を作成し、期日までに提出して税金を納める。

税務署

●経理を事業にフル活用しよう！

経理の仕事は取引を行った際、そのつど、複式簿記を使って帳簿をつけること➡P46がメインです。この積み重ねにより、所得税の確定申告・納税が行えることになります。ですが、本来、経理作業で把握した数字は税金計算のためではなく、経営判断や入金管理などに役立ててこそ「経理」の役割が発揮されるものです。

たとえば、帳簿をつけるときには預金口座の動きを確認しますが、取引先から入金がされているか？　経費の口座引落額が間違えていないか？　資金残高が減りすぎていないか？　などをチェックしながら行います。その定期的な確認が商売の感覚を育て、事業のお金の管理につながるのです。

経理を行うことで事業がスムーズに進む！

事業の収支を把握できる！

利益は出ているか、その金額はいくらか、その利益は去年より増えているか・減っているか、その要因は何か、利益をもっと出すにはどうしたらいいか、など、経理データを元に、状況の把握や今後の判断に活かせる。

資金繰りに活かせる！

今、事業資金としていくらあるのか、その中ですぐに現金化できるお金はいくらあるのかなどをチェックしつつ、今後の入金・支払いの予定を確認。資金繰りの準備をすることができる。

入金・支出管理がクリアになる！

入金確認をするまでが仕事、というように、確実にお金をもらうまで気を抜かず、請求書の金額と一致しているかまでチェック。支払いは期日までに行い、仕入先・外注先とも良好な関係が築けるように心がけよう。

取引相手への信用・信頼度アップ！

確定申告書上の数字や帳簿、残高試算表➡P90を元に取引を行えば、金融機関から借入を受けるときや、新しい取引先からも信用を得やすくなる。

早わかり！
個人事業の
経理

Q&A①

Q 経理ってどんな作業をするもの？

A 事業のあらゆるお金の流れを管理するのが経理の仕事です。準備をきちんと済ませたら、後は1年間でだいたいやることが決まっています。まずは、サクッと経理作業の全体像と流れを知り、経理の世界へ一歩踏み出しましょう！

Routine Work！（ルーティンワーク）

毎日～毎週の作業

作業の目的

- **取引**の管理
- **入出金**の管理

やることリスト

- ☑ 取引を記録する（仕訳帳の記帳、または会計ソフトの入力）
- ☑ 取引の種類ごとに記録を集計（総勘定元帳（そうかんじょうもとちょう）への転記）
- ☑ 取引や入出金をくわしく記録する（補助簿の記帳）
- ☑ 現金・預金の残高確認（通帳や金庫を確認）
- ☑ 領収書、請求書などの書類の整理・管理

開業するときの作業

作業の目的

- **開業**の手続き
- **事業**の準備と**経理**の準備

開業するときから経理の準備をしておこう！

やることリスト

- ☑ 経営計画を立てる（資金の確認）
- ☑ 事業用の銀行口座を作る
- ☑ 必要な手続きと書類の届出
- ☑ 帳簿の用意（または会計ソフトの用意）

毎月の作業

作業の目的

- 毎日～毎週の**記録の集計**
- **経営状況**のチェック

やることリスト

- ☑ 集計した記録のひと月分を一覧にする（残高試算表の作成）
- ☑ 各種税金の支払い
- ☑ 従業員がいれば、給与計算などの雇用関連の事務

毎年の作業

作業の目的

- **1年の経営状況**のチェック
- 支払う税金を決める**確定申告**

やることリスト

- ☑ 1年の経営成績・財政状況を確定させる（決算）
- ☑ 所得税・消費税を確定して申告・納税（確定申告）
- ☑ 翌年以降の経営方針を立てる
- ☑ 従業員がいれば、年末調整
- ☑ 在庫商品があれば、棚卸

早わかり！

個人事業の経理

Q&A②

Q 確定申告するまでにどんな帳簿と書類を作ればいい？

A 確定申告するときは、日々のお金の流れ（取引）を記録した帳簿を元に決算書を作ることが必要。青色申告の55万円特別控除を受けるため、取引の記録から確定申告までの流れを知りましょう。

START

取引が発生

もっと細かくお金の流れを知りたいときは、補助簿を作って記帳するとよい。

- 現金出納帳
- 預金出納帳
- 売掛帳
- 仕入帳　など

STEP 1

仕訳帳に記帳する

➜ P69

- お金の種類ごとに
- 取引先ごとに
- 1日ごとに残高を　など

仕訳をする

「何のためにいくら動いたか」を2つの側面（借方・貸方）に分ける

例　700円の商品を現金で売り上げた場合。

借方		貸方	
現金	700	売上高	700

STEP 2

総勘定元帳に転記する

そうかんじょうもとちょう

➡ P70

取引内容（勘定科目）ごとにお金の流れがわかる！

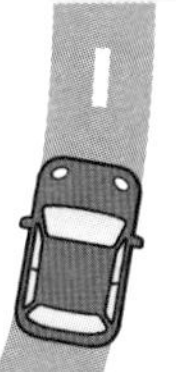

STEP 3 毎月のまとめ！

月次残高試算表でチェック

➡ P90

財政状況、経営成績をチェックできる！

STEP 4 1年のまとめ！

決算書を作る

➡ P146

1年間の経営状態をチェックできる！

GOAL

しっかり帳簿を作れれば青色申告55万円特別控除の特典がある！

1年のまとめ！

確定申告をする

➡ P184～

早わかり！

個人事業の経理

便利カレンダー

個人事業主はいつ、どんな税金を支払う？

税金申告・通知＆納付一覧

税金の支払いの管理も経理の大事な仕事です。税額を確認する時期と納付する時期を忘れないようにチェックしておきましょう。

	申告・通知の時期
1月	●固定資産税（償却資産税）の申告【1月31日まで】（申告後、年4回に分けて納付）
2月 3月	●所得税の確定申告【2月16日～3月15日まで】（申告後、年1回納付） ●消費税の確定申告【3月31日まで】（申告後、年1回納付）
4月	
5月	●住民税の通知（通知後、年4回に分けて納付） ●自動車税の通知（通知後、年1回納付）
6月	
7月	
8月	●事業税の通知（通知後、年2回納付）
9月	
10月	
11月	
12月	●従業員の年末調整

！自分で計算する税金

●所得税　●消費税
●従業員の所得税

！税額通知がくる税金

●住民税　●自動車税
●事業税　●償却資産税

TAX

TAX

個人事業主が支払う税金は3種類

●…**個人として支払う税金**
事業資金ではなく、プライベートのお金で納付する。

●…**事業者として支払う税金**
事業資金で納付する。固定資産税と自動車税は事業用で使う割合の分のみ。

●…**雇用主として支払う税金**
従業員の給料から天引きして納付する。

	納付時期
1月	●従業員の源泉所得税の納期の特例分を納付（前年7～12月分）【1月20日まで】 ●住民税の分割納付〈第４期分〉 ★
2月	●固定資産税の分割納付〈第４期分〉 ★
3月	●所得税の納付【３月15日まで】 ●消費税の納付【３月31日まで】 ★
4月	★
5月	●自動車税の納付　【５月31日まで】 ★
6月	●住民税の分割納付〈第１期分〉 ●固定資産税の分割納付〈第１期分〉 ★
7月	●従業員の源泉所得税の納期の特例分を納付（当年１～６月分）【７月10日まで】 ★
8月	●住民税の分割納付〈第２期分〉 ●事業税の分割納付〈第１期分〉 ★
9月	●固定資産税の分割納付〈第２期分〉 ★
10月	●住民税の分割納付〈第３期分〉 ★
11月	●事業税の分割納付〈第２期分〉 ★
12月	●固定資産税の分割納付〈第３期分〉 ★

毎月か、手続き ➡P116をすれば半年に１回の納付

所得税
住民税

※固定資産税の納付日程は東京都23区の場合。　※★…従業員の源泉所得税納付。毎月10日まで。

早わかり!

個人事業の経理

便利リスト

いつ、どこに、どんな書類を出せばいい?

提出するおもな書類一覧

個人事業主が経理作業で提出しなくてはならない書類は、そう多くはありません。ただし、青色申告したい場合、従業員を雇う場合など、必要なときに必要書類を提出しなくてはいけないので、提出先と期限を、しっかり確認しておきましょう。

青色申告する人が提出する書類

	書類名	提出期限	提出先
青色申告を選択するとき	所得税の青色申告承認申請書 ➡P36	新規開業の年は開業日から2か月以内、2年目以降はその年の3月15日まで	税務署
親族を青色事業専従者として雇用するとき	青色事業専従者給与に関する届出書 ➡P104		
減価償却資産の計算方法を変更するとき	所得税の減価償却資産の償却方法の届出書 ➡P138	適用する年の確定申告の期限(翌年の3月15日まで)	
棚卸資産の評価方法を変更するとき	所得税の棚卸資産の評価方法の届出書 ➡P134		

1年に1回提出する書類

	書類名	提出期限	提出先
所得税の確定申告	所得税の確定申告書類 ➡P184	毎年2月16日~3月15日まで	税務署
消費税の確定申告	消費税の確定申告書類 ➡P210	毎年2月16日~3月31日まで	
償却資産の内容を申告するとき	償却資産申告書	毎年1月31日まで	市区町村(東京都23区は都税事務所)

開業時に提出する書類

	書類名	提出期限	提出先
個人事業を始めたとき	個人事業の開業・廃業等届出書 ➡P28	開業日から1か月以内	税務署
	事業開始等申告書 ➡P28	開業日から15日以内 ※東京都の場合。	都道府県税事務所または市区町村

雇用に関する書類

	書類名	提出期限	提出先
初めて従業員を雇用したとき	給与支払事務所等の開設届出書 ➡P102	初めて雇用した日から1か月以内	税務署
源泉所得税の納期を年2回にしたいとき	源泉所得税の納期の特例の承認に関する申請書 ➡P116	随時	税務署
初めて従業員を雇用したとき	労働保険 保険関係成立届 ➡P120	保険関係が成立した日の翌日から10日以内	労働基準監督署
	雇用保険適用事業所設置届 ➡P120	設置日の翌日から10日以内	ハローワーク（公共職業安定所）
従業員を雇用するたびごとに	雇用保険被保険者資格取得届 ➡P120	雇用日の翌月10日まで	ハローワーク（公共職業安定所）
労働保険料の年度更新	労働保険 概算・確定保険料申告書 ➡P121	保険関係が成立した日から50日以内（以後毎年6月1日～7月10日まで）	労働基準監督署

そのほか必要なときに提出する書類

	書類名	提出期限	提出先
消費税課税事業者の条件を満たすとき	消費税課税事業者届出書 ➡P206	すみやかに	税務署
消費税課税事業者を選択したいとき	消費税課税事業者選択届出書 ➡P206	適用を受けたい年の前年の最終受付日まで※	税務署
簡易課税方式で消費税を計算したいとき	消費税簡易課税制度選択届出書 ➡P208	適用を受けたい年の前年の最終受付日まで※	税務署

※その年が開業した年なら、その年中。

早わかり！個人事業の経理

簡単Check!

これは経費になる？ ならない？

経費の判断目安チャート

経費を積み上げると節税につながります➡P30。でも、業種によって何が経費になるかはまちまちで、正解はありません。経費になるかどうか迷ったら、下記の基本ルールに立ち返ったり、右ページのチャートを目安にしたりして判断しましょう。

経費の基本ルール

1 売上を得るために必要な出費

仕事をするうえで必要なものに支払ったお金が経費になります。つまり、プライベートなものに支払ったお金は、基本的に経費になりません。

2 その年に使用したものの出費

購入してから仕事のために使っていないものは経費になりません。また、高額な備品などは、その年だけの経費にできないルールがあります。

3 根拠をもって説明できる出費

たとえば税務調査があったときなど、「なぜその経費が仕事に必要だったのか」を説明できないと、経費とみなされません。

! こんなルールに気をつけて

●プライベートと兼用の経費はその割合を計算する！

自宅兼事務所など、プライベートと仕事の両方がかかわるような経費は、仕事で使った割合を計算したうち、明らかに区分できる金額➡P156が経費になる。

●高額な備品は一度に経費にならない！

使用可能期間が１年以上で10万円以上のものは、一定期間に分けて経費にしていく処理➡P136をする必要がある。

経費になる目安をチェック！

はい
いいえ

☐ 自分で支払ったものである
→ いいえ：経費ではない　他人に支払ってもらったものはNG。

はい ↓

☐ 仕事に関係あるものだ
→ いいえ：経費ではない　完全にプライベートなものはNG。

はい ↓

☐ 証拠が残っている
→ いいえ：経費ではない　日付や購入品などの記録がないものはNG。

はい ↓

☐ 他人に仕事に必要だった理由を説明できる
→ いいえ：経費ではない　他人に聞かれて説明できないものはNG。

はい ↓

GOAL!

経費になる

これで節税！

経費

本書の見方・使い方

本書は、個人事業主の経理初心者向けに、基本から節税テクニックまで、簡潔にしっかり学べる構成になっています。

重要な部分を黄色のアンダーラインで示すから、大事なところがすぐわかる！

豊富なイラストと図解で、経理をイメージで理解できる！

2章 経理の基礎知識　帳簿づけの基礎知識①

01 正しい帳簿づけで特典を受ける

帳簿をつけることで「経営」がわかる

個人事業主の経理事務で、避けて通れないのが*帳簿づけです。個人事業主なら誰でも、正しく帳簿をつけることが法律で義務づけられています。また、自分で税計算をして税金を納める確定申告を正確に行って、ムダな税金を払わないためにも必要なことです。

ただ、「法律で決められているからやる」という義務感だけでは、なかなか帳簿づけを続ける気が起こらないでしょう。そこで、帳簿をつけると事業にどんな利点があるのか、ということに目を向けてみましょう。

毎日帳簿をつけていると、どれくらい儲かっているのか、どれくらい損しているのかがはっきりわかります。すると、ムダな経費があるとか、時期によって利益に幅があるなど、事業の経営状態が具体的に数字として見えてきます。そこで節約する方法を考えたり、売上が減る時期に仕事を増やすなど、今後を予測した動きが考えられるようになります。

個人事業主は、ともすると自分が経営者だということを忘れがちです。しかし帳簿をつけることで、経営の舵取りをしているのはほかならぬ自分だと強く意識するようになり、経営の改善策を具体的に考えるきっかけになるのです。

しっかりとした帳簿をつけると特典がある

きちんと帳簿をつけることで、確定申告のときに国から「よくがんばりましたね」ともらえるごほうびがあります。それが青色申告です。青色申告ができると、「節税できる」「赤字の繰り越しができる」などの特典があります。

青色申告には55万円特別*控除と10万円特別控除の２種類があり、e-Taxによる申告ができれば、より節税効果が高い65万円特別控除を受けることができます➡P34。

ただし帳簿づけのゴールは、確定申告ではありません。あくまでも１年の区切りの作業だと考え、自分の未来を見つめるための経理を行っていけるようにしていきましょう。

KEY WORD　*帳簿づけ…お金や商品（サービス）の流れを数字として帳簿に記録しておくこと。「（帳簿に）記帳する」という言い方もする。１年間集計したものを元に決算書を作成する。

44

帳簿づけの基本とメリットをチェック

商品（サービス）の流れ
お金の流れ

帳簿

メリット1
事業の経営状態がわかる！

未来予測
いつ、どのくらい儲かっているか、損をしているかといった経営状態を元に、具体的な経営改善策を考えるきっかけになる。

メリット2
確定申告で青色申告ができる！

特典
しっかりとした帳簿づけができれば、節税などの特典満載の青色申告ができる。正確な税計算にも必要不可欠。

経理のちょいテク　帳簿づけを続けるための"習慣づけ"を！

経営感覚を磨くなら、帳簿は日々継続して行うのがベストです。そのため、たとえば夜寝る前の数十分は帳簿に向かう、などと決めて習慣づけるとよいでしょう。どうしても週末しか記帳の時間をとれない、という場合でも、モノを買うつど、何をどんな目的で買ったかをスマートフォンにメモしたり、レシートに書き込んだりして、日々モノやお金の流れを意識しながら下準備をしておきましょう。それだけでも週末の作業がグンとはかどります。

KEY WORD　*控除…税金を計算するときに、差し引くこと。差し引くことができる額のことは「控除額」という。差し引く額が多いと、その分税金を安くすることができるといえる。

45

2章 経理の基礎知識　01 正しい帳簿づけで特典を受ける

はみ出し情報

解説内で「*」と色文字で示したむずかしい用語をていねいに解説。

お役立ちコラム

知っておくと役に立つ経理のテクニックを紹介！

経理初心者が疑問に思いがちなポイントを解説！

多くの人が失敗しがちなポイントを注意点とともに紹介！

必要書類の具体的な記入例もいっぱい！

1章

個人事業と経理の基本

いざ経理をスタートする前に、まずは個人事業とは何か
経理とは何か、といった基本を押さえておきましょう。
どんな届出が必要で、どんな書類を管理するのか。
また、開業するときや実際に帳簿をつけるときに
やっておきたいこと、やらなければならないことを
漏れなくチェックしておきましょう。

01 毎年の確定申告の取り組み方

「1年間で稼いだお金」を税務署に申告する

日々、帳簿をつけることで経営管理をする、その1年間の総まとめといえるのが確定申告です。

帳簿の記録を元に、1年間（1月1日～12月31日まで）に稼いだお金を計算し、納める所得税を確定させ、翌年の2月16日～3月15日の間に税務署に申告・手続きをします具体的なやり方➡ P184～。

会社勤めのサラリーマンなら、年末調整で会社が所得税の計算と納付を代行してくれますが、個人事業主は自分で所得税を計算して申告・納税をしなくてはいけないのです。

信用度を高める確定申告書を作ることが大切

所得から所得税が決まるため、確定申告ではついつい節税のために所得額を低くさせることばかりに目がいってしまいがちです。その基本的な考え方は間違いではないのですが、節税よりも大切になるポイントがあります。

それは、収入が不安定になりやすい個人事業主にとって、確定申告書は収入証明書となることです。サラリーマンが会社で発行してもらう源泉徴収票と同じような役割を持つ、とても重要な書類になるのです。

たとえば、個人事業主が金融機関で事業の融資を受けたり、個人的に住宅ローンを組んだりするときは、事業内容や経営状態、安定性などを審査するために確定申告書の写しの提出を求められます。場合によっては複数年にわたる確定申告書を提示しなければならないこともあります。

つまり、節税対策ばかりを考えて作成した確定申告書では、所得額が実態より低くなり、返済能力がないとみなされて融資や住宅ローンを断られる可能性が高くなってしまうのです。

ムダな税金は節税すべきものですが、所得があることの証明もまた大切になります。所得額を下げることだけでなく、事業の安定性、継続性まで考えて、毎年の確定申告に取り組んでいくようにしましょう。

確定申告では自分で税務署に税額を申告

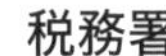

個人事業主　　**全部自分で行う！**　　税務署

1年間（1月1日～12月31日）に稼いだお金を計算して所得を確定 → **申告・納税する** →

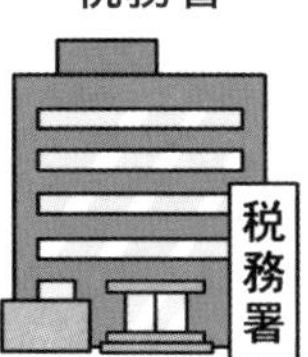

確定申告書が収入証明にもなるおもなケース

個人事業主にとって、確定申告書は収入証明書にもなる。

確定申告書  ＝ **収入証明書**（事業内容・経営状態・収入の安定度などを示す書類）

金融機関

- 事業の融資の申し込み
- 住宅ローンの申し込み

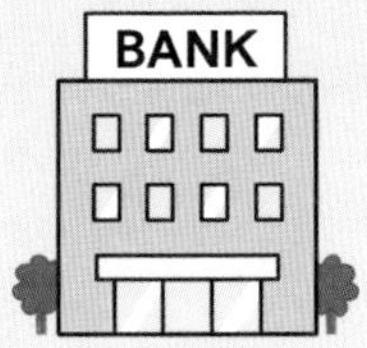

カード会社

- クレジットカードの申し込み※

※おもにATMなどから現金を引き下ろすことができる「キャッシング枠」を設定するとき。

公的機関

- 認可保育園の入所申し込み
- 公的融資の申し込み

期限内に申告できなかった…

確定申告の期限を過ぎると、受けられるはずの青色申告の55万円特別控除などが受けられずに損をすることになったり、納税を延滞した分について、追加で課税されたりすることがあります（無申告加算税など）。つまり、通常よりも多く税金を支払うことになります。

また、税務署からの催促を受けてから申告するよりも、自主的に申告したほうが、無申告加算税は軽減されるので、早めに行うようにしましょう。

02 個人事業主が納める税金の種類

自分で申告する税金と通知してくれる税金

個人事業主になると、各種の税金を自分で納めなければなりません。ポイントは、自分で税金を計算・申告して納める場合と、送られてくる通知書を見て納めればよい場合とがあること➡右ページ。納める税金の種類と納付時期をしっかり確認しておきましょう。かつてサラリーマンだった人は会社が代行してくれていた部分が多いので、うっかり納め忘れることがないように注意が必要です。

個人事業主が納めるおもな税金には、所得税のほかに、住民税、事業税、消費税などがあります。

住民税と事業税は、確定申告の所得額などを元に税額が決定され、市区町村や都道府県税事務所から納税通知書が届きます。

消費税は、所得ではなく、課税取引に対してかかる税金で、個人事業主が自身で消費税の確定申告をして税額を決定して納めます。原則、開業後２年間は免税されますし、２年前の*課税売上高が1,000万円以下のときも納めなくてもかまいません➡P206。

ほかにも、所得ではなく別途それぞれにかかる税金もあります。たとえば事業用に自動車を使っている場合は自動車税、土地・建物を事業用に使っている場合は固定資産税を納めます。

なお、従業員を雇うことになったら従業員の給与から天引きして源泉所得税を納めることになります➡P114。

ありがち！意外な落とし穴

経費になる税金とならない税金がある？

同じ税金でも、経費になるものとならないものがあり、所得税と住民税は経費になりません。この2つについては、事業のお金としてではなく、プライベートのお金から支払うことになるので注意しましょう。なお、事業税、消費税、事業用で支払う自動車税と固定資産税は経費に組み込むことができます。

*課税売上高…国内で行う事業取引で得た売上高のこと（経費は差し引かない金額）。ただし、事業取引でも、診療報酬、学校の授業、土地や有価証券の譲渡などの場合は課税の対象外になる。

税金の確定時期と支払い時期をチェック

所得税

納税者が前年の所得を確定申告して支払う国税。

確定申告期限日（3月15日）が納付期限。

住民税

その年の1月1日の住所地に納める地方税（市区町村民税と都道府県民税）。前年の所得などを元に計算し、5月ごろ納税者に通知される。

年4回の分納。

事業税

前年の所得が年間290万円以上ある個人事業主が、事業の種類に応じ納める地方税。前年の所得を元に計算し、8月ごろ納税者に通知される。

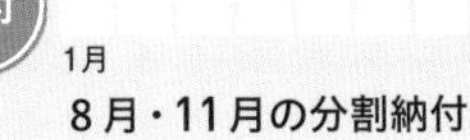

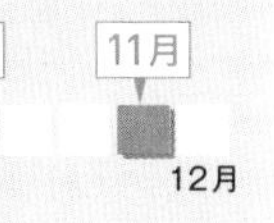

8月・11月の分割納付。

消費税

2年前の課税売上高が1,000万円を超えた、または課税事業者を選択したり、インボイス登録した事業主に対して課される税金。

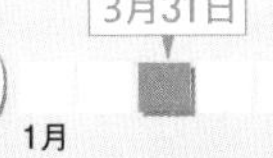

確定申告期限日（3月31日）が納付期限。

自動車税

その年の4月1日に所有している車に対してかかる地方税。車種や用途などに応じて税額を計算し、5月初旬までに納税者に通知される。

5月中に納付する。

※条例により異なる。

固定資産税

その年の1月1日に所有している土地・建物などに対してかかる地方税。

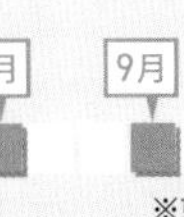

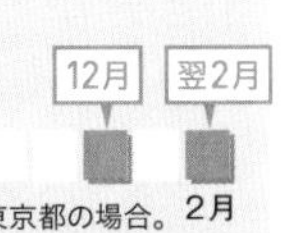

※東京都の場合。

年4回の分納（通知・納付時期は市区町村によって異なる）。

03 個人事業主が加入する年金と健康保険

国民年金と国民健康保険に加入する

個人事業主の場合、公的年金は基礎年金といわれる国民年金へ、公的な医療保険は、国民健康保険へ加入することになります➡右ページ。

国民年金も国民健康保険も、いざというときの備えになるものなので、支払いは滞らせないようにしましょう。

また、確定申告のときには、どちらの保険料もその全額が所得控除➡P162の対象になるので、節税できるというメリットがあります。そのため、支払った証拠はしっかりと残しておきましょう。

ただし、これらはプライベートのお金から支払うことになるので、事業には関係ないものとして扱います。

工夫次第で負担を軽くできる

個人事業主とサラリーマンとでは、公的な年金と保険に違いがあります。

年金の場合、厚生年金保険にも加入するサラリーマンに比べて、個人事業主であれば月々定額で保険料は少ないものの、老後に受け取れる年金も少ないといわれます。

ただし、個人事業主には基礎年金にプラスで加入して、老後の保障を手厚くすることができる国民年金基金や付加年金などがあり➡P170、節税効果も期待できるため、利用を検討するのもよいでしょう。

サラリーマンが加入する公的医療保険は、扶養（ふよう）家族が増えても保険料は変わりません。一方で国民健康保険は、被扶養者の人数が多ければ負担する保険料が増えます。収入や世帯の人数によっては限度額があるものの、支払い額が年間で何十万円になる場合もあります。

なお、国民健康保険には、*国民健康保険組合があります。この組合は公的医療保険のひとつで、全国で100以上の団体があります。それぞれで加入資格や保険料に違いがありますが、多くは保険料が定額となっています。ただし、組合によっては審査が厳しいこともあるので、各組合に問い合わせてみましょう。

*国民健康保険組合…国民健康保険法に基づき、組合ごとに同種同業で組織された法人。（一社）全国国民健康保険組合協会（http://www.kokuhokyo.or.jp）が組合の多くを統括している。

公的年金制度のしくみ

個人事業主が加入する公的年金は、サラリーマンなどとはプラス部分が異なる。

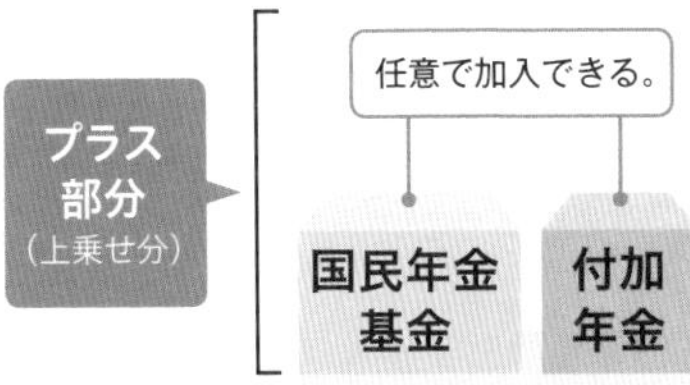

企業年金（厚生年金基金など）　退職年金

厚生年金保険

共通部分（必ず加入）

国民年金（基礎年金）

個人事業主（第1号被保険者）

第2号被保険者の被扶養配偶者（第3号被保険者）

サラリーマン（第2号被保険者）

公務員（第2号被保険者）

国民年金と国民健康保険の特徴

	国民年金	国民健康保険
どんな制度？	●老後の生活保障（老齢年金） ●障害状態の生活保障（障害年金） ●死亡後の家族の生活保障（遺族年金）	●医療費の給付 ●健康診断の受診など
届出先は？	市区町村に一括して届ける。	
保険料（1人当たり）は？	全員同じ（年によって変動）。	収入に応じて、また自治体によって計算方法が異なる。
保険料の納め先は？	日本年金機構	市区町村
滞納した場合は？	「どんな制度？」➡表の上部にある各種年金が支給されないことがある。	延滞料を支払う。また通常なら窓口で軽減される医療費を全額負担することもある。

早めに納めると保険料が割引になる

国民年金も国民健康保険も、期日より前倒して一括で保険料を支払うと割引になる制度があるので、余裕があれば利用を検討してみましょう。たとえば、国民年金を前もって2年分を一括納付すると1万円以上（年ごとによって変わる）の割引が、国民健康保険も1年分の保険料を一括で納めると市区町村によっては前納割引があります。

04 開業時に提出する開業届の書き方

開業届を提出してメリットを受ける

個人事業を始めるとき、まず提出するのが開業届「個人事業の開業・廃業等届出書」です。開業後1か月以内に、*納税地を管轄する税務署に提出します。

なお、管轄する税務署がわからないときは、国税庁のホームページで提出先を確認できます。

届出は義務です。「まだ事業が軌道に乗らないから」などのような理由で開業届を出さずに事業を始めることもあるようですが、もし提出期限を過ぎていたとしても、すみやかに届出をします。

なぜなら、特別控除をはじめとして、さまざまな特典がある青色申告を行うには、開業届を出していることが条件になり、そのうえで「所得税の青色申告承認申請書」➜P36を提出することになるからです。この青色申告承認申請書は、開業届といっしょに出してもかまいません。

また、新たに従業員を雇ったり、家族への給与を経費にしたりする場合も、前もって開業届を出しておく必要があります。

開業届を出しておくと、通常、確定申告の時期に税務署から確定申告の通知が届きます。税務署や自治体によっては、無料で記帳の相談に乗ってくれるなどの税務サービスを受けられることもあります。

このように、社会的にも個人事業者として認められ、各種サポートを利用できるようになるために必要な届出となります。そのため、開業届は必ず出すようにしましょう。

開業時には事業税にかかわる手続きも必要

個人事業主の所得が年間290万円を超えた場合、事業税を納めることになります。そのためにも、開業後15日以内に「事業開始等申告書」を提出します。この書類は、開業届とは別に提出する書類です。

事業税は、地方税になるため、提出先も税務署ではなく、事業所がある地域の都道府県税事務所と市区町村役場に提出します。

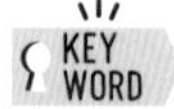

*納税地…通常は住所地のことをいう。住所地に代えて事業所を納税地にしたい場合は、変更後の納税地を、所得税または消費税の確定申告書に記載する。

個人事業の開業・廃業等届出書（記入例）

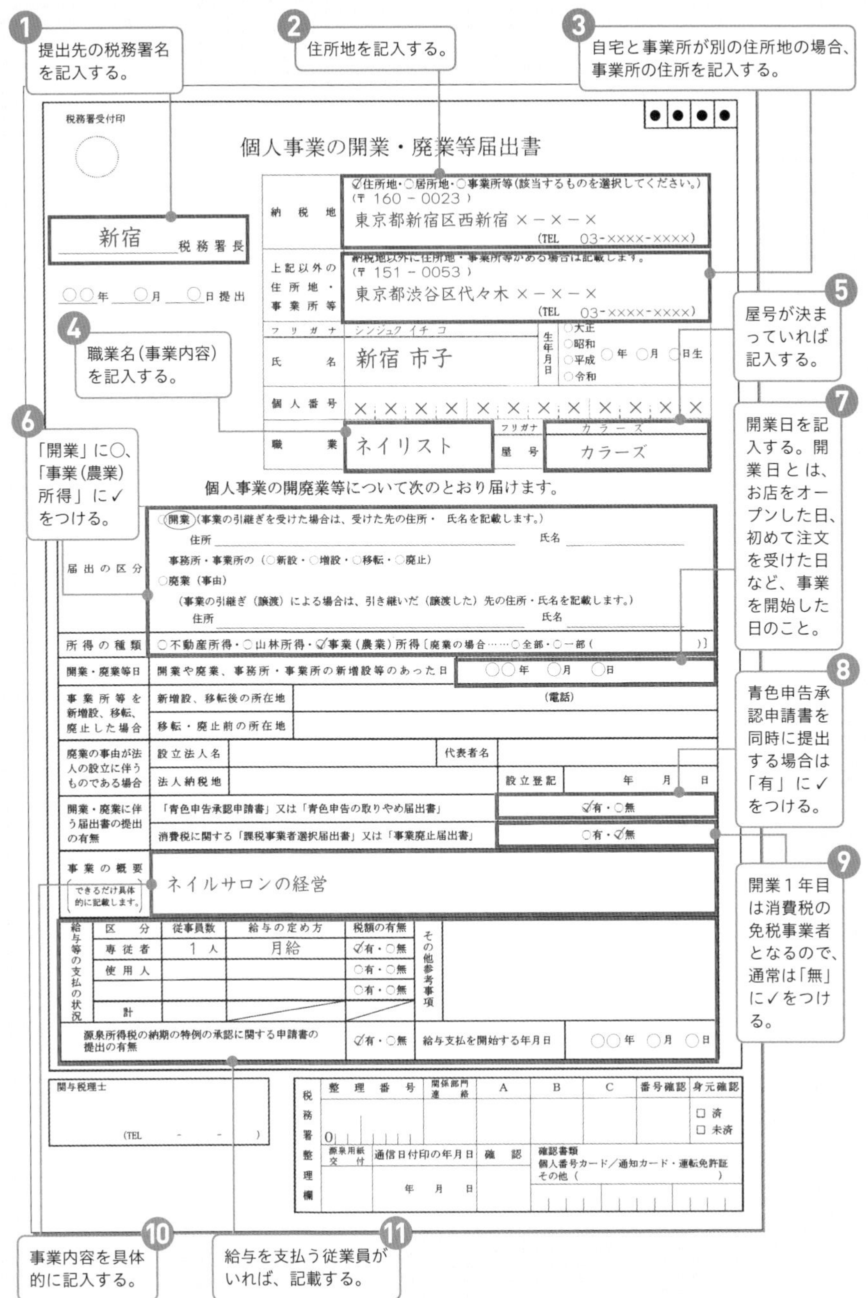

1 提出先の税務署名を記入する。
2 住所地を記入する。
3 自宅と事業所が別の住所地の場合、事業所の住所を記入する。
4 職業名（事業内容）を記入する。
5 屋号が決まっていれば記入する。
6 「開業」に○、「事業（農業）所得」に✓をつける。
7 開業日を記入する。開業日とは、お店をオープンした日、初めて注文を受けた日など、事業を開始した日のこと。
8 青色申告承認申請書を同時に提出する場合は「有」に✓をつける。
9 開業1年目は消費税の免税事業者となるので、通常は「無」に✓をつける。
10 事業内容を具体的に記入する。
11 給与を支払う従業員がいれば、記載する。

税務署受付印

個人事業の開業・廃業等届出書

新宿 税務署長

○○年 ○月 ○日提出

納税地	☑住所地・○居所地・○事業所等（該当するものを選択してください。） （〒160－0023） 東京都新宿区西新宿 ×－×－× （TEL 03-××××-××××）
上記以外の住所地・事業所等	納税地以外に住所地・事業所等がある場合は記載します。 （〒151－0053） 東京都渋谷区代々木 ×－×－× （TEL 03-××××-××××）
フリガナ	シンジュク イチコ
氏名	新宿 市子
生年月日	○大正 ○昭和 ○平成 ○令和 ○年 ○月 ○日生
個人番号	××××××××××××
職業	ネイリスト
フリガナ（屋号）	カラーズ
屋号	カラーズ

個人事業の開廃業等について次のとおり届けます。

届出の区分	◯開業（事業の引継ぎを受けた場合は、受けた先の住所・氏名を記載します。） 住所 氏名 事務所・事業所の（○新設・○増設・○移転・○廃止） ○廃業（事由） （事業の引継ぎ（譲渡）による場合は、引き継いだ（譲渡した）先の住所・氏名を記載します。） 住所 氏名	
所得の種類	○不動産所得・○山林所得・☑事業（農業）所得〔廃業の場合……○全部・○一部（ ）〕	
開業・廃業等日	開業や廃業、事務所・事業所の新増設等のあった日	○○年 ○月 ○日
事業所等を新増設、移転、廃止した場合	新増設、移転後の所在地	（電話）
	移転・廃止前の所在地	
廃業の事由が法人の設立に伴うものである場合	設立法人名	代表者名
	法人納税地	設立登記 年 月 日
開業・廃業に伴う届出書の提出の有無	「青色申告承認申請書」又は「青色申告の取りやめ届出書」	☑有・○無
	消費税に関する「課税事業者選択届出書」又は「事業廃止届出書」	○有・☑無
事業の概要（できるだけ具体的に記載します。）	ネイルサロンの経営	

給与等の支払の状況 区分	従事員数	給与の定め方	税額の有無	その他参考事項
専従者	1人	月給	☑有・○無	
使用人			○有・○無	
			○有・○無	
計				

源泉所得税の納期の特例の承認に関する申請書の提出の有無	☑有・○無	給与支払を開始する年月日	○○年 ○月 ○日

関与税理士 （TEL - - ）

税務署整理欄	整理番号	関係部門連絡	A	B	C	番号確認	身元確認
	0						□済 □未済
	源泉用紙交付	通信日付印の年月日 年 月 日	確認	確認書類 個人番号カード／通知カード・運転免許証 その他（ ）			

05 純粋に儲けたお金＝「所得」に税金がかかる

純粋に儲けたお金が所得になる

確定申告など税金についての話になると、よく「所得」と耳にしますが、そもそも所得とは何でしょうか。

所得と似ている言葉に「売上」があり、この2つはよく混同されてしまいがちです。しかし、所得税は売上ではなく、所得に対して課税されることになるので、別のものとしてしっかり区別しておきましょう。

売上は、簡単にいえば、その年に得たお金の総額です。ただ、その売上を得るために、必要経費としてさまざまな出費があるものです。たとえば、お店の商品を売った場合、その商品の仕入代金や、商品の包装費などがかかるでしょう。売上は、これらの経費も含んだ総額のことを指します。

そして、売上から経費を差し引いた金額が、所得になります。つまり純粋に儲けたお金が所得です。

なお、所得は税法によって10種類➡右ページに分けられています。このうち、個人事業主の場合はどんな職種であれ、給与ではなく、出来高制の報酬として仕事の対価を得たのであれば、その所得は事業所得もしくは雑所得になります。ちなみに、事業所得、不動産所得、山林所得のいずれかを得ている人が、特典の多い青色申告を選ぶことができます。

所得税は所得から差し引いた金額から計算

所得税は、1年間の所得に対してかかる税金です。

各種所得の合計額からその年に支払った国民保険料などの所得控除➡P162を差し引いた額が、課税の対象になります（*課税所得）。このとき青色申告であれば特別控除を受けることができ、さらに差し引くことができます。そして課税所得に応じた税率を掛け、さらに必要に応じて税額控除➡P178などを差し引くと、納税する所得税が計算できます。

経費以外にも所得から差し引けるということは、税金計算の元が減るともいえ、これは節税を考えるときのポイントにもなります。

*課税所得…税金を計算するために、税率を掛ける前の金額をいう。所得税のほか、税金の多くは課税所得の金額（1,000円未満は切り捨て）に税率を掛けて税額を算定していく。

所得は税法によって10種類に分けられる

青色申告できる

事業所得	不動産所得	山林所得
農業や漁業、小売業、サービス業などの事業による儲けのこと。	土地や建物などの賃貸による儲けのこと。	山林を伐採または立ち木のままで譲渡して得る儲けのこと。

青色申告できない

利子所得	退職所得	譲渡所得
預貯金や公社債の利子、公社債投資信託の儲けのこと。	会社を退職するときにもらう退職手当などのこと。	土地や建物、ゴルフ会員権などの譲渡による儲けのこと。

配当所得	給与所得	一時所得	雑所得
株の配当や、投資信託などの儲けのこと。	会社員やパートの人が勤務先から受ける、給与や賞与などのこと。	懸賞の賞金、生命保険の一時金などの一時的な儲けのこと。	ほか9種どれにも当てはまらない所得（公的年金や作家以外の原稿料など）。

所得税の計算のしくみ

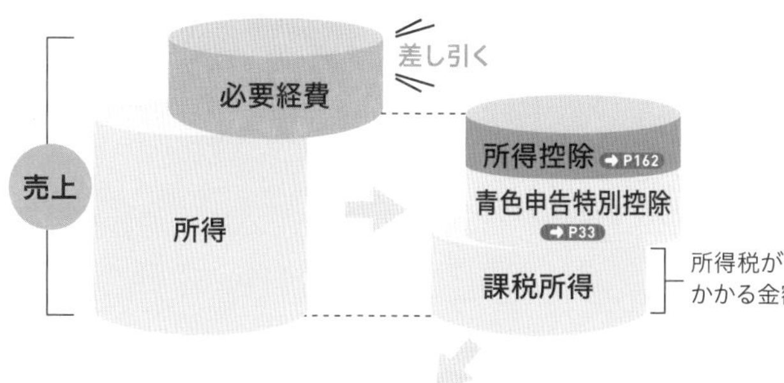

その年の売上から、必要経費を差し引いた金額が所得。所得からさらに、所得控除や青色申告特別控除を差し引くと課税所得になり、これに税率を掛ける。最後に、税額控除を差し引くと、実際に納める金額を計算できる。

差し引く

実際に納める税額！

06 青色申告で受けられるさまざまな特典

節税効果が大きい青色申告を！

確定申告には、大きく分けて青色申告と白色申告の２種類があります。

青色申告はさまざまな特典➡右ページを受けることができ、大きな節税効果もある申告方法です。特典は、数えれば全部で50以上にもなり、大きなメリットになります。ただし、事前に税務署へと申請する➡P36、決めごとに沿った帳簿を作るなどのさまざまな条件があります。

一方で白色申告は、事前に申請の必要もないうえに、青色申告よりも簡単な帳簿（*簡易記帳）で始めることができます。しかし受けられる特典は、ほとんどありません。

白色申告は､以前であれば帳簿を必要としない場合もあり､「手間がかからない」というメリットがありました。しかし、2014年度から白色申告でも帳簿への記帳義務や、帳簿とそれに関連する書類➡P94の保管も義務づけられたために、そのメリットもなくなっています。反対に、会計ソフトの普及によって、むずかしいと思われていた青色申告のハードルは以前に比べてグッと低くなっています。現在、白色申告をしている人も、ぜひ10万円特別控除や55万円特別控除がある青色申告を視野に入れてみましょう。

青色申告と白色申告の違い

	白色申告	青色申告 10万円特別控除	青色申告 55万円特別控除	青色申告 65万円特別控除
事前に申請	必要なし	必要		
記帳の仕方	単式簿記などの簡易記帳➡P64		複式簿記➡P64	
領収書など書類の保存	どれも必要			
特典	なし	特典あり！		

*簡易記帳…１つひとつの取引ではなく、１日単位の取引の合計金額をまとめて記載するなどの簡易な記帳方法のこと。

青色申告のおもな特典

1 所得から最大65万円差し引ける（青色申告特別控除）

確定申告時に、所得（税金の対象となる金額）から10万円または55万円、65万円を差し引くこと（控除）ができる。

例 所得金額が200万円のとき。

白色申告 ●特別控除なし

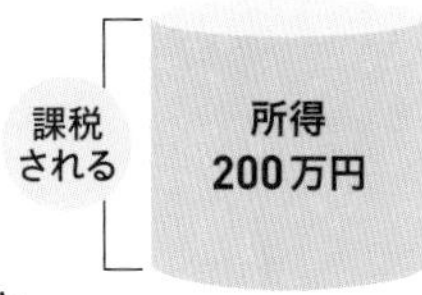

計算すると…

税額	7万7,500円

青色申告 ●55万円特別控除の場合

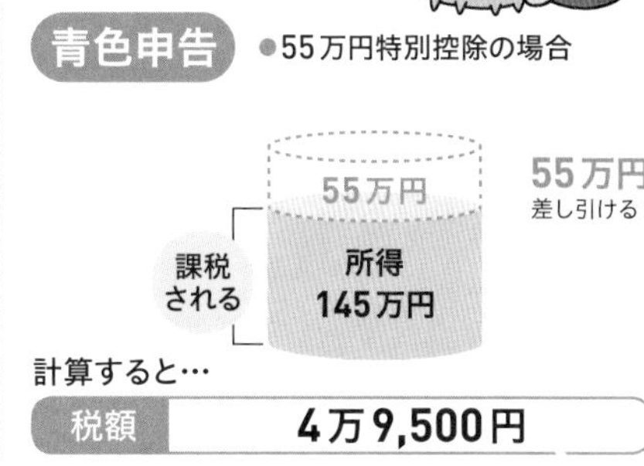

計算すると…

税額	4万9,500円

白色申告より**2万8,000円安い！**

2 赤字を繰り越して相殺できる

赤字が出た場合、翌年以降、3年間にわたって赤字を利益から差し引くことができる。

3 赤字を繰り戻して還付を受ける

赤字を前年に発生したものとして計算し、支払った所得税の還付を受けることができる。

4 事業に従事した家族に給与を支払える ➡ P104

青色申告者と生計をひとつにする親族のうち、専ら事業に従事しているときは、事前の届出書に記入した金額の範囲内であれば、その人の給与を必要経費にすることができる。

※青色事業専従者として給与を受けた親族は配偶者控除・扶養控除を受けられない。

5 引当金を経費に計上できる

売掛金、貸付金などの回収に備えるために、一定金額を損失の見込み額として必要経費にできる。

6 30万円未満の減価償却資産を必要経費にできる

取得価額が30万円未満である減価償却資産を取得・事業に使った場合には、年間合計300万円までを全額必要経費とすることができる。

※適用を受けるには、決算書の減価償却費の計算の「適用」欄に「措法28の2」と記載する必要がある。

07 青色申告に必要な4つの条件

4つの条件を早めにクリア

白色申告よりも、事業をするうえでさまざまな特典が用意されている青色申告を目指すほうがおすすめです。青色申告をするには、最低限、次の4つの条件をクリアする必要があります。

①開業届を提出➡P28

②青色申告承認申請書を提出➡P36

③帳簿の記入➡P62と書類の保存➡P58

④青色申告決算書➡P146～151と確定申告書➡P190～195を提出

①②は事前の手続き、③は日々の帳簿づけ、④は確定申告のときに行うことになります。事前の手続きは期限もあるので、早めに済ませておきましょう。

55(65)万円特別控除の条件

青色申告は、10万円特別控除と55万円特別控除の2つがあり、それぞれに条件があります。55万円特別控除を受ける条件は、次の通りです。

①所得の取引を*正規の簿記の原則（複式簿記）で記帳する

②確定申告時に貸借対照表と損益計算書（青色申告決算書）を作成して、申告期限までに提出する

2020年分の確定申告からは、上記①②に加え、③e-Taxによる申告（マイナンバーカードを利用した電子申告）または、④電子帳簿保存➡右ページを行うことで65万円の特別控除が受けられます。

これに対して10万円特別控除は、次の2つが条件になります。

①簡易記帳➡P64でも可

②確定申告時に損益計算書（青色申告決算書）を作成する

簡易記帳を選択した場合、現在の財産がいくらあるかわかる貸借対照表の作成を省略してしまうため、経営状態の把握には向きません。なお、どちらにするかは確定申告書に記載して提出するだけで選択できます。ただし、確定申告の期限に遅れてしまうと10万円特別控除しか選択できないので注意します。

*正規の簿記の原則…複式簿記および発生主義が基本だが、複式簿記をつけなければいけないわけではない。単式簿記の帳簿を組み合わせることで、正規の簿記に近づけることができる。

青色申告にするときの選択肢

青色申告にするときの特別控除には、大きく分けて55万円と10万円の2つがあり、必要な条件と特典が変わる。

	55万円特別控除	10万円特別控除	
記帳の仕方	正規の簿記の原則 （基本は複式簿記および発生主義）	簡易記帳 （発生主義）	簡易記帳 （現金主義）
そのほかの条件	●確定申告期限内に申告する ●確定申告書等に「55万円控除」を記入	確定申告書等に「10万円控除」を記入	●前々年分の所得が300万円以下 ●現金主義による所得計算の申請 ●確定申告書等に「10万円控除」を記入
特典	共通するおもな特典 ●赤字の3年間の繰越控除 ●貸倒引当金の計上 ●30万円までの減価償却資産の一括償却など		貸倒引当金が計上できないなど一部制限あり

65万円の青色申告特別控除を受けるためには

e-Taxによる申告（電子申告）または電子帳簿（優良な電子帳簿）保存を行うと、65万円の青色申告特別控除が受けられます！

65万円の青色申告特別控除の要件

1. **正規の簿記の原則で記帳**（複式簿記）
2. **確定申告書に貸借対照表と損益計算書などを添付**
3. **確定申告期限内に申告**

ここまでは55万円特別控除と同じ

❶e-Taxによる申告（電子申告）または❷電子帳簿（優良な電子帳簿）保存が必要

〚電子帳簿の保存について〛

- ＊電子帳簿保存法に対応した会計ソフトを使うこと。
- その年中の仕訳帳と総勘定元帳（そうかんじょうもとちょう）を電子データで保存すること。
- 「国税関係帳簿の電磁的記録等による保存等に係る65万円の青色申告特別控除」の届出書を提出すること。

KEY WORD ＊電子帳簿保存法…データ保存について大きく3つに区分され、①電子帳簿保存　②スキャナ保存　③電子取引（➡P58）がある。このうち青色申告特別控除に関係があるのは①。

08 青色申告の事前申請と記入例

迷ったら開業届といっしょに提出する

青色申告をするには、開業届➡P28を提出したうえで、「所得税の青色申告承認申請書」を管轄の税務署に提出しなければなりません。

注意したいのはその提出期限です。新たに事業を開始したときは、事業開始の日が1月1日～1月15日の場合、その年の3月15日まで。1月16日以後に事業を開始している場合は、事業開始の日から2か月以内です。

つまり、青色申告を申請しないまま開業後2か月間を過ぎると、1年目は自動的に白色申告になってしまいます。もし、翌年度から青色申告を適用したければ、ちょうど前年の確定申告で慌ただしい時期と提出期限が重なってしまうので、申請は余裕をもって行いたいものです。

なお、白色申告をしていた人が、青色申告に変更するときは、青色申告の確定申告をしたい年分のその年の3月15日までとなっています。

青色申告承認申請書を提出して、申請した年の12月31日までに税務署から却下などの通知がなければ、承認されたことになります。

青色申告を申請するときの期限

	開業日	青色申告の申請期限	確定申告の期間
新規開業の人	1月1日～1月15日	開業した年の3月15日まで	申請した翌年の2月16日～3月15日
新規開業の人	1月16日以後	開業から2か月以内	申請した翌年の2月16日～3月15日
白色申告から青色申告に変更したい人	－	青色申告をしたい年分のその年の3月15日まで	申請した翌年の2月16日～3月15日

所得税の青色申告承認申請書（記入例）

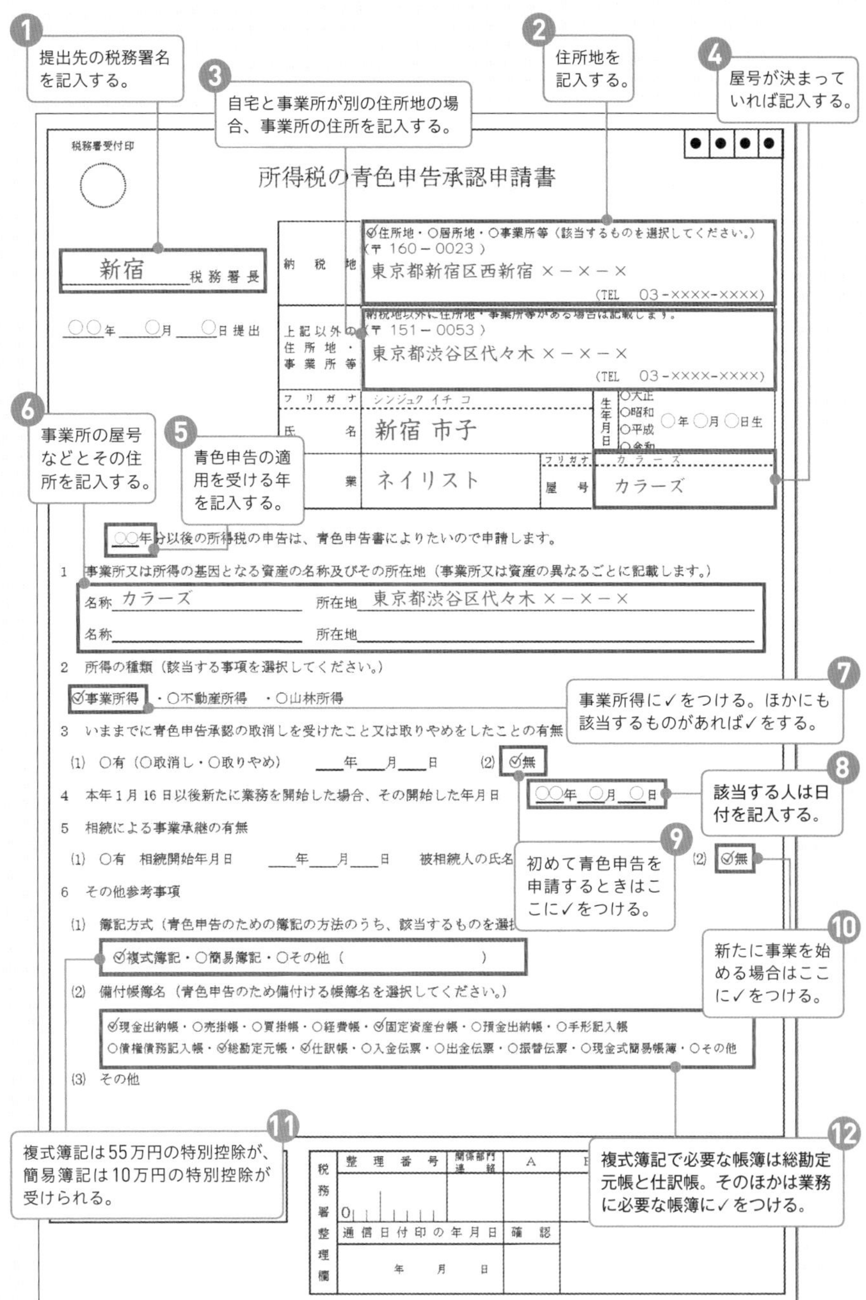

1 提出先の税務署名を記入する。
2 住所地を記入する。
3 自宅と事業所が別の住所地の場合、事業所の住所を記入する。
4 屋号が決まっていれば記入する。
5 青色申告の適用を受ける年を記入する。
6 事業所の屋号などとその住所を記入する。
7 事業所得に✓をつける。ほかにも該当するものがあれば✓をする。
8 該当する人は日付を記入する。
9 初めて青色申告を申請するときはここに✓をつける。
10 新たに事業を始める場合はここに✓をつける。
11 複式簿記は55万円の特別控除が、簡易簿記は10万円の特別控除が受けられる。
12 複式簿記で必要な帳簿は総勘定元帳と仕訳帳。そのほかは業務に必要な帳簿に✓をつける。

税務署受付印

所得税の青色申告承認申請書

新宿 税務署長

〇〇年 〇月 〇日 提出

納税地	☑住所地・〇居所地・〇事業所等（該当するものを選択してください。） （〒 160－0023） 東京都新宿区西新宿 ×－×－× （TEL 03-××××-××××）
上記以外の住所地・事業所等	納税地以外に住所地・事業所等がある場合は記載します。 （〒 151－0053） 東京都渋谷区代々木 ×－×－× （TEL 03-××××-××××）
フリガナ / 氏名	シンジュク イチコ 新宿 市子
生年月日	〇大正 〇昭和 〇平成 〇令和 〇年 〇月 〇日生
職業	ネイリスト
フリガナ / 屋号	カラーズ カラーズ

〇〇年分以後の所得税の申告は、青色申告書によりたいので申請します。

1 事業所又は所得の基因となる資産の名称及びその所在地（事業所又は資産の異なるごとに記載します。）

名称 カラーズ　所在地 東京都渋谷区代々木 ×－×－×

名称　所在地

2 所得の種類（該当する事項を選択してください。）

☑事業所得 ・〇不動産所得 ・〇山林所得

3 いままでに青色申告承認の取消しを受けたこと又は取りやめをしたことの有無

(1) 〇有（〇取消し・〇取りやめ）　年　月　日　(2) ☑無

4 本年1月16日以後新たに業務を開始した場合、その開始した年月日　〇〇年 〇月 〇日

5 相続による事業承継の有無

(1) 〇有 相続開始年月日　年　月　日　被相続人の氏名　(2) ☑無

6 その他参考事項

(1) 簿記方式（青色申告のための簿記の方法のうち、該当するものを選択してください。）

☑複式簿記・〇簡易簿記・〇その他（　）

(2) 備付帳簿名（青色申告のため備付ける帳簿名を選択してください。）

☑現金出納帳・〇売掛帳・〇買掛帳・〇経費帳・☑固定資産台帳・〇預金出納帳・〇手形記入帳
〇債権債務記入帳・☑総勘定元帳・☑仕訳帳・〇入金伝票・〇出金伝票・〇振替伝票・〇現金式簡易帳簿・〇その他

(3) その他

税務署整理欄	整理番号	関係部門連絡	A
	0		
	通信日付印の年月日	確認	
	年 月 日		

09 マイナンバーが必要なおもな手続き

マイナンバーは本人確認の書類が必要

2016年1月からマイナンバー制度がスタート。個人事業主は、12桁の個人番号（マイナンバー）を各種届出で使用します。

たとえば、個人事業の開業・廃業等届出書、さらに所得税や消費税の確定申告での提出書類にもマイナンバーを記入することになります。手続きに必要な場合、自分だけでなく配偶者や扶養（ふよう）親族、事業専従者のマイナンバーを扱うこともあります。

マイナンバーが必要な場面はこれだけではありません。取引先が*支払調書を作成するときに、自分のマイナンバーを通知する必要があります。

番号の記入や通知をするときには、他人が自分になりすますのを防ぐために、次の①または②を本人確認の書類として提示します。

①*個人番号カード

②通知カードと写真付身分証明書（運転免許証、パスポートなど）

定められた目的のときだけ扱う

従業員がいて給料を支払っている場合は、従業員のマイナンバーも知る必要がありますが、マイナンバーは法令で定められた目的以外で取り扱えないという決まりがあります。所得税関係の手続きなど、マイナンバーの記入が必要なことを伝え、本人確認の書類の提示とともに通知してもらいましょう。

また、個人事業主が源泉徴収義務者➡P108であり、外注者などに一定額以上の報酬を支払うときは、支払調書を作成して税務署に提出しなくてはいけません。その際、支払調書の作成の対象となる外注者から、マイナンバーを通知してもらいます。

なお、家族や従業員、外注者のマイナンバーを預かるときは、セキュリティーに十分な注意を払います。カギのついた棚に保管する、最新のウイルス対策をしたPCに保存するなどし、必要がなくなったら復元不可能な程度に裁断するなど、確実に廃棄します。

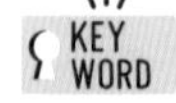

*支払調書…個人事業主が関係するのは「報酬、料金、契約金および賞金の支払調書」。源泉徴収税額と支払い報酬額を記入し、支払日の翌年1月31日までに税務署に提出する。

マイナンバーが必要になる行政手続き

さまざまな行政手続きでマイナンバーを使用するため、関係する取引先や、雇用関係においてマイナンバーのやりとりが必要になる。

社会保障

年金関係や労働関係、医療関係、福祉関係の手続きで必要。

税

国税や地方税の税務手続きで必要。

災害対策

防災や被災者向けの制度の手続きで必要。

各種手続きでマイナンバー（12桁の個人番号）の記入が必要

提出書類例① 所得税の確定申告書

家族
（扶養対象配偶者・扶養家族・事業専従者）

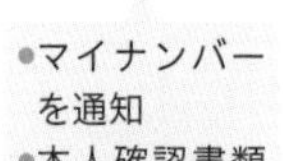

●マイナンバーを通知
●本人確認書類を提示

個人事業主

書類を提出

●マイナンバーを記入（扶養対象配偶者・扶養家族を含む）
●本人確認が必要

提出書類例② 取引先の支払調書

個人事業主

●マイナンバーを通知
●本人確認書類を提示

取引先の会社

書類を提出

●マイナンバーを記入

提出書類例③ 源泉所得税関係・労働保険関係・支払調書

従業員・外注者

●マイナンバーを通知
●本人確認書類を提示

個人事業主

書類を提出

●マイナンバーを記入

行政機関（税務署、市区町村など）

本人確認書類とは？
●個人番号カード（通知カードと引き換えに発行する写真・ICチップ付身分証明書）
または…
●通知カードと写真付身分証明書（運転免許証、パスポートなど）

*個人番号カード（マイナンバーカード）…本人が市区町村の窓口へ申請することで交付されるICカードのこと。通知カードと違って、本人確認のときに、カード1枚で公的な身分証明書として利用できる。

10 プライベート用と別の仕事用口座を準備

口座と財布は仕事とプライベートで分ける

仕事用とプライベート用の口座を分けずに使っていると、口座の記録を見ても、どれが仕事のために出し入れしたお金なのかわからなくなります。帳簿づけするときも思い出したりするのに結構な手間になってしまいます。

そこで開業するに当たっては、仕事用とプライベート用の口座を分けて作りましょう。仕事からプライベートへの入金も、そのつど必要なときではなく、毎月1回決まった時期に行うようにすれば口座の記録もすっきりします。

同じように、財布も、仕事用とプライベート用とを分けておきましょう。せっかく口座を別にしても財布が同じでは、やはりわかりづらくなってしまいます。

仕事用のお金をプライベート用の財布から出した、反対にプライベート用のお金を仕事用の財布から使ったというときは、早めに帳簿につけておくことも忘れずに(➡P84)。

また、財布とともに仕事用に小さな金庫も用意して、そこから仕事用のお金の出し入れを行うようにしてもよいでしょう。

クレジットカードなどは仕事用を用意する

クレジットカードも、できれば仕事用とプライベート用を使い分けましょう。仕事用のクレジットカードを作り、仕事にかかわる支払いについては、それで支払うようにします。

なお、収入が不安定な個人事業主の場合、クレジットカード会社によっては審査が厳しいことがあるので、開業前のサラリーマン時代などに用意しておくのもいいでしょう。

最近では、電子決済サービスも充実してきていて、*電子マネーカード、携帯電話などでも決済ができます。クレジットカードより入手の手続きが簡単で、決済時のサインなども必要ないという手軽さがあります。

電子マネーについても、仕事用、プライベート用とで使い分けるようにしておくと、後々の経理作業がラクになります。

*電子マネーカード…支払い前にお金をチャージしておくプリペイドタイプのものと、クレジットカードと一体になった後払い型のポストペイタイプがある。

仕事とプライベートで支払いを分ける

〚仕事とプライベートが同じだと…〛

仕事のお金の流れがはっきりせず、経営状態もわからない。

後から見てどれが仕事かどれがプライベートかわからなくなる。

〚仕事とプライベートを分けると…〛

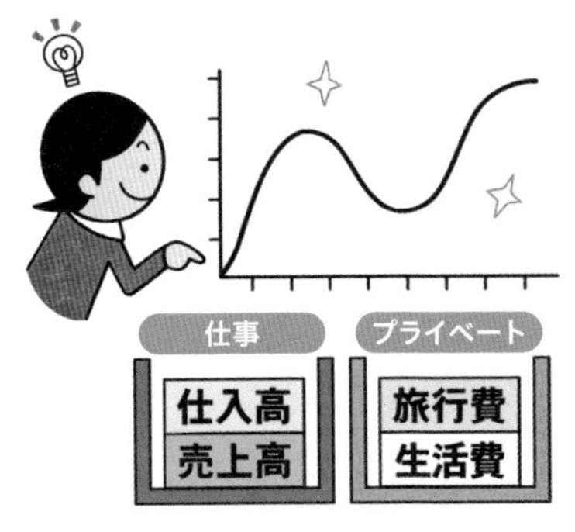

仕事でのお金の流れがはっきりわかり、経営状態もわかる。

帳簿づけがラクになる。

新規の銀行口座が開設できないとき

最近は、新しい銀行口座の開設を拒まれるような声を聞きます。銀行側でも口座維持に対してコストがかかるため、紙の通帳に利用手数料がかかるなど歓迎ムードではないようです。このようなときは①すでにある口座を仕事用として使う　②比較的開設しやすいネットバンクを検討する、といいでしょう。インターネット上で残高を確認できる銀行口座は、クラウド型の会計ソフトと相性がいいです。

1UP経理のコツ①

進化する会計ソフト！でも頼りすぎは禁物

帳簿をつけるにあたって、会計ソフトを利用することを考える人は多いでしょう。会計ソフトは、仕訳を入力すると、総勘定元帳への転記を自動で行い、月の試算表、年末の決算書類・確定申告書類まで作成してくれます。インボイス制度等により、消費税の課税事業者になったときは、消費税の確定申告書まで作成してくれるものもあり、とても便利です。

近年では、クラウド型と呼ばれる会計ソフトがシェアを伸ばしています。インターネットにアクセスし、パソコン、スマートフォン、タブレットなどのコンピューター端末から仕訳の入力が可能になりました。金融機関の取引記録やクレジットカード利用記録を読み取って、ソフトが自動的に仕訳する機能なども盛り込まれています。

しかし、データが連動しているだけに、理解をしないで登録を進めていくとすべての数字が狂ってきます。会計ソフトを利用するケースでも、帳簿づけの基礎知識は必要でしょう。

以下、会計ソフトを選ぶときに注意しておきたいポイントを列記しました。参考にしてください。

[会計ソフトを選ぶ際のポイント]

- ●クラウド型かインストール型か
- ●ソフトに対する予算料金は？
- ●スマートフォンで利用希望か
- ●消費税の確定申告まで必要か
- ●Macの利用か、Windowsの利用か
- ●サポートは必要か

2章

経理の基礎知識

「経理ってむずかしいんでしょ?」
いえいえ、そんなことはありません。
まずは、個人事業主の経理と切っても切れない
確定申告のこと、帳簿のことを知って、全体像をつかみましょう。
どうして経理が大切なのか、自然とわかってくるはずです。

01 正しい帳簿づけで特典を受ける

帳簿をつけることで「経営」がわかる

個人事業主の経理事務で、避けて通れないのが*帳簿づけです。個人事業主なら誰でも、正しく帳簿をつけることが法律で義務づけられています。また、自分で税計算をして税金を納める確定申告を正確に行って、ムダな税金を払わないためにも必要なことです。

ただ、「法律で決められているからやる」という義務感だけでは、なかなか帳簿づけを続ける気が起こらないでしょう。そこで、帳簿をつけると事業にどんな利点があるのか、ということに目を向けてみましょう。

毎日帳簿をつけていると、どれくらい儲かっているのか、どれくらい損しているのかがはっきりわかります。すると、ムダな経費があるとか、時期によって利益に幅があるなど、事業の経営状態が具体的に数字として見えてきます。そこで節約する方法を考えたり、売上が減る時期に仕事を増やすなど、今後を予測した動きが考えられるようになります。

個人事業主は、ともすると自分が経営者だということを忘れがちです。しかし帳簿をつけることで、経営の舵(かじ)取りをしているのはほかならぬ自分だと強く意識するようになり、経営の改善策を具体的に考えるきっかけになるのです。

しっかりとした帳簿をつけると特典がある

きちんと帳簿をつけることで、確定申告のときに国から「よくがんばりましたね」ともらえるごほうびがあります。それが青色申告です。青色申告ができると、「節税できる」「赤字の繰り越しができる」などの特典があります。

青色申告には55万円特別*控除と10万円特別控除の２種類があり、e-Taxによる申告ができれば、より節税効果が高い65万円特別控除を受けることができます➡P34。

ただし帳簿づけのゴールは、確定申告ではありません。あくまでも１年の区切りの作業だと考え、自分の未来を見つめるための経理を行っていけるようにしていきましょう。

*帳簿づけ…お金や商品（サービス）の流れを数字として帳簿に記録しておくこと。「（帳簿に）記帳する」という言い方もする。１年間集計したものを元に決算書を作成する。

帳簿づけの基本とメリットをチェック

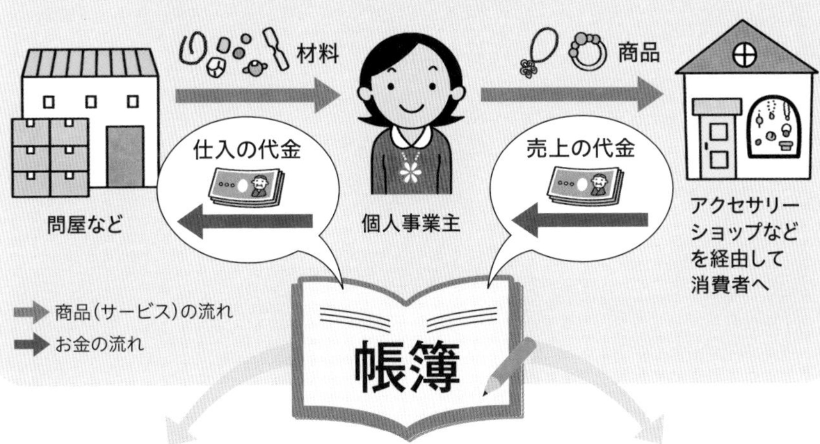

メリット1 事業の経営状態がわかる!

未来予測

いつ、どのくらい儲かっているか、損をしているかといった経営状態を元に、具体的な経営改善策を考えるきっかけになる。

メリット2 確定申告で青色申告ができる!

特典

しっかりとした帳簿づけができれば、節税などの特典満載の青色申告ができる。正確な税計算にも必要不可欠。

帳簿づけを続けるための"習慣づけ"を!

経営感覚を磨くなら、帳簿は日々継続して行うのがベストです。そのため、たとえば夜寝る前の数十分は帳簿に向かう、などと決めて習慣づけるとよいでしょう。どうしても週末しか記帳の時間をとれない、という場合でも、モノを買うつど、何をどんな目的で買ったかをスマートフォンにメモしたり、レシートに書き込んだりして、日々モノやお金の流れを意識しながら下準備をしておきましょう。それだけでも週末の作業がグンとはかどります。

KEY WORD

*控除…税金を計算するときに、差し引くこと。差し引くことができる額のことは「控除額」という。差し引く額が多いと、その分税金を安くすることができるといえる。

02 帳簿づけでわかる経営成績と財務状況

複式簿記をつけると経営にも役立つ

複式簿記で、取引内容を資産、負債、資本、費用、収益の５要素➡右ページに振り分けてまとめていくと、事業経営について２つの大切なことがわかるようになる書類を作れます。

ひとつは、「貸借対照表（B/S）」といわれるこれまでの事業の財務状況を表す書類です。５要素のうち、資産、負債、資本の部分で見ます。たとえば、いくら資産が多くても、その大半が返済すべき負債で占められていたら、必ずしも「財務状態がいい」とはいえません。また、資産のうち、まだ回収できていない売掛金が多ければ、貸し倒れの損失の可能性もあります。つまり、貸借対照表は、「財産がいくらあるのか」がわかるので、どれだけ健全な経営をしているかを見極めるときの指標になるというわけです。

もうひとつは、「損益計算書（P/L）」といわれる事業の経営成績を表す書類です。５要素のうち、費用と収益の部分で見ます。一定期間の中でどれだけ売上があり、そのためにどんな経費を使ったかが把握できます。つまり、損益計算書では「どれだけ儲けたのか」がわかります。たとえば、売上が高くてもムダな経費が多ければ、経費を削ることで経営成績が上がるのではないか、などと検討できるわけです。

月１回のチェックで確定申告作業がラクに

できれば毎月の月末など、月に１回は財務や損益の状態をチェックして経営を振り返り、問題点が見えてきたら対策を検討しておきたいものです。帳簿づけでは、仕訳内容を勘定科目別に*総勘定元帳に転記する作業➡P70が出てくるので、これもこまめにしておくと、月１回の損益計算書と貸借対照表の集計➡P90も面倒な作業ではなくなります。

また、年に１度の確定申告のときに、その年度の損益計算書と貸借対照表も必要になります➡P147。月ごとに集計しておくことによって、確定申告時の書類の作成作業がとてもスムーズになります。

*総勘定元帳…勘定科目ごとにまとめた帳簿➡P70のこと。転記作業自体は簡単で、仕訳を記帳した帳簿から勘定科目ごとに抜き出して書き写すだけ。会計ソフトがあれば代行してくれる。

5要素と貸借対照表・損益計算書の関係

〚2つの書類は純利益が接点〛

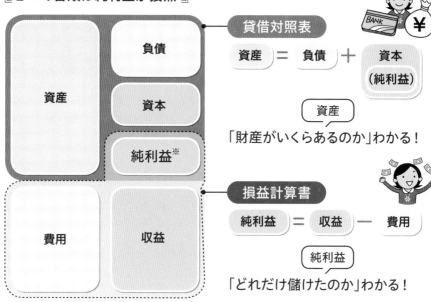

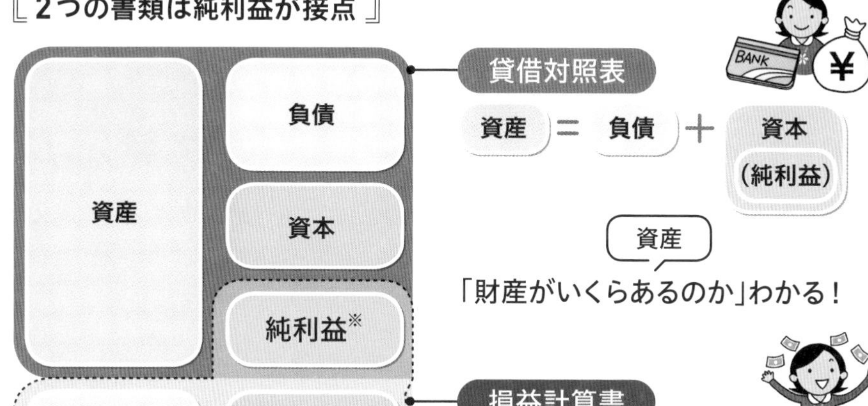

※純利益とは、損益計算書と貸借対照表の共通部分。損益計算書では、収益から費用を差し引いた分で、「所得」のことをいう。貸借対照表では、資本の増加分のことをいう。

損益計算書と貸借対照表の特徴

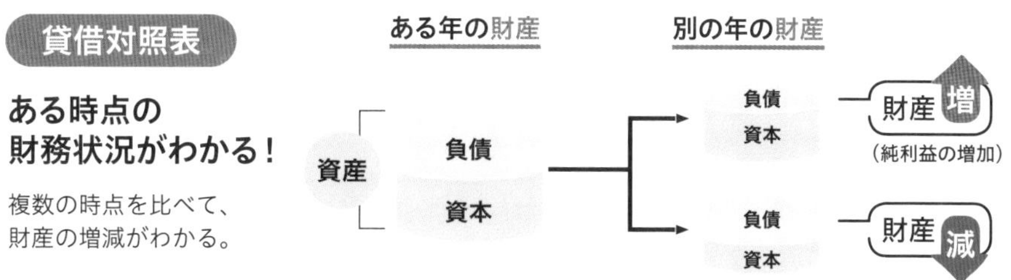

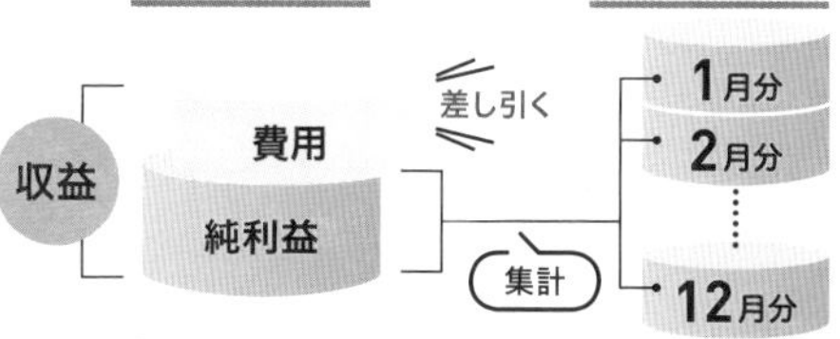

損益計算書

一定期間の儲けがわかる！

1か月分ごと、1年分ごとなどで純利益を把握できる。

03 事業収入と必要経費の判断のポイント

仕事で「得たもの」と「使ったもの」で見分ける

税計算の元になる事業所得➡P30は、事業収入から経費を差し引いたものを指します。帳簿づけのときに「事業収入になるか？」「経費になるか？」という判断を間違えると税計算にまで影響があるので注意が必要です。

事業収入かどうかを判断するポイントは、「事業から生じた収入かどうか」です。たとえば、事業によるサービスやモノを売って得た「売上金」は事業収入です。また、商品が壊れたときに支払われる損害保険金は事業収入です。しかし、その保険が満期になって一時金をもらう場合は事業収入とはなりません。事業とは関係のないところで発生した収入は、雑所得など別の種類の所得➡P30として計算します。

必要経費は、「事業収入を得るためにかかった費用」です。たとえば、商品の仕入代金である「売上原価」などがわかりやすいでしょう。しかし家の食費、教育費などのプライベートの生活資金は必要経費にはなりません。

ただ、何が必要経費になるのかは、人によって、業種によってさまざまです。もし自宅に事業所を置いている場合、家賃や光熱費のうち事業に使ったことが明らかにわかる分などは、経費として認められます➡P156。つまり「仕事に必要な理由をきちんと人に説明できるものかどうか」というのがひとつの判断基準になるでしょう。

モノやサービスの受け渡しのときに記録する

事業収入や必要経費の帳簿づけは、現金の受け渡しがあったときではなく、モノの受け渡しやサービスが実際に行われたときに行います(発生主義)。たとえば、仕入れた商品が届いたときは、まだ代金を支払っていなくても「売上原価」が生じたことになるので、帳簿に必要経費として記入します。

反対にモノを納品するときなどは、まだ代金をもらっていなくても事業収入が発生したことになります。通常はモノを提供し、その代金がいくらであるかを明確にした請求書を発行できるときに事業収入に*計上できます。

*計上…帳簿に記入する、あるいはパソコンの会計ソフトに入力すること。その内容は１年間のまとめである決算書に反映される。経費で「落とす」という表現も、「計上」と同じ意味。

事業収入になるものの例

事業の売上金

事業のために立ち上げたブログで広告収入などを得た場合

事業活動に支払われる保険金や損害賠償金

商品などを自分のために使ったり、他人に贈ったりした場合

商品などのリベート（謝礼金や報酬金など）や仕入割引

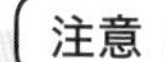

こんなものは事業収入にはならない

×資産などの譲渡による収入
事業用に使っていた建物・車両などの売却もNG。

×預貯金の利息
事業用の口座の預貯金もNG。

×保険の満期金
商品にかけた保険の満期金もNG。

※事業の収入にならないものでも、譲渡所得、一時所得等で申告が必要なケースもあります。

必要経費になるものの例

売上原価

従業員の給与※

※生計を同じにする配偶者や親族に支払う場合は、条件や制限がある➡P104。

事業活動で生じた費用※

※光熱費、通信費、交通費、事業に直接関係する損害保険料など。

地代家賃※

※事業に使ったことが明らかにわかる分のみ➡P156。

減価償却費➡P136

注意！

こんなものは必要経費にはならない

×プライベートの生活資金

×所得税や住民税

×罰金
業務中の車両違反でもNG。

×医療費

×国民年金保険料・生命保険料

04 帳簿づけの基本パターンは3種類

帳簿づけはまずやってみることが大事

いざ、青色申告の特別控除55万円を目指した帳簿づけ（*複式簿記）を始めようとしたとき、一見むずかしそうに思えてしまうのが仕訳という作業です。ひとつの*取引を「借方」と「貸方」という2つに分解して記録することなのですが、「借」「貸」という言葉とその分け方で混乱する人が多いようです。家計簿のような帳簿しか見たことがない人にしてみれば、2つの項目に、同じ金額を書き込むことに慣れていないせいもあるでしょう。

でも、まったく心配はいりません。一度しくみを覚えれば、帳簿づけは驚くほど簡単です。そのためには「習うより慣れろ」。知識を覚えようとするより、実際にやってみながら慣れていくのが近道です。

とにかく知っておきたい大事なポイントは、取引を仕訳して帳簿づけをすると、次の2つのことがわかるようになるということです。

① 複数の種類のお金の動きがわかる
② お金が動いた目的や原因がわかる

逆にいえば、この2点に注意して記帳していけばよいということです。

仕訳ではまず3つのパターンを覚える

記録するお金の種類も数多くありますが、まずは、現金、預金、掛け（後で精算されるお金）の3つに分けて考えていくとわかりやすくなるでしょう。

仕訳では、借方に分けられるものは左側へ、貸方に分けられるものは右側へと、一定のルール➡P66で記録します。ただ、シンプルに考えていくために、最初は仕訳をする必要が出てくる最小限のパターンに絞り込んでみましょう。次の3つのパターンです。

①お金が入ったとき
②お金を使ったとき
③お金が移動したとき（例：預金から現金にする）

このルールにしたがうと、右ページのような仕訳になります。

*複式簿記…ひとつの取引を複数の帳簿に記録する、正式な簿記の記帳方法のこと。もうひとつの簿記の種類である単式簿記は、「現金」などのひとつの勘定科目に絞って記帳する形式。

仕訳の基本ルールと重要な3パターン

〚借方と貸方の基本ルール〛

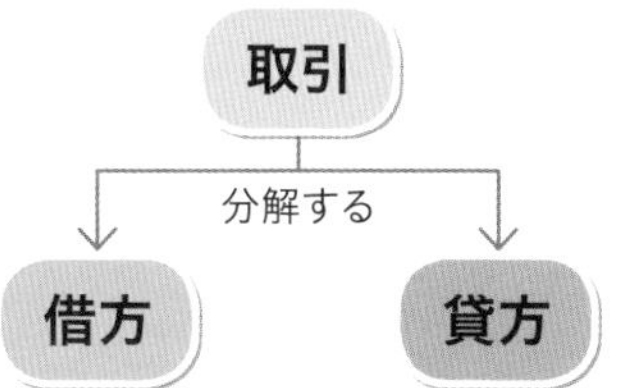

左側に記入する　　右側に記入する

ひとつの取引につき、
左右に記入する金額は**同じ**

経理のちょいテク　借方・貸方の言葉にこだわらない

「借方」「貸方」と聞くと「貸し借り（債権・債務）の取引」のイメージがあります。本来は、債権・債務を記録する目的があったようですが、現在ではその意味は薄れてしまっています。そのため、言葉が持つイメージにこだわらず、まずは単に「左側が借方」「右側が貸方」と覚えましょう。

〚仕訳の3パターン〛

1 お金が入ったとき

右 どんなことでお金が入ったかを貸方に書く。

左 どんなお金（現金、預金、掛け）が増えたかを借方に書く。

例　3,000円の商品を現金で売り上げた。

借方		貸方	
現金	3,000	売上高	3,000

現金が増えたので、借方（左側）に「現金　3,000」と書く。

商品を売って（売上）お金が入ったので、貸方（右側）に「売上高　3,000」と書く。

2 お金を使ったとき

左 どんなことにお金を使ったかを借方に書く。

右 どんなお金（現金、預金、掛け）が減ったかを貸方に書く。

例　取引先との打ち合わせで○○駅まで電車を使い、交通費500円を現金で支払った。

借方		貸方	
旅費交通費	500	現金	500

交通費にお金を使ったので、借方（左側）に「旅費交通費　500」と書く。

現金が減った（現金で支払った）ので、貸方（右側）に「現金　500」と書く。

3 お金が移動したとき

左 増えたお金の種類（現金、預金、掛け）を借方に書く。

右 減ったお金の種類（現金、預金、掛け）を貸方に書く。

例　普通預金から現金50,000円を引き出した。

借方		貸方	
現金	50,000	普通預金	50,000

現金が増えることになるので、借方（左側）に「現金　50,000」と書く。

普通預金の残高が減ったので、貸方（右側）に「普通預金　50,000」と書く。

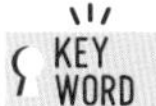

*取引…簿記でいう「取引」とは、本文の3つのパターンのように、金額で表示できるお金やモノの動きのこと。複式簿記は、この「取引」行為すべてを記帳すること、といえる。

05 取引内容を「勘定科目」で振り分ける

勘定科目の記入ルールを覚える

「どんな収入があったか」「どんな経費を使ったか」など、簿記では取引内容に応じて借方（左側）、貸方（右側）に仕訳をします➡P51。このとき、わかりやすいように取引内容ごとに名前をつけます。それが*勘定科目です。たとえば、「商品を現金で売った」という取引を借方と貸方の2つに仕訳するので、勘定科目も2つ登場します。ひとつは現金を受け取ったことを表すために「現金」という勘定科目を、もうひとつは売り上げたことを表すために「売上高」という勘定科目を使うことになります➡下図。

また、仕訳は取引内容を資産、負債、資本、費用、収益という５つのグループに振り分けていく作業でもあります。つまり、勘定科目も大きく５つに分類することができます。それぞれの記入のルールを覚えておくと便利です➡右ページ。

勘定科目は、青色申告決算書に記載されているような一般的なもののほかにも、自分で独自に設定してよいことになっています。たとえば、ライター業なら「取材費」、運送業なら「ガソリン代」といった感じですよく使う勘定科目➡P96。

一度勘定科目を決めたら、使い続けるようにします。同じもので勘定科目を変えると、年ごとの勘定科目別のお金の比較がしにくくなります。

借方と貸方それぞれに勘定科目を振り分けて仕訳する

仕訳をするときは、借方と貸方それぞれに勘定科目と金額を１セットで記入する。

例 3,000円の商品を現金で売った。

借方	貸方
現金 ┆ 3,000	売上高 ┆ 3,000

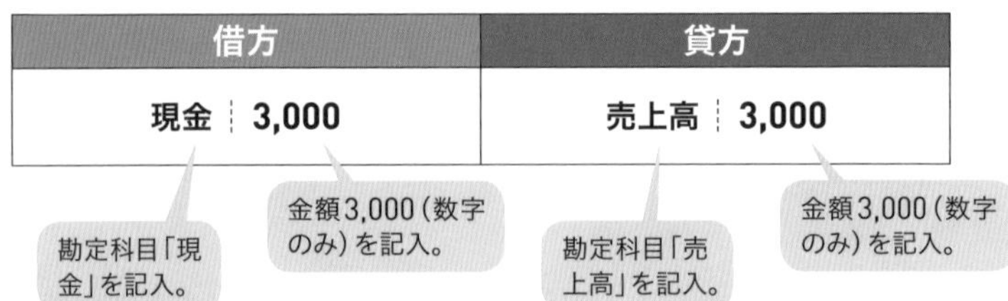

勘定科目「現金」を記入。
金額3,000（数字のみ）を記入。
勘定科目「売上高」を記入。
金額3,000（数字のみ）を記入。

KEY WORD

*勘定科目…複式簿記の仕訳や、決算書などに使用する記録・計算の単位の名称のこと。その内容や特徴を示す名称が用いられる。

勘定科目は5つのグループに分類される

勘定科目は5つに分類され、その分類と金額の増減によって、借方か貸方のどちらに入るかも決まる。

1 資産グループ

お金や商品、土地や建物、権利など所有する財産のこと。

例 「現金」「普通預金」「売掛金」などの勘定科目。

おもな記入ルール

資産が……

増えた → 借方（左側）に記入。

減った → 貸方（右側）に記入。

2 負債グループ

借入金、買掛金など、返済の義務があるお金やモノのこと。

例 「借入金」「買掛金」などの勘定科目。

おもな記入ルール

負債が……

減った → 借方（左側）に記入。

増えた → 貸方（右側）に記入。

3 資本グループ

事業の元手になる資金のこと。

例 「元入金」「事業主貸」「事業主借」などの勘定科目。

おもな記入ルール

資本が……

減った → 借方（左側）に記入。

増えた → 貸方（右側）に記入。

4 費用グループ

事業を行うために使った費用のこと。

例 「仕入高」「外注費」「旅費交通費」「荷造運賃」などの勘定科目。

おもな記入ルール

費用が……

かかった → 借方（左側）に記入。

※費用を取り消すとき（返品など、イレギュラーな場合）は、貸方（右側）に記入する。

5 収益グループ

事業による売上などの収入のこと。

例 「売上高」「雑収入」などの勘定科目。

おもな記入ルール

収益が……

出た → 貸方（右側）に記入。

※収益を取り消すとき（修正するときなどイレギュラーな場合）は、借方（左側）に記入する。

06 請求書の発行と作成例

経理では請求書の発行が重要になる

取引の流れはケースバイケースですが、取引の大事なところで、書類を発行することになります。一般的には下図のような流れがあります。

書類の中でも、請求書の発行は経理上とても重要な役割があります。青色申告で55万円特別控除を受ける場合の帳簿づけ（複式簿記）では、請求書を元に収入の発生日を確認して帳簿をつけることになるからです➡P62。

請求書を発行するときは、取引先の締め日（経理の数字を確定する日）を確認して、間に合うようにしましょう。

なお、請求書は市販のものでもかまいません。ただし郵送ではなく、メールでのデータ送付を指定されることもあります。その場合、トラブル防止のため、変換できないようにPDF形式のファイルで送るようにしましょう。

発行した請求書は自分用に控えをとります。紙の請求書を送付したときは、控えは印刷しておき、データの場合はデータで保管しましょう。保管するときは、2つのファイル（フォルダ）を用意するのがおすすめです。控えの書類をひとつのファイルにまとめておき、入金を確認したら入金済みとわかるようにもう一方のファイルに入れます。これを月１回確認すればもらい忘れを防げます。

一般的な取引の流れと発行する書類（例）

① 見積書の発行

納品内容、価格、納期などを取引先へと提示する。

② 契約書の発行

互いに合意した取引内容で契約を交わす。

③ 納品書の発行

納品する商品内容（数量など）と取引の日付を示す。

④ 請求書の発行

支払い期限などを示す➡右ページ。

請求書作成のポイント（作成例）

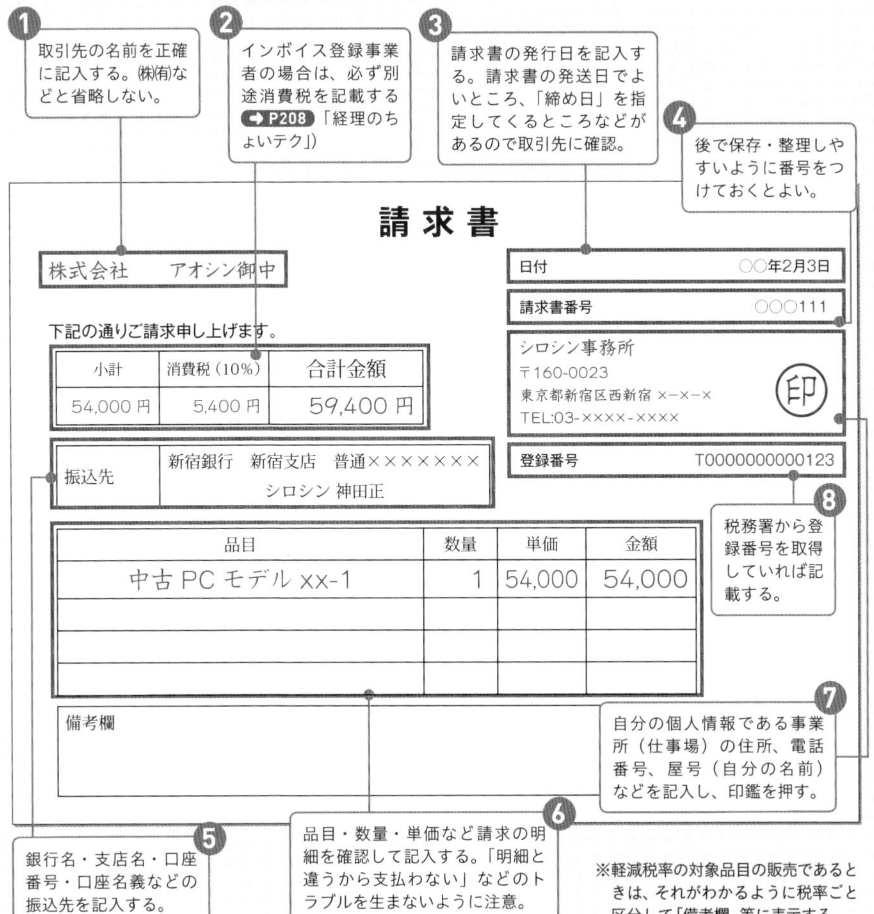

1 取引先の名前を正確に記入する。㈱㈲などと省略しない。
2 インボイス登録事業者の場合は、必ず別途消費税を記載する ➡P208「経理のちょいテク」）
3 請求書の発行日を記入する。請求書の発送日でよいところ、「締め日」を指定してくるところなどがあるので取引先に確認。
4 後で保存・整理しやすいように番号をつけておくとよい。
請求書
株式会社　アオシン御中
日付 ○○年2月3日
請求書番号 ○○○111
下記の通りご請求申し上げます。
小計 54,000円
消費税（10%） 5,400円
合計金額 59,400円
シロシン事務所
〒160-0023
東京都新宿区西新宿 ×－×－×
TEL:03-××××-××××
印
登録番号 T0000000000123
振込先 新宿銀行　新宿支店　普通×××××××
シロシン 神田正
品目 数量 単価 金額
中古PCモデル xx-1 1 54,000 54,000
備考欄
8 税務署から登録番号を取得していれば記載する。
7 自分の個人情報である事業所（仕事場）の住所、電話番号、屋号（自分の名前）などを記入し、印鑑を押す。
6 品目・数量・単価など請求の明細を確認して記入する。「明細と違うから支払わない」などのトラブルを生まないように注意。
5 銀行名・支店名・口座番号・口座名義などの振込先を記入する。

※軽減税率の対象品目の販売であるときは、それがわかるように税率ごと区分して「備考欄」等に表示する。

インボイス制度導入について

2023年10月から消費税の仕入税額控除の方式として「適格請求書等保存方式」、いわゆるインボイス制度が導入されました。適格請求書（インボイス）とは、正確な消費税率、消費税額、登録事業者の登録番号などを伝えるためのものです。

［発行側］　取引相手から求められたら、適格請求書を交付します。ただし、事前に税務署に申請をして登録を受けた事業者（登録事業者）のみが発行できます。

［受取側］　適格請求書の保存がなければ、原則として仕入税額控除はできません。

※仕入税額控除とは？　消費税は、課税売上にかかる消費税額から課税仕入等にかかる消費税額を控除して計算する仕組みになっています。このうち、控除する“課税仕入等にかかる消費税額”のことを仕入税額控除といいます。

07 領収書の発行ともらうときのポイント

領収書やレシートの内容をしっかり確認

領収書には、商品やサービスについての代金の受け渡しがあったことを証明する役割があります。たとえば商品を受け取ってお金を支払った場合、領収書が残っていないと、「まだ支払われていない」と二重請求がくるトラブルも考えられるわけです。

領収書は、発行するときも受け取るときも、しっかり確認するようにしましょう➡右ページ。よく領収書の宛名欄に「上様」と書くことがありますが、これでは誰が代金を支払ったかがわかりません。領収書を発行するときや受け取るとき、宛名には、正式な会社名や個人名などを入れます。また、領収書の金額が５万円以上の場合は発行者が*印紙税を負担します。

なお、レシートも領収書の代わりになります。購入日、購入金額、購入先、購入した商品の名前などが印字されているはずです。もし購入先などが書かれていない場合は、自分で余白に書き入れておき、後で確認したときにわかるようにしておきましょう。

領収書とレシートはその日のうちに整理

受け取った領収書やレシートは、そのままため込んでしまいがちですが、後で見返すと何の領収書か思い出すためにムダに時間がかかってしまうものです。できればその日のうちに、経費の勘定科目名などをメモして整理しておき、帳簿づけ現金出納（すいとう）帳など➡P72も行うようにしましょう。

また、領収書を自分で発行した場合は、必ず控えをとり、整理して保管しておくようにします。市販のもので発行するときは、複写式のものを選べば、控えを作る手間が省けます。

なお、パソコンで作成する場合も、手違いでデータが消えるなどのトラブルを防ぐためにバックアップをしておきましょう。保存方法は、紙で受け取ったときとデータで受け取ったときとでは変わります。紙のときは、いったん保管専用の封筒に入れる、ノートに貼るなど紛失しないようにします➡P59。

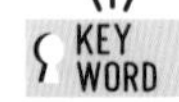

*印紙税…売上代金の領収書の印紙税は、５万円未満は非課税。５万円以上100万円以下は200円、100万円を超え200万円以下は400円。以後、金額別に20万円まで課される。

領収書作成のポイント（作成例）

領収書を作って発行するときは、次のようなポイントに沿って記載されているか確認しよう。受け取るときにも同じポイントを確認するとよい。

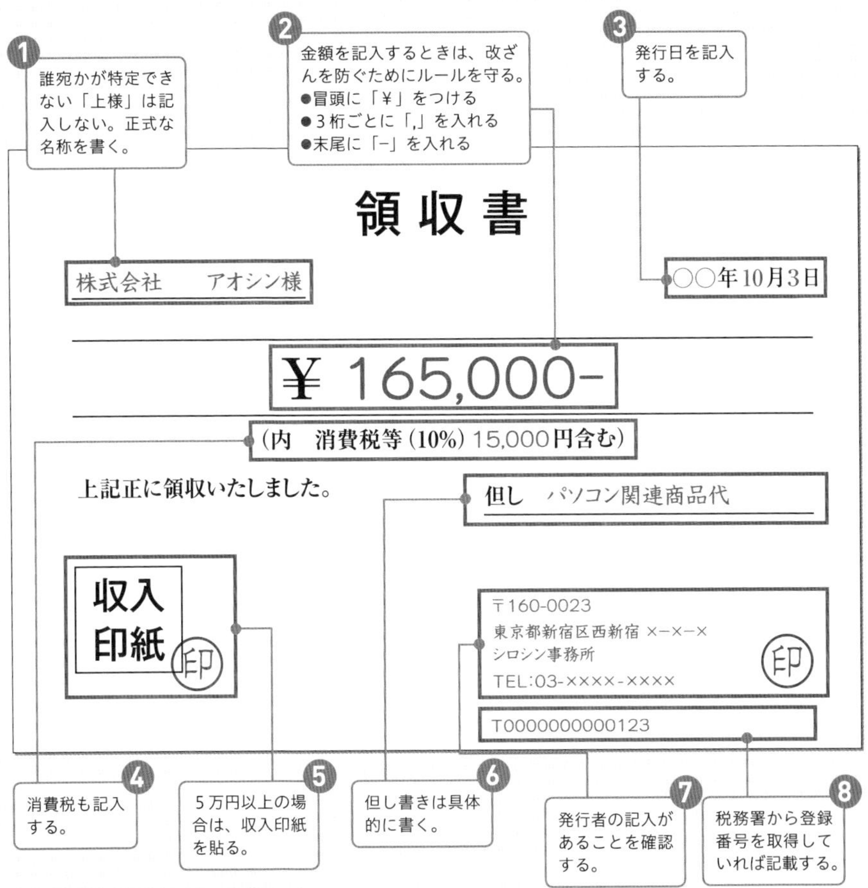

1 誰宛かが特定できない「上様」は記入しない。正式な名称を書く。
2 金額を記入するときは、改ざんを防ぐためにルールを守る。
●冒頭に「￥」をつける
●3桁ごとに「,」を入れる
●末尾に「-」を入れる
3 発行日を記入する。
領収書
株式会社　アオシン様
○○年10月3日
￥165,000-
（内　消費税等（10%）15,000円含む）
上記正に領収いたしました。
但し　パソコン関連商品代
収入印紙
印
〒160-0023
東京都新宿区西新宿 ×-×-×
シロシン事務所
TEL:03-××××-××××
印
T0000000000123
4 消費税も記入する。
5 5万円以上の場合は、収入印紙を貼る。
6 但し書きは具体的に書く。
7 発行者の記入があることを確認する。
8 税務署から登録番号を取得していれば記載する。

ありがち！ 意外な落とし穴

メールでの領収書送付なら印紙税は必要ない？

印紙税の対象となるのは、領収書のほかに、契約書、注文書と書かれた課税文書で、自分と相手とで保管用に2部作成したときには、2部とも印紙税がかかります。5万円以上の記載がある領収書を発行する際には、収入印紙を購入して貼らなければならないので注意しましょう。ただし、メールで領収書などを送る分には収入印紙は必要ありません。やや矛盾を感じますが、そんな理由もあってメールで領収書などの発行をすることも多くなっています。

08 作成した書類の保管義務と保存期間

書類によって5年・7年保存の義務がある

ひとつの取引があると、見積書、契約書、納品書、請求書、領収書などの書類がやりとりされます➡P54。これらは*証ひょうといって、帳簿や決算書類とともに一定期間保存することが決められています。

青色申告の場合、原則として7年、一部の証ひょう類に限っては5年の保存が義務づけられています➡右ページ。保存期間の始まりは、受取・作成があった年の翌年3月16日からです。つまりその年の確定申告期限の翌日から7年間となります。なお、保存方法は2022年から電子帳簿保存法の電子取引について改正があり、紙で交付されたものは紙で保存し、データで交付されたものはデータで保存するようになりました。

取引の書類は分類して保存する

証ひょう類は、取引をしていく中で、何かトラブルが起きたときに取引の裏づけになるなど、過去の取引経過がわかる大事な資料です。こまめに帳簿づけをしていても、後から探すときにわかりやすいように常に整理しておくことがポイントです。

整理書類名ごとにファイルして日付順に並べてもよいですし、特定の取引先とのやりとりが多ければ取引先ごとにファイルを作って、プロジェクト別や書類別に分類してファイリングしてもよいでしょう。大きさがまちまちな場合は、一度A4大のコピー用紙に貼り付けて大きさをそろえてからファイリングするという方法もあります。

データで受け取った請求書や領収書など、データのまま保存するときは、パソコン内に「2024年分」など年ごとにフォルダを作り、そこへ受領した書類をPDFや画像に変換し保存するなどしておきましょう。

紙で受け取った書類をスキャンして保存することは、自分用としては良いですが、捨てずに保管することが必要です。なぜなら「*スキャナ保存」として廃棄できるのは、一定の要件をクリアする必要があるからです。

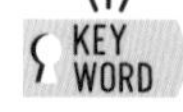

*証ひょう…取引の成立を証明する書類のこと。紙媒体での原本保存が原則だが、電子データでの保存も認められている（所轄税務署長等から許可をとる必要があり、細かな条件もある）。

電子帳簿保存法の電子取引の保存

取引先から受け取るのが

紙

紙で受領したときは、現行どおり紙のままで保存する。

電子データ

インターネットを通じて交付される領収書、請求書などはデータで保存する。

〖電子保存のルール〗

- 改ざん防止のための措置をとる。
- 「日付・金額・取引先」で検索できるようにする。
  (例) 2022年5月1日㈱ABCからの110,000円の請求書なら「20220501_110000_㈱ABC」など。
- ディスプレイ・プリンタ等を備えつける。

※実際は準備が間に合っていない事業者も多いため、しばらくの間は、保存すべき電子データをプリントアウトして保存し、税務調査等の際に提示・提出できるようにしていれば問題ない(事前申請等は不要)。

青色申告に必要な書類の保存期間

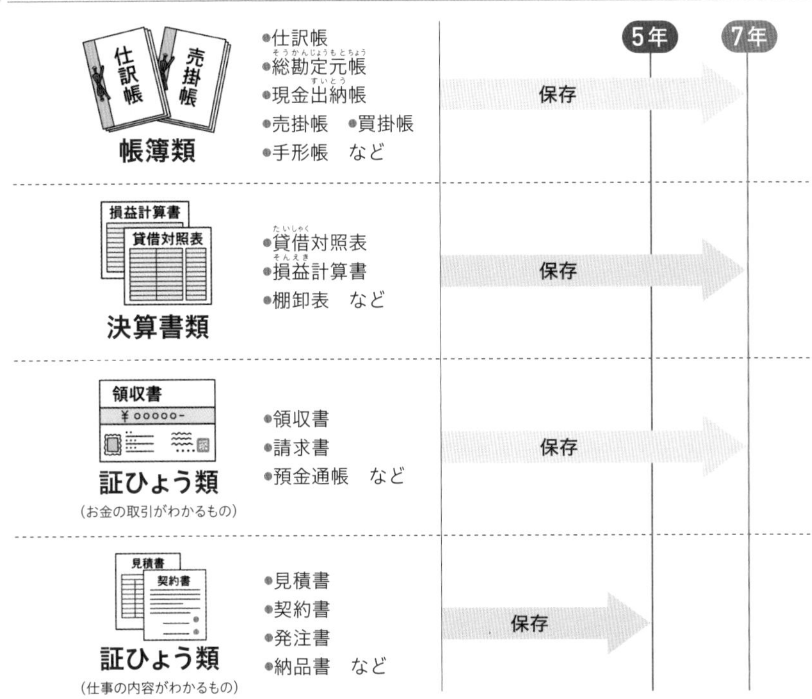

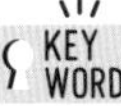

*スキャナ保存…法律で定められたスキャナ保存は、受け取ってから何日以内にスキャンする、タイムスタンプを付与するなどの要件がある。廃棄については、要件を満たしスキャンした後に可能となる。

1UP 経理のコツ ②

不安なときは直接相談に行こう！

経理に不慣れな人にとって、帳簿や申告書の書き方など、ひとりでやるには心細く不安になるときもあるでしょう。やはり直接話を聞いてもらい、相談して疑問を解決するのが一番安心な方法です。

そんなとき、利用を検討したいのが「青色申告会」です。全国で100万人を超える会員を持つ青色申告会は、小規模事業者で組織された会費制の団体です。税務署の管轄区域ごとにあり、会費はそれぞれで異なりますが、月額で1,000～2,000円ほど。帳簿づけや決算、申告、経営相談などさまざまな相談にのってもらうことができます。

また、確定申告書など一般的な税金面の不安は、税務署へ相談するのも手でしょう。電話相談や、日時予約をして無料で相談にのってもらえたりするほか、無料相談会などもあります。ただし、確定申告の時期が近づくと混雑して相談時間も短くなってしまうので、早めに疑問点を洗い出して相談しに行くほうが賢明です。

やってみて自力では処理しきれない場合などは、有料であっても、やはり専門家である税理士が心強い味方になります。ただ、税理士によってサービスはさまざまです。まずは、短時間の無料電話サービスなどでその感触を確かめるなど、自分が相談しやすい税理士を選ぶようにするとよいでしょう。

相談先の選択肢

青色申告会	自分で帳簿づけをして青色申告したい人向き（有料）。
税務署	税制や確定申告に関することを聞きたい人向き（無料）。
税理士	経理の仕事を代行、サポートしてもらいたい人向き（有料）。

3章

帳簿づけを始めよう！

帳簿のつけ方とそのしくみがわかれば、決算に役立つだけでなく、
事業の経営状態を把握できるようになります。
会計ソフトを使うにしても、基本的な知識がなければ
活用できません。基本のルールを覚え、
事業成功へとつながる帳簿を作っていきましょう。

01 簿記の「取引」は発生時に記帳する

「取引の発生」は、契約時ではない

帳簿づけをするには、「取引」の意味を正しく理解しておく必要があります。一般的に商談が成立して契約を交わしたようなとき、「取引が成立した」といいますが、帳簿づけでいう取引は少し意味が違います。帳簿では、次の2つが「取引が発生したとき」です。

①モノやサービス、お金が動いたとき

②その動きが金額で示せるとき

たとえば「代金を受け取った」などお金が動いたときや「商品やサービスを納品した」など金額がわかるモノやサービスが動いたときです。また、もしも商品が盗まれたような場合も「○○円の商品がなくなった（動いた）」ので、取引の発生になります。

発生 or 現金主義で帳簿のつけ方も変わる

売上や仕入など、収益や費用を計上するのは、通常、取引の発生時です。そのため、必ずしもお金を受け取ったときに計上するとは限らないことになります。

たとえば、商品を納品したとき、売上金をまだ受け取っていなくても納品した時点で「売上高」を計上します。また、クレジットカードで仕入れた場合、実際の支払いは後でも「仕入高」として計上します。このような計上方法を発生主義といいます。

発生主義にするのは、その発生した期間に収益と費用が正しく対応するようにしなければならないからです。*掛け取引ではこの権利や義務が帳簿づけで重要なポイントになります。実際に売上金が発生した場合は「売上高」ですが、お金をもらっていない場合は「売掛金」として区別します。また実際に仕入費用が発生した場合の「仕入高」も、お金を支払うまでは「買掛金」として区別します。

この発生主義に対して、実際に入出金があったときに記帳するやり方が現金主義です。たとえば、*現金商売などで、もっぱら現金の入出金だけを記録するのが現金主義に当たります。この場合、決算では、発生主義に直す必要があります。

*掛け取引…商取引のひとつで、商品やサービスの引き渡しのときに代金の受け取り・支払いを行わず、決められた期限までに行うこと。

取引発生の条件は2つ

条件1 モノ、サービス、お金が動く
条件2 金額で示すことができる
→ 取引の発生！

記帳するタイミング

- 商品やサービスの値段がわかるとき
- 商品やサービスが動いた（売った・買った）とき

- 受け取ったお金・支払ったお金の金額がわかるとき
- 現金や預金などが動いた（受け取った・支払った）とき

発生主義と現金主義

例 引き渡しの10日後に入金、または支払いが行われる掛け取引の場合。

発生主義

ここで記帳　ここで記帳

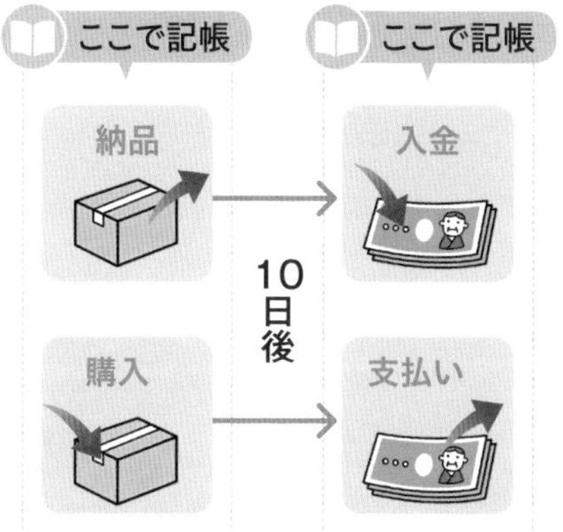

納品または購入のときに記帳する。また、入金や支払いのときにも記帳する。

現金主義

✕記帳はしない　ここで記帳

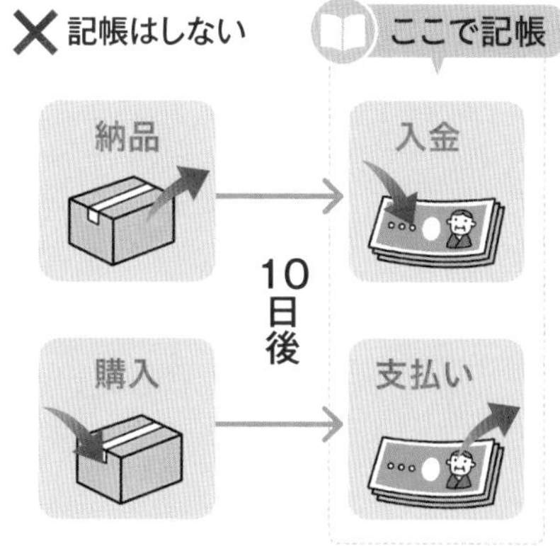

納品または購入のときには記帳しない。入金または支払いのときに記帳する。

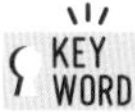

*現金商売…商品やサービスの提供をしたとき、その支払いの多くは現金で行われる商売のこと。たとえば、一般の小売業、レストランなどの飲食店、美容院やエステなどのサービス業など。

02 簡易記帳と複式簿記との違い

簡易記帳と複式簿記のメリット・デメリット

事業を始めたら、日々、取引によって動いたお金や商品・サービスの流れを帳簿づけしていきます。この帳簿へ記録するときのルールが簿記です。

簿記には、単式簿記などを含めた簡易記帳と、複式簿記の２つがあります。簡易記帳は、勘定科目をひとつに絞って記帳するやり方です。たとえば、「現金」という勘定科目で記帳していく現金出納（すいとう）帳、「売掛金」に絞って記帳する売掛帳などです。その勘定科目が動いたときにつければよく、小づかい帳や家計簿はこの簡易記帳といえます。この方式は、記帳した時点でのその勘定科目の残高を把握できるメリットがあります。

デメリットは、ほかの勘定科目の動きを把握できないことです。全体的な収支や資産状況などを見るにはひとつの勘定科目では不十分なので、複数の帳簿を合わせて見なければなりません。

一方の複式簿記は「正規の簿記」といわれているものです。ひとつの取引を借方と貸方の２つに分解して記録（仕訳）します➡P66。簡易記帳よりも複雑になりますが、その分、全体的な収支や資産状況が把握できるというメリットがあります。

55万円特別控除が認められる条件は2通り

青色申告で55万円特別控除を受けるには、複式簿記で記帳をすることがおすすめです。複式簿記の場合、決算書となる貸借（たいしゃく）対照表と損益（そんえき）計算書を作成でき、これが55万円特別控除を受けるための条件となります。

必要となる帳簿（*主要簿）は仕訳帳と総勘定元帳（そうかんじょうもとちょう）で、補助簿として、簡易記帳を活用してもよいことになっています。

なお、発生主義の簡易記帳の場合、損益計算書しか作れないので、本来は青色申告の10万円特別控除しか受けられません。

ただし、複数の簡易記帳をそろえて、貸借対照表、損益計算書の２つが作成できるのであれば、55万円特別控除が認められるようになります。

*主要簿…事業の取引のすべてを記録する、基本的な帳簿のこと。一般的には仕訳帳と総勘定元帳の２つのことで、決算のときの基礎資料になる。

簡易記帳と複式簿記での記帳との違い

	発生主義による簡易記帳（単式簿記を含む）	複式簿記
記帳のしくみ	取引のうち、ひとつの勘定科目が動いたときに記録する	取引が起きたら、2つ（借方・貸方）に分解して記録する
作成する帳簿	●現金出納帳 ●預金出納帳 ●売上帳 ●仕入帳 ●売掛帳 ●買掛帳 ●経費帳 そのほか、必要に応じた帳簿	●仕訳帳 ●総勘定元帳 必要に応じて補助簿（単式簿記）を作成する
特別控除を受けるための作成書類	10万円特別控除： 損益計算書を作成する 55万円特別控除： 原則として受けられない	55万円特別控除： 損益計算書・貸借対照表を作成する

※55万円の青色申告特別控除の適用要件に加えてe-Taxによる申告（電子申告）または電子帳簿保存を行うと、65万円の青色申告特別控除が受けられる。

ただし……
■損益計算書・貸借対照表を作成する
■最低限必要な帳簿をそろえる
→ 55万円特別控除が受けられる

↓

●現金出納帳 ●預金出納帳 ●売掛帳
●買掛帳 ●経費帳 ●固定資産台帳
（そのほか、損益計算書、貸借対照表を作成するために必要な帳簿）

こんなときどうする？

帳簿のつけ方を決められない…

「簡単な記帳方法で帳簿をそろえればいいだけなら、複式簿記でなくてもいいのでは…」と考える人は多いかもしれません。ただし、簡易記帳では青色申告特別控除は10万円しか受けられません。事業で利益が安定して出せるようになると、55万円の青色申告特別控除は大きな節税になります。お金を使って55万円分の経費を計上することは、現金残高が減ることを意味します。特別控除は「お金が出ていかない節税」なので、受けないのはもったいないです。開業当初から55万円の特別控除を受けるつもりで、簿記の考え方を理解して複式簿記の形式で帳簿をつけることをおすすめします。

03 複式簿記の基本は仕訳を理解すること

取引を２つに分解するのが基本

複式簿記では、取引が発生したら、その取引を２つに分解して帳簿づけしていきます。

取引には必ず「原因は何か」「どのような結果になったのか」という２つの側面があります。それを金額にしたときに「何が増減（発生)」し、その結果「何が増減」したか、それぞれ左側「借方」と右側「貸方」に分けて仕訳帳に記録していきます。これが、*仕訳の作業です。簿記は、この仕訳をきちんと行っていくことがすべてといっていいでしょう。

このデータを集計したものが、「財産がいくらあるのか」がわかる貸借（たいしゃく）対照表と「どれだけ儲けたのか」がわかる損益（そんえき）計算書であり、事業の経営状況や成績を正確に示してくれるのです。

まず定位置とルールを覚えてしまおう

２章➡P52でも見たように、勘定科目は資産、負債、資本、収益、費用と大きく５グループに分類することができます。

これらのグループは、決算書である貸借対照表と損益計算書を作成するために、増加した場合と減少した場合でそれぞれ左右（借方と貸方）の定位置が決まっています➡右ページ。まずは、基本となる５グループの定位置を覚えましょう。

増加した場合に記入する際は、資産と費用は左側、負債と資本と収益は右側になり、減少した場合はその逆になります。

なお、費用と収益は、減少するという見方ではなく取り消す、というイレギュラーな取引で使うことが多く、通常では発生しない取引なので、ひとまずないものと思って進めましょう。

仕訳は、左側（借方）の合計と右側（貸方）の合計は常に一致します。両側の金額が一致しなければ何か記入ミスがあるということなので、確認するようにしましょう。仕訳のルールはこのように意外とシンプルです。ひとまず具体例➡P68を見ながら、仕訳をしてみましょう。

*仕訳…複式簿記のときに、発生した取引を勘定科目と金額を使って、借方（左側）と貸方（右側）の２つに分けること。借方と貸方の２つを組み合わせることで取引の内容がわかる。

仕訳は取引を2つに分解すること

取引の発生

例 売上で100万円の現金収入があったとき。

↓

仕訳 2つに分解する

※左(借方)と右(貸方)の分け方は下図。

現金が100万円増えた

記入するとき(勘定科目)は「現金」

売上が100万円発生した

記入するとき(勘定科目)は「売上高」

決算書に沿った5つのグループの定位置

左右(借方、貸方)のどちらに記入するかは、勘定科目のグループによって変わる。増加または発生した場合の定位置は下のようになる。

	左 借方	右 貸方
貸借対照表を作るグループ	**資産** 勘定科目「現金」「普通預金」「売掛金」 など	**負債** 勘定科目「借入金」「買掛金」「未払金」 など **資本** 勘定科目「元入金」「事業主貸」「事業主借」 など
損益計算書を作るグループ	**費用** 勘定科目「仕入高」「水道光熱費」「租税公課」 など	**収益** 勘定科目「売上高」「雑収入」「家事消費」 など

仕訳のルールを具体例で確認しよう

〚ルール1　よく使う仕訳のパターン〛

定位置を覚えて仕訳をしていくと、使うのは次の8パターン。このうち収益の取消、費用の取消はあまり使わない。

左 借方	右 貸方
❶ 資産の増加 ＋	❷ 資産の減少 －
❸ 負債の減少 －	❹ 負債の増加 ＋
❺ 資本の減少 －	❻ 資本の増加 ＋
❼ 費用の発生（増加）＋	（費用の取消 －）
（収益の取消 －）	❽ 収益の増加 ＋

〚ルール2　借方と貸方の金額は一致する〛

仕訳例❶ 開業資金として現金1,000,000円を出した。

❶ 資産（現金）の増加 ＋　　❻ 資本（元入金）の増加 ＋

借方		貸方	
現金	1,000,000	元入金	1,000,000

両側の金額が一致する

仕訳例❷ 事業所の家賃200,000円を預金口座から振り込むときに、振込手数料220円を負担した。

❼ 費用（地代家賃、支払手数料）の発生 ＋　　❷ 資産（普通預金）の減少 －

借方		貸方	
地代家賃	200,000	普通預金	200,220
支払手数料	220		

ひとつの仕訳に勘定科目が複数あってもいい！

よくある例を使って仕訳をしてみる

よく使われる取引例を使って、実際に仕訳をしてみよう。

〚取引2つ分の仕訳の具体例〛

※よくある勘定科目と仕訳例は➡P96。
取引内容から勘定科目を探す索引は➡P214。

仕訳例① 仕事で電車に乗り、電車賃として現金1,500円を使った。

借方	貸方
旅費交通費 1,500	現金 1,500
⑦費用の発生（増加）＋	②資産の減少 －

仕訳例② 携帯電話料金15,000円が預金口座から引き落とされた。

借方	貸方
通信費 15,000	普通預金 15,000
⑦費用の発生（増加）＋	②資産の減少 －

仕訳帳の書き方

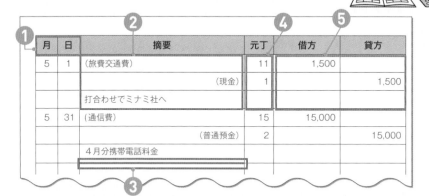

月	日	摘要	元丁	借方	貸方
5	1	（旅費交通費）	11	1,500	
		（現金）	1		1,500
		打合わせでミナミ社へ			
5	31	（通信費）	15	15,000	
		（普通預金）	2		15,000
		4月分携帯電話料金			

① 日付は、取引の発生順に記入する。

② 借方は上の行（左端）に、貸方は下の行（右端）に勘定科目をカッコ書きで記入。最後の行に取引の内容を簡単に記入する。

③ 取引ごとに摘要欄の最後の行に線を引いて、取引の単位がわかるようにする。

④ 仕訳が終わり、総勘定元帳（そうかんじょうもとちょう）➡P70へ転記するときに記入する。「元丁（もとちょう）」は総勘定元帳のどこへ転記したか、ページ数を記したりする補足情報欄のこと（例の「11」なら11ページに書いたという意味）。

⑤ 借方と貸方それぞれに金額を記入する。

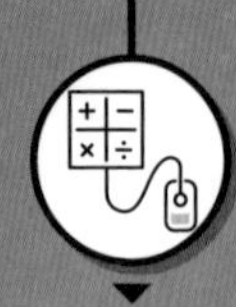

04 仕訳と同時に総勘定元帳に転記する

総勘定元帳への転記はできるだけすぐに

日々の取引を仕訳したら、次に行うのは仕訳帳から総勘定元帳（そうかんじょうもとちょう）への転記です。総勘定元帳とは、仕訳帳の記録を「現金」「売掛金」などの勘定科目ごとに分けてまとめた帳簿です。転記では、転記する勘定科目の*相手科目もいっしょに記入します➡右ページ。

仕訳帳から総勘定元帳への転記は、取引のつど、できるだけ同時に行うようにします。自分で独自に勘定科目を設定しているときは、青色申告決算書➡P146～151にある勘定科目に分類できるものがないか、あわせて確認しておくと、後々の決算でも行う転記作業がスムーズになります。

総勘定元帳を作成することによって、勘定科目ごとのお金の出入りや残高がわかります。つまり、売上はどれだけあって、経費にどれだけ使ったか、現金や預金はどれだけ残っているのかを把握できるということです。転記は記入漏れのないように注意しましょう。

補助簿で細部の情報をチェック

複式簿記は仕訳を記帳することだけが目的ではありません。仕訳から総勘定元帳へ勘定科目ごとにまとめることで、一定期間の経営状況を分析することができるようにすることが目的です。しかし、レジの中の現金の残高や得意先ごとの売掛金の状況など、もっと狭い範囲の事項をチェックしたいときには、総勘定元帳はあまり向いていません。このようなときに活用したいのが*補助簿である現金出納帳（すいとう）➡P72や売掛帳➡P76などです。日々の取引を簡易な方法で記録してチェックできます。また取引先別など、より細かい範囲に絞って帳簿を作成することもできます。

複式簿記の仕訳帳・総勘定元帳と各補助簿とでは、分析するものが異なります。まず、月ごとや年ごとの経営状況を把握するために仕訳帳と総勘定元帳を作成します。次に日々の経営で重点的にチェックしたいことを考えてから、作成する補助簿を決めていくとよいでしょう。

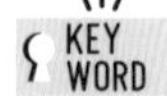
KEY WORD

*相手科目…左側（借方）から見たときの、右側（貸方）の勘定科目のこと。右側（貸方）であれば左側（借方）の勘定科目のことをいう。

仕訳帳から総勘定元帳へ転記するやり方

仕訳帳に記帳したものを勘定科目ごとに総勘定元帳へ転記していく。勘定科目ごとの記入用紙のことを勘定口座という。勘定口座の集まりが総勘定元帳になる。

転記する元になる仕訳帳

仕訳帳

月	日	摘要	元丁	借方	貸方
5	1	(通信費)	15	15,000	
		(普通預金)	2		15,000
		4月分携帯電話料金			
5	1	(工具器具備品)	5	120,000	
		(現金)	1		115,000
		(事業主借)	22		5,000
		○○デンキからパソコンを購入			

この場合、「通信費」「普通預金」「工具器具備品」「現金」「事業主借」の勘定科目があるので、全部で5枚の勘定口座が必要になる。

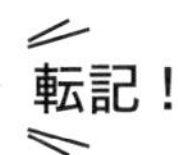

転記！

転記の流れ

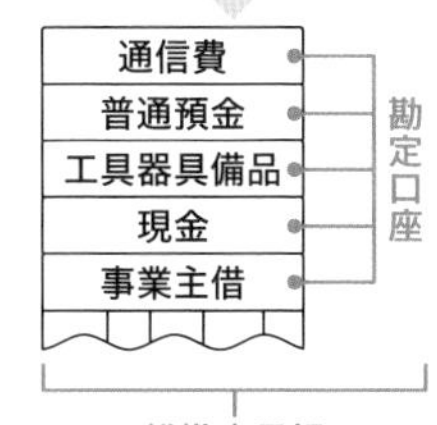

その月に記帳した仕訳帳から、それぞれの勘定科目ごとに総勘定元帳を作成していく。

「現金」の勘定口座（総勘定元帳の中の1枚）

現金

月	日	勘定科目	摘要	借方	貸方	残高
5	1	繰越残高				306,000
5	1	工具器具備品	○○デンキからパソコンを購入		115,000	191,000

先月分の繰越残高の金額を記入する。

相手科目を記入して残高を計算して記入する。

この場合、転記する元になる仕訳帳を見ると、「現金」の相手科目は「工具器具備品」。相手科目を記入してその月の残高を計算する。

転記するときに相手科目が複数ある場合は？

仕訳帳から総勘定元帳へ転記するときに、相手科目が2つ以上ある場合は、それらをまとめて「諸口（しょくち）」という勘定科目名に置き換えて転記します。なお、後で諸口の詳細を知りたいときは仕訳帳に戻って確認します。

*補助簿…個々の取引内容を具体的に把握するために、必要に応じて作成する帳簿のこと。複式簿記では、おもに現金出納帳、預金出納帳、売掛帳、買掛帳などがある。

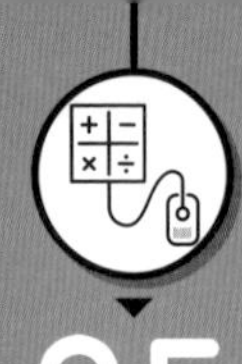

05 「現金」を使ったときの仕訳と帳簿のつけ方

現金の動きは「現金」の勘定科目で仕訳する

クレジットカードや電子マネーを使う機会が増えたとはいえ、現金でのやりとりもまだあります。

現金が使われる場面には、仕入や経費を現金で支払うとき、売上が現金で入るとき、現金を預金に入れるとき、預金から現金を引き出すときなどがあります。このように現金の取引をするときは、必ず勘定科目に「現金」（資産グループ）を使って仕訳をします。

現金出納帳は残高の照合に便利な補助簿

現金を利用する取引を記録して、残高をつけておくのが現金出納（すいとう）帳です。現金出納帳は補助簿のため、つけていなくても仕訳帳と「現金」の総勘定元帳（そうかんじょうもとちょう）があれば十分ともいえる帳簿です。

また、小づかい帳感覚でつけることができ、金庫や財布の現金残高と照合するのに便利なのが*小口現金という勘定科目です。現金商売の業種はもちろん、現金の扱いが多い人は作成するようにしましょう。

現金出納帳は、毎日、現金の動きがあるそのつど、発生順に記帳します。たとえば、領収書をもらって後日現金で支払ったような場合は、領収書を受け取った日ではなく、支払った日（現金が動いた日）に記帳します。１日の終わりには、手持ちの現金と現金出納帳の残高の金額を一致させましょう。

経理のちょいテク

レジ用の現金出納帳は別に作る

小売業や飲食業などで専用のレジがあり、しょっちゅう現金を出し入れする場合、レジ専用に現金出納帳を作ると管理しやすくなります。ただし、レジとほかの現金との間でお金を動かすのは混乱の元になるので避けましょう。また、処理が煩雑（はんざつ）になる場合は、営業日ごとの売上高を記入するだけでも、チェックに十分役に立つ帳簿になります。

*小口現金…日常的に起こるこまごまとした支払いのために準備しておく現金のこと。大きな金額は預金しておくのが前提となっている。

現金を使った仕訳の仕方

「現金」は資産グループになるので、増加したときは左側（借方）が定位置になる。

「現金」の入金の場合

仕訳例❶ アクセサリーがAさんに現金2,000円で売れた。

借方		貸方		摘要
現金	2,000	売上高	2,000	A様へアクセサリー販売

現金が増えるときは、左側（借方）。

現金が増えた原因となる収益や資本グループのものは右側（貸方）。

「現金」の出金の場合

仕訳例❷ 量販店Aでコピー用紙を現金1,200円で購入した。

借方		貸方		摘要
消耗品費	1,200	現金	1,200	A店でコピー用紙購入

減った原因（費用・資産）は、左側（借方）。

現金が減るときは、右側（貸方）。

現金出納帳の書き方

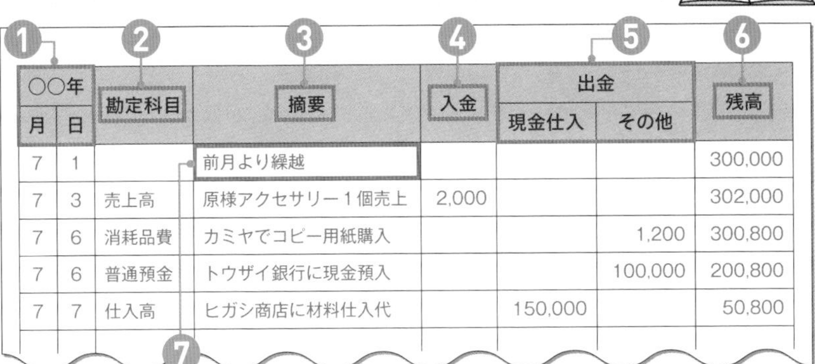

○○年 月	日	勘定科目	摘要	入金	出金 現金仕入	出金 その他	残高
7	1		前月より繰越				300,000
7	3	売上高	原様アクセサリー１個売上	2,000			302,000
7	6	消耗品費	カミヤでコピー用紙購入			1,200	300,800
7	6	普通預金	トウザイ銀行に現金預入			100,000	200,800
7	7	仕入高	ヒガシ商店に材料仕入代		150,000		50,800

❶ 発生順に年月日を記入する。

❷ 相手科目➔P70を記入する。

❸ 取引の概要を記入する。

❹ 入金額を記入する。

❺ 出金額を記入する。現金仕入がある場合は、仕入とそのほかの経費を分けておくと決算書が作りやすい。

❻ 残高を記入する。１日の終わりには手持ちの残高と照合する。

❼ ページの初めに前ページからの繰越額を記入する。前ページでいったん月締めしている場合は前月の繰越額を記入。

06 「預金」を使ったときの仕訳と帳簿のつけ方

預金の動きを「預金」の勘定科目で仕訳する

事業用の預金口座で取引をするときは、勘定科目の資産グループの「預金」を使って仕訳をします。

たとえば、事業用の預金口座を通じて、仕入代金を振り込む、経費を引き落とす、売上金を振り込んでもらうなどの場合です。勘定科目は、預金の種類によって「普通預金」や「当座預金」（手形や*小切手で決済するときに利用する口座のこと）と使い分けてもよいでしょう。

現金を預金口座に預け入れるとき、預金口座から現金を引き出すときは、資産グループ内の勘定科目「現金」と「預金」を使って仕訳をします➡右ページ。

口座取引が多い場合に活躍する補助簿

預金口座の動きを発生順に記録し、口座の残高をつけるのが預金出納（すいとう）帳です。現金出納帳と同じく補助簿なので、必ず作成しなければならないものではありません。しかし、もっぱら預金口座で取引を行うような場合に、入出金の額や取引内容を把握するためにつけておくと便利なものです。

預金出納帳の記帳の仕方も現金出納帳と基本的にいっしょです。通帳を見ながら各取引について、日付順に相手先などとともに記入していきます。預金口座の内容がわかるようにするものなので、複数の事業用預金口座があるときには、口座ごとに帳簿を作成しましょう。

ありがち! 意外な 落とし穴

入金時の自己負担の振込手数料は記載されない

売上などが振り込まれるときにこちら側で振込手数料を負担するような場合、通帳には振込手数料は記載されず、振込手数料を差し引いた金額が印字されます。後で数字が狂ってくるので、振込手数料が差し引かれていることは忘れないうちにメモ書きしておきましょう。仕訳のときも、振込手数料の計上を漏らさないように注意します➡右ページ上「仕訳例①」。

*小切手…銀行に持ち込んで現金化することができるもの。取引などの際、高額の現金を持ち運ぶリスクを回避するためなどに利用される。

預金を使った仕訳の仕方

「普通預金」は資産グループになるので、増加したときは左側（借方）が定位置になる。

〚「普通預金」の入出金の場合〛

仕訳例❶ 売上代金150,000円が、振込手数料550円が差し引かれて振り込まれた。

借方		貸方		摘要
普通預金	149,450	売上高	150,000	A社売上代金振込
支払手数料	550			A社振込手数料

預金が増えたときは、左側（借方）。

手数料を負担（費用が発生）したときは、左側（借方）。

増えた原因（収益）は、右側（貸方）。

仕訳例❷ 携帯電話使用料20,000円が引き落とされた。

借方		貸方		摘要
通信費	20,000	普通預金	20,000	K社携帯電話○月分使用料

減った原因（費用）は、左側（借方）。

預金が減ったときは、右側（貸方）。

仕訳例❸ 事業用現金50,000円を預金口座に預け入れた。

借方		貸方		摘要
普通預金	50,000	現金	50,000	預け入れ

増えたほうは、左側（借方）。

減ったほうは、右側（貸方）。

預金出納帳の書き方（利用銀行別に作成する場合）

トウザイ銀行

❶ ○○年 月	日	❷ 勘定科目	❸ 摘要	❹ 入金	❺ 出金	❻ 残高
6	1		前月より繰越			350,000
6	5	売上高	ミナミ社売上代金	150,000		500,000
6	5	水道光熱費	電気代		2,540	497,460

❶ 発生順に年月日を記入する。
❷ 相手科目➔P70を記入する。
❸ 取引の概要を記入する。
❹ 入金額を記入する。
❺ 出金額を記入する。
❻ 口座に残っている残高を記入する。

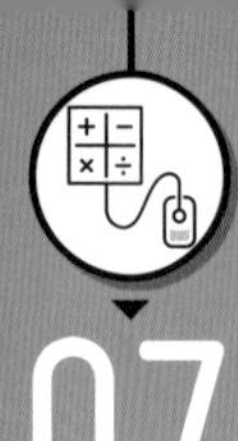

07 「売上」と「売掛金」の仕訳と帳簿のつけ方

売上は提供が完了した日に計上する

商品やサービスの売上が発生したときは、「売上高」の勘定科目を使って仕訳をします。

「売上が発生したとき」の目安は、商品やサービスの提供を完了した日です。商品であればその商品の引き渡しが完了した日、サービスであればそのサービスの提供が完了した日です。当社基準で、引き渡しを出荷した日や相手から受け取った日とする場合もあります。ただし注文を受けた日や、売買契約を交わした日、代金を受け取った日ではないことに注意しましょう。

売上が発生したときには実際のお金の動きはなく、後から入金がされるような場合、つまり「掛け取引」のときは記帳が２段階になります。まず、売上が発生したときにいったん「売掛金」と「売上高」とで仕訳をします。そして、実際に入金があった日に「現金」や「預金」など入金の方法によって勘定科目を使い分けて仕訳をします。

必要に応じて売上帳や売掛帳を作る

小売業などの場合、売り上げた商品の品名、数量、単価などの明細を把握しておきたいものです。これらは販売管理をするためにも必要になります。でも、仕訳帳や総勘定元帳(そうかんじょうもとちょう)だけでは、なかなか把握しきれません。そのため、売上の内訳を管理する補助簿である売上帳が必要になってきます。

売上先（得意先）が決まっていれば、売上先別に売上帳を作るとよいでしょう。現金商売のように、売上が発生したときと入金時期が同じなら、書き方は現金出納(すいとう)帳や預金出納帳に沿ったものでよく、項目には、取引先名、商品名、単価、数量などを追加します。

売上のうち、掛け取引が多く、納品した商品の入金状況などを把握しておきたいときは、売掛帳という帳簿を作成します。このときも、取引先別に売掛帳を利用するなど、自分にとって管理しやすいように帳簿を作りましょう。売掛帳には掛け取引が発生したときに記帳して、入金時にもう一度記帳します➡右ページ。

売上と売掛金の仕訳の仕方

「売掛金」は資産グループになるので、増加したときは左側（借方）が定位置になる。また、売掛金を計上した場合、後日入金があったときに再度仕訳する。

仕訳例① 150,000円の商品AをBさんにすべて納品して、請求書を交付した。

借方		貸方		摘要
売掛金	150,000	売上高	150,000	B 様へ商品 A 売上

「売掛金」は左側（借方）。現金や預金のときも同じ位置。

収益（「売上高」など）は、右側（貸方）。

①実際の入金はなし

仕訳例② 150,000円の売掛金を処理した後日、Bさんから事業用預金口座に代金が振り込まれた。

借方		貸方		摘要
普通預金	150,000	売掛金	150,000	B 様より売掛金の回収

「普通預金」など、実際の入金方法は左側（借方）。

「売掛金」は減るので右側（貸方）。

②実際の入金があったとき

※現金、預金による売上高の仕訳例は➡P73、➡P75。

売掛帳の書き方（取引先別に作成する場合）

ユシマ商事様

○○年 月	日	勘定科目 ①	摘要 ②	内訳	売上金額 ③	受入金額 ④	差引残高 ⑤	照合欄 ⑥
3	1		前月繰越				0	
3	3	売上高	イヤリング@1,000×50個	50,000				請入
3	3		スマホケース@2,000×50個	100,000	150,000		150,000	
4	30	普通預金	3/3　入金			150,000	0	

① 売掛金が発生したとき、売掛金を回収したときに記入する。

② 何を売り上げたかなどを記入する。回収した場合の概要も記入する。

③ この欄に売掛金の額を記入する。

④ 売掛金を回収したとき、この欄に記入する。

⑤ 差引残高が0になったら、回収が終わったということになる。

⑥ 照合欄を設けて、請求書発行の有無（発行したら「請」と記入）、入金の有無（入金があったら「入」と記入）を入れてもよい。

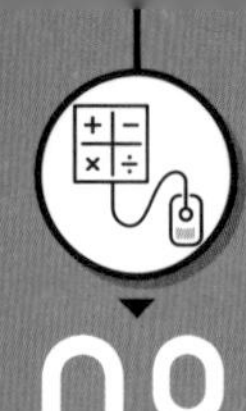

08 「仕入」と「買掛金」の仕訳と帳簿のつけ方

仕入は納品されたときに計上する

商品を仕入れたときは「仕入高」の勘定科目を使って仕訳をします。

「仕入が発生したとき」の目安は、仕入れた商品やサービスの提供が完了した日です。たとえば商品やサービスを検収して問題がないことを確認した日や、商品が到着した日などもあります。検収とは、仕入れたものが発注どおりのものか検査をして受け取ることです。具体的には、商品の種類や数、破損がないか、動作確認などを検査します。

なお、発注日、売買契約を交わした日、代金を支払った日は「仕入が発生したとき」ではありません。

支払いが発生したときではなく、後払いをする「掛け取引」の場合、記帳は2段階になります。イメージとしては、「売上高」の掛け取引➡P76とほとんど同じような処理の仕方になります。

まず、仕入が発生したときに、いったん「仕入高」と「買掛金」を使って仕訳をします。そして、後から実際に支払った日に、「現金」や「預金」などの実際の支払い方法によって勘定科目を使い分けて仕訳をすることになります。

必要に応じて仕入帳、買掛帳を作る

毎日のように仕入を行っていて、仕入れた商品の品名、数量、単価などの明細を把握しておきたい場合は、仕入の動きだけを記帳した帳簿、仕入帳を作成するとよいでしょう。仕入先が多い場合は、仕入れ先別に仕入帳を作ってもかまいません。

現金での仕入が多ければ現金出納（すいとう）帳と同じやり方で仕入帳に記録しますが、明細はくわしく書いておきましょう。

仕入の中でも特に買掛金が多く、仕入れた商品とその支払日などを別個に把握しておきたいときは買掛帳を作成します➡右ページ。

発生順に記帳する方法、仕入先別に買掛帳を作る方法のどちらでも問題ありません。管理がしやすいように作りましょう。

仕入と買掛金の仕訳の仕方

「買掛金」は負債グループになるので、増加したときは右側（貸方）が定位置になる。また、買掛金を計上した場合、後日入金があったときに再度仕訳する。

仕訳例① A商店から100,000円の商品の引き渡しを受けた。

借方	貸方	摘要
仕入高 100,000	買掛金 100,000	A商店から商品仕入

「仕入高」などの費用は左側（借方）。

支払い方法（「買掛金」など）は右側（貸方）。

①実際の支払いはなし

仕訳例② 後日、事業用預金口座から商品代金100,000円をA商店に振り込んだ。

借方	貸方	摘要
買掛金 100,000	普通預金 100,000	A商店へ買掛金の支払い

「買掛金」（負債）を支払ったら左側（借方）。

実際の支払い方法は右側（貸方）。

②実際に支払ったとき

買掛帳の書き方（仕入先別に作成する場合）

クラフト商事様

○○年 月	日	勘定科目	摘要	内訳	仕入金額	支払金額	差引残高	照合欄
4	1		前月繰越				0	
4	5	仕入高	布など	20,000				受払
			ラインストーン	15,000	35,000		35,000	
4	30	普通預金	支払い			35,000	0	

① 買掛金が発生したとき、買掛金を支払ったときに記入する。

② 何を仕入れたか、何に対して支払ったかなど概要を記入する。

③ この欄に買掛金の額を記入する。

④ 買掛金を支払ったとき、この欄に記入する。

⑤ 差引残高が0になったら、支払いが終わったということ。

⑥ 照合欄を設けて、請求書受領の有無（受領したら「受」と記入）、支払いの有無（支払ったら「払」と記入）を入れてもよい。

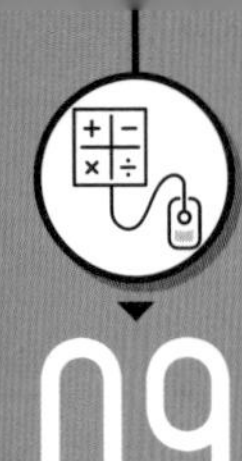

09 「仕入」と「経費」の仕訳のポイント

「仕入」は売上、「経費」は事業に必要な費用

勘定科目の費用グループには、大きく分けて「仕入」関係と「経費」関係があります。仕訳をするとき、この2つの線引きは、業種によってはいろいろ悩むことがあります。

たとえば、小売業の仕入は商品の卸値や材料費というようにイメージしやすいものです。一方、セミナーを開催するような業種の場合、開催するごとの会場費などは経費ではなく、仕入として計上してもかまわないものです。

では、仕入と経費との区別はどこでつけるのでしょうか。

仕入は、売上に直接関係あるものなので、売上とひもづけて計上するものといえます。たとえば、決算のときに商品が売れ残っているような場合は、いつまでも「在庫」として、来期以降に持ち越されることになっています➡P132。

一方で「経費」は、事業を継続していくうえで必要になる費用と考えるとよいでしょう。仕事ごとに分けられるものではない費用です。たとえば文房具、仕事道具の修理費、営業用自動車の保険料などが当てはまります。

売上よりも「儲け」＝粗利を意識しよう

とはいえ、「これは個々の売上に関係あるかどうか」と、仕入と経費を厳密に分けることばかりに神経を使う必要はありません。それよりも目安にしたいのは「粗利」です。

粗利とは、儲けのことです。商品やサービスが生み出す利益を知りたいときには、そのものの売上が立ったときに、仕入を差し引き、粗利を計算することになります。

仕事をしていると売上の金額ばかりに目がいきますが、どんなに売上を上げたところで、仕入費用が高く粗利が少なければ儲けも少なくなります。効率よく収益を上げるため、粗利をいかに上げるかが事業主の醍醐味（だいごみ）ともいえます。

まずは、最低限、何を「仕入」としておくと仕事上の粗利が把握できるか、ということに目を向けて勘定科目を設定するようにするとよいでしょう。

仕入と経費を区別するための目安

粗利は、仕入の金額を差し引いた、商品やサービスそのものが生み出す利益のこと。粗利の把握に必要なものは仕入、必要ないものは経費にするのが判断の目安。

売上 － 仕入（売上原価） ＝ 粗利※

※業種によっては、仕入ではなく、製造原価、工事原価を差し引くなど、粗利の計算方法は異なることがある。

粗利の計算要素

事業に必要な費用

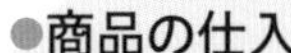

●材料の仕入

など

●商品ごとにかける損害保険料

●プロジェクトの外注費

●セミナーの会場費・講師料

など

●仕事道具の修理費

●営業用自動車の保険料

など

仕入と経費のどちらに含めるかは業種によって変わるので、事業者の判断次第になる。

3章 帳簿づけを始めよう！

09 「仕入」と「経費」の仕訳のポイント

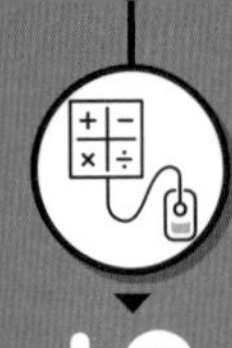

10 経費にできない税金・保険

経費にならない「租税公課」「損害保険料」

経費の「*租税公課（そぜいこうか）」は、仕訳で間違えやすいもののひとつです。「租税公課」は、事業に関連する税金や同業者団体の諸会費などが当てはまります。原則として、その年分の税金や諸会費、その年中に納付額が通知されたものはその年の経費として計上します。

間違えやすいのは、所得税と住民税の扱いです。これらは「租税公課」として計上できず、プライベートで支払う税金です。事業用資金から直接支払うときは、「事業主貸」で計上します➡P84。また、延滞税や違反金なども経費にできません。たとえ事業用の車で駐車違反をして罰金をとられたとしても、経費にはなりません。

事務所や店舗など、事業で使う建物の損害保険料や火災保険料、商品の盗難保険料、事業用自動車の自動車保険料などは、経費の「損害保険料」という勘定科目で処理するのが一般的です。

同じ保険料でも、国民年金保険や国民健康保険などの保険料、プライベートの生命保険料などは経費にできないので注意してください。これらの保険料は所得控除の対象になるので、「事業主貸」で計上し、忘れずに摘要を書きます。

経費の勘定科目は少なくするほうがよい

事業を行うために、仕入以外で使用する費用が経費です。経費の勘定科目は、内訳がわかるように設定します。経費の額は、青色申告決算書➡P146～151に記入することになるので、基本的には決算書にある勘定科目を利用したほうがよいですが、勘定科目そのものを新規に作ってもかまわないとされています。しかし、勘定科目の数を多くしてしまうと用紙に書ききれず、結局は決算書の勘定科目のどれかに設定することになるので、必要最小限に絞りましょう。

また、経費の勘定科目は、どの月、どの年に何に費用を使ったのか推移表でチェックできます。節約を考えるときの参考になるので、継続して使うのがセオリーです。

*租税公課…経費の勘定科目のひとつで、国や地方に納める税金や、税金以外で公的機関に支払うお金（住民票の発行手数料など）のこと。

経費にできる税金とできない税金

経費にできる税金は「租税公課」、経費にできない税金は「事業主貸」で仕訳する。

できる税金

- ○ 個人事業税
- ○ 固定資産税（事業に使っている分）
- ○ 自動車税（事業用に使う割合の分）
- ○ 自動車取得税（事業用に使う割合の分）
- ○ 消費税（税込経理のとき）
- ○ 印紙税

➡ 経費「租税公課」に計上する

できない税金

- × 所得税
- × 住民税
- × 相続税
- × 贈与税
- × 加算税
- × 延滞税

➡ 資本「事業主貸」に計上する

※税金ではないが罰金なども経費にはできない。

経費にできる保険料とできない保険料

経費にできる保険料は「損害保険料」、経費にできない保険料は「事業主貸」で仕訳する。

できる税金（事業用に掛けたうちの掛捨部分）

- ○ 商品などの盗難保険料
- ○ 建物の火災保険料（事業用に使う割合の分）
- ○ 自動車保険料（事業用に使う割合の分）

➡ 経費「損害保険料」に計上する

※積立部分は資産の「保険積立金」に計上する。

経費

できない税金

- × プライベートの生命保険料・火災保険料
- × 国民年金保険料
- × 国民健康保険料

➡ 資本「事業主貸」に計上する

意外な 落とし穴

高額な「雑費」に注意

「雑費」は臨時的な支出、少額な支出などで、個別の勘定科目に当てはまらないときに計上する勘定科目です。ただ、わからないからといって、この勘定科目に設定するものが多いと、本来の「臨時的・少額」な支出の域を超えてしまうことも。ほかの勘定科目で処理できないかどうか、検討してからこの勘定科目に計上するようにしましょう。

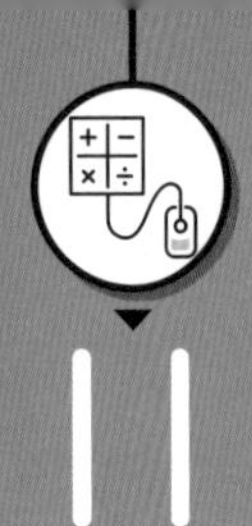

事業用・私用の貸し借りは「事業主借」「事業主貸」

事業とプライベートをつなぐ勘定科目

事業用とプライベート用の財布を別にしていても、互いのお金を移動させることがよくあります。事業用預金口座から生活費を引き出す、事業用の手持ちがなくてプライベートの財布から借りる、というような場合です。このようなときは「事業主借」「事業主貸」の勘定科目を使います。

プライベート資金を事業用の用途に使ったり、事業の資金に移動したりしたときに使う勘定科目が「事業主借」です。「借」と付くのは「プライベート（自分）から、事業主（自分）が借りた」という意味を持っています。

反対に、事業用のお金を生活費などのプライベートに回すときに使う勘定科目が「事業主貸」です。「貸」と付くのは、「事業主（自分）が、プライベート（自分）に貸した」という意味です。「事業主貸」は、地代家賃や光熱費を事業用とプライベート用で按分（あんぶん）する➡P156ときにも使われます。

ただし「事業主借」も「事業主貸」も、安易に使い過ぎると混乱の原因になります。たとえば、月に１度「事業主貸」を使って生活費を引き出すようにするなどのように、計画的に使うことを心がけましょう➡P144。

事業主借・事業主貸のしくみ

事業用のお金をプライベート用に回すときは「事業主貸」、プライベート用のお金を事業用に回すときは「事業主借」になる。

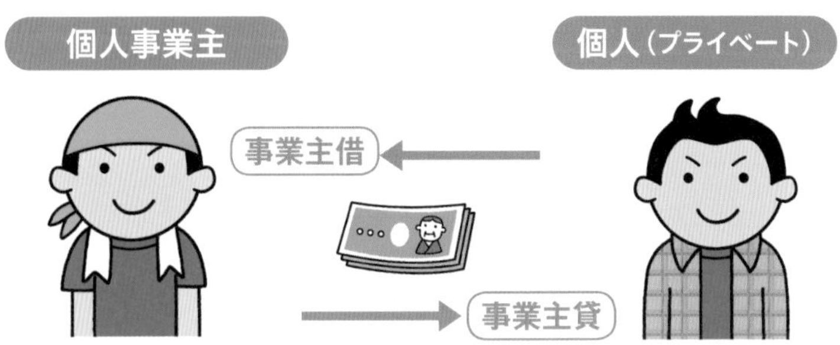

事業主借・事業主貸の仕訳の仕方

〖事業主借の場合〗

仕訳例❶ 事業用の預金口座にプライベート資金を300,000円振り込んだ。

借方		貸方		摘要
普通預金	300,000	事業主借	300,000	個人資金から補充

仕訳例❷ 事業用預金口座の利息300円（税金控除後）が入金された。

借方		貸方		摘要
普通預金	300	事業主借	300	利息の受け取り

〖事業主貸の場合〗

仕訳例❶ 事業用の預金口座から、生活費200,000円を引き出した。

借方		貸方		摘要
事業主貸	200,000	普通預金	200,000	生活費として

仕訳例❷ 国民健康保険料35,000円を事業用の預金口座から支払った。

借方		貸方		摘要
事業主貸	35,000	普通預金	35,000	国民健康保険料

仕訳例❸ セミナーを開いた売上100,000円から、源泉所得税10,210円が天引きされ現金で受け取った。

借方		貸方		摘要
現金	89,790	売上高	100,000	C社よりセミナー代
事業主貸	10,210			源泉所得税

ありがち！ 意外な **落とし穴**

預金の利息は「収益」ではない！

事業用預金についた利息は「収益」ではありません。「売上高」はおろか「雑収入」としても計上しないように注意しましょう。預金についた利息はすでに源泉所得税と利子割が控除されています。これを「収益」にすると所得税の課税対象となり、２度税金が引かれることになってしまいます。「事業主借」として計上しましょう。

12 事業用の商品を私用で使ったとき

自分で使った商品も売上に含める

仕入れた材料や商品を、自分の生活用に使った場合（家事消費）、その材料や商品も売り上げたものとして計上するというルールがあります。これは、販売している商品を親せきなどに贈った場合も同じです。勘定科目は、収益の「家事消費等」を使います。仕訳のときは、どのように使用するかによって相手科目が変わります➡下図。

「家事消費等」の対象になるのは、商品などの*棚卸資産に限られています。ですからたとえば、美容院経営者が友人に無料でヘアカットをするような場合は計上する必要がないので、帳簿づけもしなくてよいのです。

家事消費分が1年に数回程度であれば、そのつど「家事消費等」の勘定科目の代わりに「売上高」を使って、摘要にしっかりと内容を書いておくだけでもかまいません➡決算整理でも売上処理をする➡P128。日常的に行っている場合は、そのつど仕訳をして計上するようにしましょう。

通常の売上とは違うものになるので、計上する金額には独自の計算ルールがあります➡右ページ。

消費先によって「家事消費等」の相手科目が変わる

- 自家用に使った場合
- 知人などにあげた場合

相手科目
事業主貸
勘定科目は収益のグループになるものの、実質は「持ち出し」ということ。

- 取引先の贈答用などに使った場合

相手科目
接待交際費
収益ではなく、経費の勘定科目になる。

*棚卸資産…将来販売をするために持っている資産のこと。在庫の商品や、半製品（製造途中の製品）、材料まで含まれる。計上漏れが多く、税務調査でチェックされやすい。

「家事消費等」の計算方法と仕訳の仕方

「家事消費等」として計上するときは、下のルール❶と❷に沿って計算し、いずれか高い金額で計上する。

計算のルール

❶ 商品や材料の通常の販売価額×70%
❷ 商品や材料の仕入価額

どちらか高い金額になるほうで計上する！

計算例 販売価額700円で仕入価額300円の商品Aを3個自分で消費した。

❶ 販売価額×70%＝490円

❷ 仕入価額＝300円

❶のほうが、価額が高いので、❶の490円で計上する。
490円×3個＝**1,470円**が売上高となる。

仕訳例 「家事消費等」として、1,470円で計上する。

借方		貸方		摘要
事業主貸	1,470	家事消費等	1,470	商品A3個

家事消費のルールを作ってしっかり管理

家事消費がしょっちゅうあるようなときは、日付、商品名、消費した個数、金額などをメモするための専用のノートを用意して、少なくとも1か月に一度、ノートからまとめて売上に計上するようにしましょう。

個人事業主は、何かと個人と事業との境目が明確でなくなるものが多くあります。商品の持ち出し、材料の持ち出しにルーズになりがちです。どういうケースで家事消費をするのか、そのルールを決めて、守るようにしましょう。とりわけ、飲食店の場合は、税務署が家事消費の金額を必ずといっていいほど入念にチェックしていることが多いので、計上忘れには気をつけたいものです。

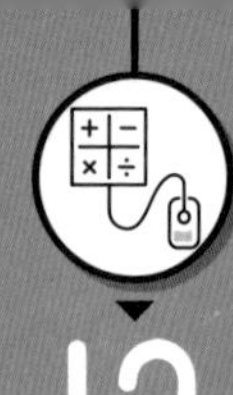

13 クレジットカードと電子マネーの仕訳の仕方

クレジットカードは2段階で処理する

事業用のクレジットカードで経費などを使うとき、どのように仕訳をすればいいのでしょうか。

クレジットカードのような後払い式の買い物をする場合では、２段階で処理をします。まず、クレジットカードを使ったときに、「未払金」という勘定科目で処理をします。次に、利用代金が口座から引き落とされたとき、「預金」で「未払金」の分を支払ったという形で処理をします➡右ページ。

実際には、クレジットカード会社から通知された利用代金明細書と預金通帳の記録を照合しながら記帳します。

電子マネーの仕訳方法はおもに3通り

ポストペイド（後払い）式の電子マネーの仕訳方法は、クレジットカードと同じになります。一方、プリペイド（前払い）式では、仕訳の方法は何通りかあります。

「旅費交通費」に使うなどと用途を決めているプリペイド式電子マネーでは、チャージしたときにチャージ金額を一括して経費（旅費交通費）として仕訳をする方法があります。チャージ後はそのつど仕訳をする必要はありませんが、いつ、いくら使ったのかの明細をメモ書きやレシートで残しておくとよいでしょう。

プリペイド式電子マネーを現金と同じと考え、電子マネーを使うたびに「現金」の勘定科目で仕訳をする方法もあります。このときは、チャージの際には仕訳をしないことになります。

また、現金、預金と同じ資産グループの勘定科目として「電子マネー」などの勘定科目を新しく設定して処理する方法もあります。この場合はチャージしたときに口座の振替のように、「現金」から「電子マネー」に振替する仕訳をし、後は電子マネーを使うごとに勘定科目「電子マネー」で仕訳をします。

いずれか使いやすい方法を選べばいいのですが、仕訳が重複してしまう原因になるので、複数の方法を同時に取り入れないようにします。

事業用クレジットカードを使ったときの仕訳の仕方

「未払金」は負債グループになるので、増加したときは右側(貸方)が定位置になる。また、後日支払いがあったときに再度仕訳する。

仕訳例❶ 得意先B社の人とのX亭での飲食費(交際費)15,000円を、クレジットカードで支払った。

借方	貸方	摘要
接待交際費　15,000	未払金　15,000	X亭　B社交際費の未払い【事業用クレジットカード】

「接待交際費」などの費用(仕入れた商品や経費)が発生したときは、左側(借方)。

「未払金」などの負債が増えたときは、右側(貸方)。

仕訳例❷ 後日、事業用の預金口座から、クレジットカード利用代金15,000円が引き落とされた。

借方	貸方	摘要
未払金　15,000	普通預金　15,000	Aカード引き落とし

負債が減ったので、左側(借方)。

資産が減ったので右側(貸方)。

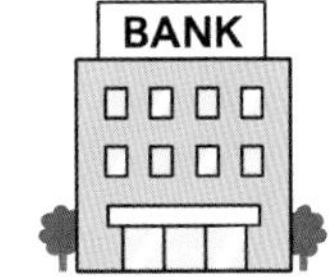

プリペイド式電子マネーの扱い方

プリペイド式の場合は複数の仕訳方法があるので、いずれかひとつの方法を決めてそのやり方を続ける。

1 用途の決まった経費(「旅費交通費」など)とみなす

仕訳するのはチャージしたときだけ。利用の内訳はわかるようにしておく。決算では残金を確認し、未使用分は「旅費交通費」からマイナスする。

2 現金と同じ扱いにする

チャージ時に仕訳をせず、使うたびに「現金」で仕訳をする。

3 勘定科目「電子マネー」を新しく設定する

チャージ時に「現金」から振り替える仕訳をし、使うたびに「電子マネー」で仕訳をする。

14 月ごとに残高試算表を作るメリット

残高試算表を作成して確認

月に一度は決まった時期に帳簿を*締め（月締めともいいます）、月次残高試算表を作成しましょう。この書類は、簡単にいえば1か月ごとの決算書で、その月の勘定科目を集計したものです。本来の年間の決算書と同じように、貸借（たいしゃく）対照表と損益（そんえき）計算書の項目で表現できます。

どんな会計ソフトでも備えている機能で、手書きで作成する場合は総勘定元帳（そうかんじょうもとちょう）を締めて残高を転記する作業になります➡右ページ。

月次残高試算表のメリットは大きく3つあります。

①記帳ミスを発見できる

②年末の決算書の作成がラクになる

③事業の成果や課題が把握できる

その月の事業成績ともいえるものなので、間違いがないか確認することが重要です。表計算ソフトなどに打ち込んで作る場合でも、パソコンの画面上ではなく印刷して、紙面上でチェックマークをつけながら確認していくとチェック漏れが少なくなります。

月次残高試算表の3つのメリット

① 記帳ミスを発見できる

純利益額が貸借対照表と損益計算書で一致しているかなどを確認できる。ミスを見つけたら修正しておく。

② 年末の決算書の作成がラクになる

毎月、その月までの残高を確認してミスがあれば修正しておく。そのため、年末の決算作業で行うそれまでの月の数字の確認作業がラクになる。

③ 事業の成果や課題が把握できる

その月までの利益状況や財産状況が把握できる。また月別に比較することで事業の波がわかり、対策を立てることができる。

*締め…締めの後は、帳簿の金額や勘定科目などを変えない、記入しないこと。月締めのためには、1か月分の売掛金の集計、請求書発行、仕入や経費の支払いなどを済ます必要がある。

月次残高試算表（記入例）

勘定科目	繰越	借方	貸方	残高
現金	225,000	450,000	154,000	521,000
普通預金	1,009,000	50	50,000	959,050
売掛金	215,00			215,000
棚卸資産	100,000			100,000
前払金				0
工具器具備品	350,000			350,000
敷金・保証金	200,000			200,000
開業費	673,500			673,500
事業主貸	358,000	19,000		377,000
資産計	Ⓐ 3,130,500	Ⓑ 469,050	Ⓒ 204,000	3,395,550
買掛金				0
未払金	264,000	264,000	282,000	282,000
預り金	10,0		5,000	15,000
貸倒引当金		0		0
事業主借	678,00		221,550	899,550
元入金	600,00			600,000
所得金額	1,578,500		20,500	1,599,000
負債・資本計	Ⓓ 3,130,500	Ⓔ 264,000	Ⓕ 529,050	3,395,550
売上高	3,205,000		450,000	3,655,000
雑収入				0
家事消費				0
収入計	Ⓖ 3,205,000	Ⓗ 0	Ⓘ 450,000	3,655,000
期首商品棚卸高				0
仕入高	961,500	255,000		1,216,500
期末商品棚卸高				0
給与賃金	300,000	80,500		380,500
租税公課	1,000	3,000		4,000
水道光熱費	150,000	32,000		182,000
旅費交通費	108,000	21,000		129,000
通信費	56,000	12,000		68,000
接待交際費	50,000	26,000		76,000
専従者給与				0
減価償却費				0
貸倒引当金繰入				0
経費計	Ⓙ 1,626,500	Ⓚ 429,500	Ⓛ 0	2,056,000
所得金額	1,578,500	20,500		1,599,000
合計	3,205,000	450,000	0	3,655,000

資産／負債／資本／収益／費用

Ⓐ+Ⓑ−Ⓒ=残高

Ⓓ−Ⓔ+Ⓕ=残高

Ⓖ−Ⓗ+Ⓘ=残高

Ⓙ+Ⓚ−Ⓛ=残高

1 この欄に、前月までのデータを記入する。

2 借方・貸方に総勘定元帳の数字を転記する。

3 この欄の数字から経営状況を把握する。

4 「資産計」の繰越と残高は、「負債・資本計」の金額と一致する。

5 「収入計」の繰越と残高は、「合計」の金額と一致する。

貸借対照表
財産状況をチェック

損益計算書
業績・利益状況をチェック

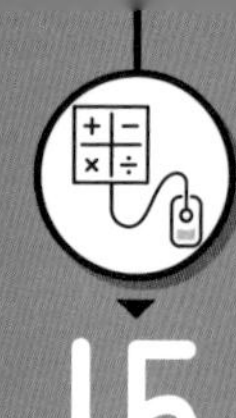

15 自分に合った会計ソフトの導入

会計ソフトの入力でも簿記の知識が役立つ

会計ソフトを利用する場合も、複式簿記の知識はとても役に立ちます。現在主流の会計ソフトは、簿記の知識がまったくなくても入力できるしくみになっていますが、知識があって入力するのとなくて入力するのとでは、やはり慣れるまでの時間に大きな違いが出てきます。

また知識があれば、ミスをしても、ミスに気づくのもその原因を突き止めるのも速くなり、より正確な経営状態を把握することができます。

そのためには、取引が発生するたびに帳簿（会計ソフト）をつけ続けることがやはり大切な基本になります。

なお、会計ソフトの大きなメリットは、転記作業をソフトが自動入力してくれるということでしょう。多くの場合、現金出納(すいとう)帳などの補助簿を先に入力することで、総勘定元帳(そうかんじょうもとちょう)や仕訳帳へ自動入力してくれるしくみになっています。

また*補助科目➡右ページなどの便利な機能もあります。

基本情報で残高を設定するときは慎重に！

会計ソフトでは、日々の入力を始める前に基本情報を登録することからスタートします。

一般的には、まず最初に事業主の氏名などの基本データを設定します。また、手持ちのレジなどにある現金、事業用の預金口座、電子マネーなどのデータを入力できるように、現在使っている勘定科目を登録します。

情報設定で注意するのは、残高です。特に「元入金」の残高は、個人事業を続けると増減する金額です。この設定を間違えると入力が進みません。

ほかにも、取引先の登録なども行います。また、「振込手数料」など「摘要」欄によく出てくるワードもあらかじめ登録しておくとよいでしょう。

慣れないうちは、設定を間違えることもあるかもしれませんが、ほとんどの情報は途中で変更できます。使いながら問題点を見つけて設定を修正し、自分にとって使い勝手のよいものにしていきましょう。

*補助科目…会計ソフトで勘定科目の内訳を示す科目。たとえば「普通預金」という勘定科目で、「○○銀行」というように具体的な銀行名を設定できる。

会計ソフトの基本情報を設定する

基本データの設定

- 事業所の住所
- 屋号
- 連絡先
- 課税事業者（消費税）の有無・課税方法
- 事業主の氏名　など

勘定科目の設定

- 現金・預金・金庫・電子マネーなど種類別に設定する。
- よく使う勘定科目は補助科目も設定しておくと、後になっても内容の詳細がわかりやすい。

例

勘定科目	補助科目
売掛金	「○○商事」「△△会社」
普通預金	「○○銀行仲町支店」
買掛金	「××卸会社」「□□漁業組合」
水道光熱費	「水道代」「電気代」

残高の設定

- 補助簿ごとに設定する場合には、各残高の設定も行う。

取引先の登録

インボイスの登録番号情報　など

こんなとき どうする？

帳簿づけの心得があるときの会計ソフト選び

今ではいろいろな会計ソフトが出回っており、現金出納帳や預金出納帳での帳簿づけの機能がないものまであります。その場合、帳簿づけの経験がある人にとってはかえってやりにくいかもしれません。現金出納帳で現金のやりとりを記録する、振替伝票で勘定科目を任意に設定するなど、会計ソフトを選ぶときは自分が親しんだ帳簿、やり方でできるかどうかも目安にするとよいでしょう。

16 白色申告の帳簿管理のポイント

白色申告をする場合でも帳簿づけが必要

青色申告をするには決められた期日までに税務署に承認申請をしなければいけません➡P36。期日を過ぎた場合は自動的に白色申告になります。

もし白色申告になったときは、どんな帳簿が必要になるのでしょうか。

白色申告にする場合、記帳は簡易方式でよく、その方法も年内は現金のやりとりが発生したときに記帳する現金主義のやり方で行い、年末は発生主義の記帳をします。つまり、家計簿のような簡単な書き方で、収入（売上や雑収入）、仕入、経費と項目を分けて記録していきます。これらの項目を記載した帳簿を法定帳簿といいます。

なお、代金を回収していない取引（売掛）などがある場合に用意する売掛帳などは、任意帳簿といい、必要に応じて作成します。

そして確定申告のときは、帳簿を元に、1年のまとめとして*収支内訳書という決算書と確定申告書➡P190～195を作成して提出します。帳簿や取引の書類は提出しません。

ただし、白色申告の場合も青色申告と同じように、記帳と帳簿書類の保存が法律で義務づけられています。税務調査が入った場合、必要な帳簿や書類がないと、税務署が推計した売上・経費などを元に所得税が課されることがあるので注意しましょう。

白色申告のポイント――青色申告とのおもな違い

① 一括償却資産の扱い方	取得価額が10万円以上20万円未満の減価償却資産については、取得価額の合計額の3分の1の金額を、取得年以後3年間必要経費にすることができる。
② 収支内訳書の作成	決算では「収支内訳書」を作成し、確定申告書と一緒に提出する。
③ 事業専従者控除が受けられる	事業に従事している事業専従者が事業主の配偶者であれば86万円、配偶者でなければ専従者一人につき50万円の控除が受けられる。

KEY WORD *収支内訳書…2ページで構成された書類で、白色申告のときに提出が必要。「1年間でいくら儲けたのか」がわかる。国税庁のホームページからダウンロードできる。

簡易帳簿のつけ方（記入例）

帳簿づけのルール

- 「収入」（売上、雑収入など）と「経費」（仕入、経費など）の項目を立てる。
- 記帳するときは、納品や仕入時などの取引発生時ではなく、現金の出し入れ（口座から振り込んだものも含む）があったときでよい。ただし、決算で調整する。
- 「摘要」には、取引内容が後から思い出せるような記載をしておく。

❶ レジなどで売上集計を別でしているときには、本日の売上分として合計し、記入する。

❷ 毎月発生するものは、何月分のものか記入しておく。支払いが終わったかどうかの確認もできる。

○○年 月	日	摘要	売上	雑収入等	仕入	経費 給料賃金	外注工賃	貸倒金	地代家賃	利子割引料	その他の経費 旅費交通費	通信費	消耗品費
7	1	現金売上	30,000										
7	1	マル酒店／ビール			10,000								
7	2	NTT／6月分										5,000	
7	3	森君／6月分バイト代				20,000							
7	4	現金売上	45,000										
7	29	現金支払									560	230	310
7月計			655,000		200,000	20,000			150,000		20,000	10,280	5,120

❸ 摘要の欄には、取引の内容がわかるように、相手先も記入する。

❹ 源泉所得税を預かったときには、この表とは別で管理しておく。

こんなとき どうする？

帳簿の経費名に迷う！

白色申告では、確定申告時に確定申告書と収支内訳書を提出します。帳簿の経費の勘定科目名を収支内訳書の勘定科目名と同じにしておくと、確定申告のときに帳簿からそのまま収支内訳書に転記するだけでよいことになります。面倒でも月ごとに経費別に集計しましょう。

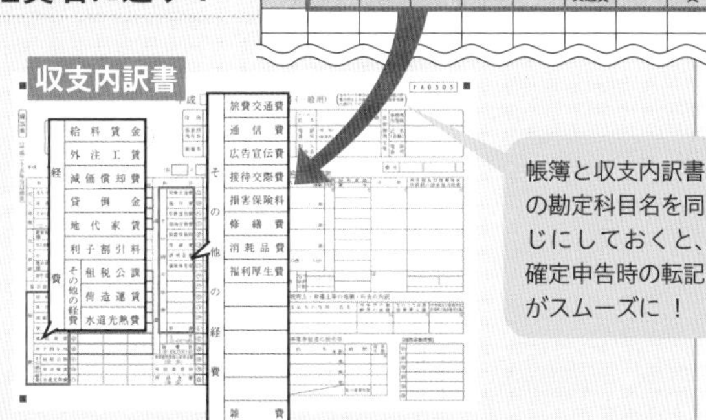

貸借対照表・損益計算書別

おもな勘定科目仕訳リスト

日々の仕訳で使う、基本的な勘定科目をまとめました。青色申告で必要になる貸借対照表と損益計算書のグループ別に、どんなときにどんな勘定科目を使うのか覚えておくといいでしょう。

貸借対照表 資産グループの勘定科目

勘定科目	借	貸
現金	借「現金」が増えたとき	貸「現金」が減ったとき
	手元にある現金、小切手、地域商品券、プリペイドカードなど。小切手が「現金」になるのは換金性のある「受け取った小切手」のみ。	
普通預金（そのほかの預金）	借 預金の残高が増えたとき	貸 預金の残高が減ったとき
	いつでも入出金ができる普通口座での預金。	
当座預金	借 お金を預けたとき	貸 小切手の振出時、支払手形の決済時
	手形や小切手を振り出すための専用口座の預金。	
売掛金	借 掛け取引の売上があるとき	貸 売掛金を回収したとき
	商品やサービスを納品し、将来入金されるもの。売上金の未収入分。クレジットカード売上が発生したときは「売掛金」で計上する。	
受取手形	借 売上を約束手形で受け取ったとき	貸 手形決済のとき
	将来に代金を受け取ることができる手形。	
前払金	借 前払金の支払い時	貸 商品やサービスの提供を受けたとき
	商品やサービスの提供を受ける前に支払う手付金。前払金を支払うことで、将来商品やサービスの提供を受ける権利を持つ。	
貸付金	借 貸し付けたとき	貸 返済してもらったとき
	他人に貸し付けたお金や返済してもらうお金。返済期間1年以内は「短期貸付金」、1年を超えるときは「長期貸付金」の勘定科目名になる。	
車両運搬具	借 購入したとき	貸 売却や減価償却をしたとき
	車、トラックなど、事業のために人やモノを運搬する車両。	

工具器具備品	**借 購入したとき**	**貸 売却や減価償却をしたとき**
	工場や建設現場、事務所などで使われる器具備品。	
一括償却資産	**借 購入したとき**	**貸 売却や減価償却をしたとき**
	10万円以上20万円未満の工具、器具備品など。一括償却資産として購入後、毎年3分の1ずつ3年で減価償却する。	

貸借対照表 負債グループの勘定科目

買掛金	**借 買掛金を支払ったとき**	**貸 掛け取引で仕入をしたとき**
	仕入で商品やサービスを受領し、代金が未払いのもの。	
支払手形	**借 手形決済のとき**	**貸 手形を振り出したとき**
	代金支払いのために振り出した手形。手形の満期日(支払期日)に当座預金から代金が引き落とされる。	
未払金	**借 未払金を支払ったとき**	**貸 未払金が発生したとき**
	経費などでモノやサービスを受けて代金が未払いのもの。	
借入金	**借 借入金を返済したとき**	**貸 借り入れたとき**
	銀行などから借り入れた資金。返済期間が1年以内は「短期借入金」、1年を超えるときは「長期借入金」の勘定科目名になる。	
前受金	**借 商品やサービスの納品時**	**貸 前受金を受け取ったとき**
	商品やサービスを提供する前に受け取った代金。	
預り金	**借 源泉所得税などの納付時**	**貸 源泉所得税などの徴収時**
	後でその者に返金するか、第三者に支払うために預かったお金。源泉所得税、従業員負担分の雇用保険など。	

貸借対照表 資本グループの勘定科目

事業主借	**借 (なし)**	**貸 事業主借が発生したとき**
	プライベート資金を事業で使うお金で、事業用資金が増える。	
事業主貸	**借 事業主貸が発生したとき**	**貸 (なし)**
	事業用資金をプライベートで使うお金で、事業用資金が減る。	

損益計算書 費用グループの勘定科目

仕入高	借 仕入れたとき	貸 (なし)	売上とひもづけられる商品、部品やサービスなどに使った費用。
租税公課	借 納税通知書がきたとき、納付したとき	貸 (なし)	所得税・住民税以外の各種税金 ➡P82、公的手数料など。
水道光熱費	借 水道光熱費の請求書がきたとき、支払ったとき	貸 (なし)	電気代、水道代、ガス代、プロパンガス代、灯油代、冷暖房費用など。
荷造運賃	借 荷造運賃費用を使ったとき	貸 (なし)	商品の梱包と運搬にかかる費用。運送料、ガムテープ代など。
旅費交通費	借 旅費交通費を支払ったとき	貸 (なし)	仕事で使った旅費、出張費、交通費用の電子マネー ➡P88。
通信費	借 通信費の請求がきたとき、支払ったとき	貸 (なし)	携帯電話代、固定電話代、プロバイダー料、郵便切手代など。
広告宣伝費	借 広告宣伝費を使ったとき	貸 (なし)	広告の作成・掲載費用、パンフレット作成代、名刺作成代など。
接待交際費	借 接待交際費を支払ったとき	貸 (なし)	取引先の接待、交際、慶弔にかかる費用。手土産、中元・歳暮など。
損害保険料（保険料）	借 保険料を支払ったとき	貸 (なし)	事業の資産にかける保険料、事業者向けの保険の掛金など。
修繕費	借 修繕費を支払ったとき	貸 (なし)	建物や工具、車など固定資産のメンテナンスや修理にかかる費用。
消耗品費	借 消耗品を購入したとき	貸 (なし)	耐用年数が1年未満の物品や、10万円未満の物品。文房具、日用品など。

福利厚生費	借 **福利厚生費を支払ったとき**	貸 (なし)
	従業員のための定期健康診断、常備薬、社員旅行、慶弔費用など。	
給与賃金	借 **従業員に対して給料を支払ったとき**	貸 (なし)
	パート、アルバイトを含む従業員の給料や手当。	
外注工賃	借 **外注工賃を請求されたとき、または支払ったとき**	貸 (なし)
	業務の一部を外部に委託したときの費用。	
支払利息 (利子割引料)	借 **利息を支払ったとき**	貸 (なし)
	事業用に借り入れた資金(借入金)の利息。	
地代家賃	借 **地代家賃を支払ったとき**	貸 (なし)
	事務所や店舗の家賃、業務用車両の駐車場代。	
雑費	借 **雑費を支払ったとき**	貸 (なし)
	少額でどの勘定科目にも当てはまらない経費。	
専従者給与	借 **専従者給与を支払ったとき**	貸 (なし)
	配偶者や親族の事業専従者に支払う給料。	

損益計算書 収益グループの勘定科目

売上高	借 (なし)	貸 **売上を得たとき**
	本業によって得た収益。商品、サービス、製造部品の納品など。	
雑収入	借 (なし)	貸 **雑収入を得たとき**
	本業以外の収益で少額のもの。	
家事消費	借 (なし)	貸 **仕入材料や商品を自家用に使ったとき**
	自分の生活用に使った場合のほかに、知人などにあげた、取引先の贈答用に使った場合なども含む。	

1UP経理のコツ③

資金繰り表を作ろう！

その月の事業成績の振り返りが月次残高試算表なら、これからの資金計画の管理表といえるものが資金繰り表です。毎月、残高試算表とともに資金繰り表の作成も行うことをおすすめします。

資金繰り表とは、今後予測される収入や支出、収益や費用の動きを表にして、資金繰りを管理するためのものです。

事業を継続するためには、いくら収支が黒字の経営をしていてもキャッシュフロー（お金の流れ）が滞るようではいけません。残高試算表ではキャッシュフローの動きは見えないので、別に資金繰り表を作成するのです。

資金繰り表によって今後の資金計画を数値化することで、事業主として選択するべきことが見えてきます。たとえば、資金が多くある時期に多額の設備投資をしようとか、反対に、この時期は資金が大きく減りそうだから費用を抑えて早めに銀行からの借入を行おう、という風にです。

資金繰り表は、まずは簡単に表計算ソフトなどで作成してみましょう。３か月先、半年先までなどのスパンで作成し、早め早めに資金繰りを行う計画を立てていくのがおすすめです。

月ごとの資金繰り表の例

	1月	2月	
前月繰越①（前月の⑦）	4,000,000	4,770,000	
売上②	3,000,000		
仕入③	2,000,000		
固定経費④	650,000		
収支過不足⑤（①＋②－（③＋④））	4,350,000		
自己資金⑥	420,000		
当月残高⑦（⑤＋⑥）	4,770,000		

前月残高が仕入や固定経費などの出費よりも多くなっているか確認！

資金繰り表は、繰越残高（①）、入金額（②）、支払い額（③＋④）、その月末の残高（⑦）の４つが基本要素。繰越残高が支払い額よりも多くなれば、運転資金を確保できている。

4章

雇用と外注について

報酬や料金をもらう側ではなく、
支払う側になることだってあります。
雇用と外注の違いは何か？ 従業員を雇うときは
どんな手続きをするのか？ など、報酬や給与を支払うときに
知っておくべき義務や手続きを確認しておきましょう。

01 従業員を雇う場合の必要書類と記入例

税務署に届け出る書類をチェック

もしも、従業員を雇うことになったら、「給与支払事務所等の開設届出書」➡右ページを税務署に提出する必要があります。

給与を支払うようになると、源泉徴収義務者になり、給与から所得税などの源泉徴収を行って、従業員に代わって税務署に納めることになるからです。給与の支払いを始めることになった日から1か月以内に、納税地を管轄する税務署へ提出します。

従業員の人数を記入する欄がありますが、提出した後に従業員が増えたとしても、再度提出する必要はありません。ただし、従業員が青色事業専従者➡P104のみのときも提出は必要なので注意しましょう。書類を提出すると、源泉所得税の納付書が送られてくることになります。

もし開業のときに「個人事業の開業・廃業等届出書」の「給与等の支払の状況」の欄➡P29を記入して税務署へ提出していれば、この届出は省略してもかまいません。

なお、源泉徴収義務者になると、外注スタッフや税理士など一定の専門分野について報酬を支払うときにも、所得税などを源泉徴収しなければなりません➡P108。ただし報酬の支払先が法人の場合は、源泉徴収はしません。

税務署に提出する書類（所得税関係）

従業員を雇うとき、所得税関係の必要書類は税務署へ提出する。

	書類名	提出期限
開業時に従業員を雇う予定があるとき	個人事業の開業・廃業等届出書➡P28	開業から1か月以内
従業員を雇うとき	給与支払事務所等の開設届出書➡右ページ	給与支払い開始日から1か月以内
所得税の納付を年2回にまとめるとき	源泉所得税の納期の特例の承認に関する申請書➡P116	随時

給与支払事務所等の開設届出書（記入例）

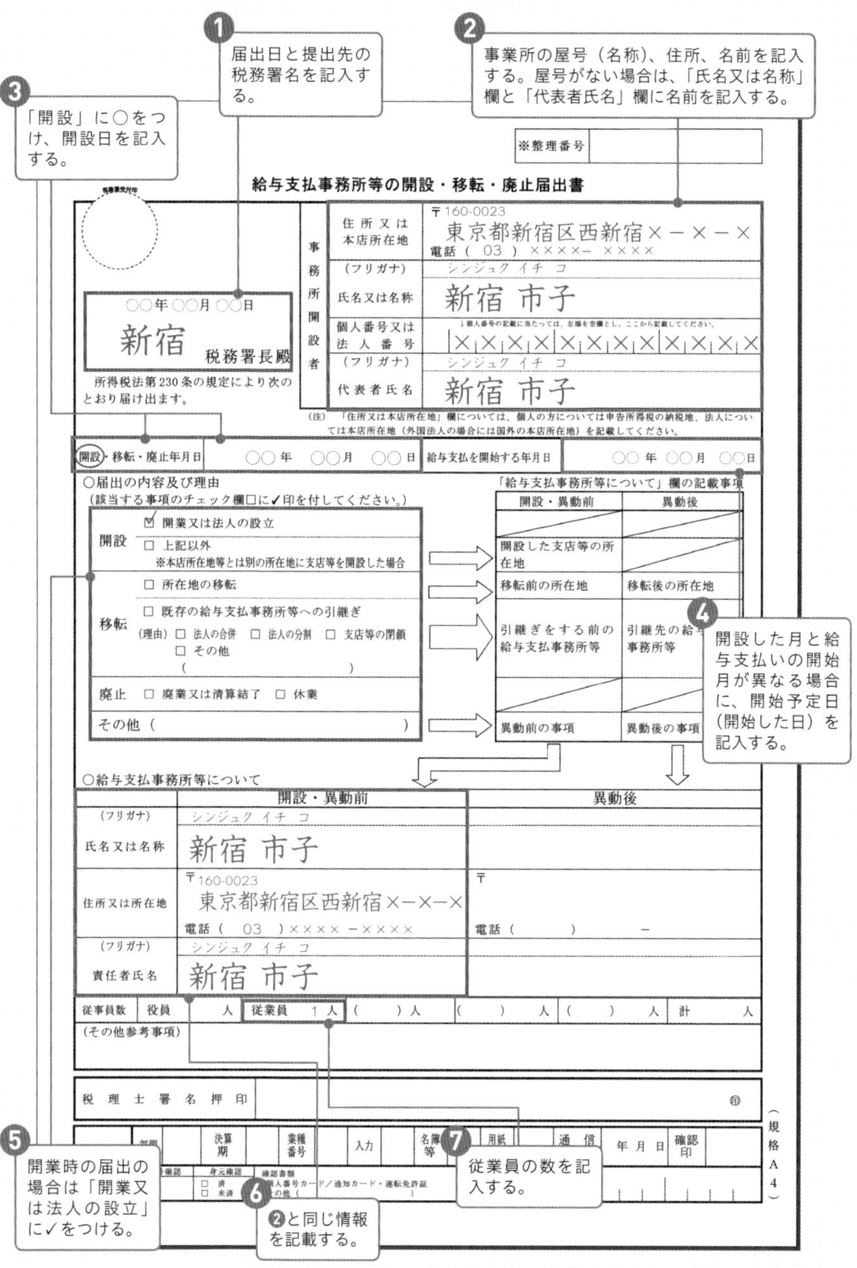

❶ 届出日と提出先の税務署名を記入する。
❷ 事業所の屋号（名称）、住所、名前を記入する。屋号がない場合は、「氏名又は名称」欄と「代表者氏名」欄に名前を記入する。
❸ 「開設」に○をつけ、開設日を記入する。
❹ 開設した月と給与支払いの開始月が異なる場合に、開始予定日（開始した日）を記入する。
❺ 開業時の届出の場合は「開業又は法人の設立」に✓をつける。
❻ ❷と同じ情報を記載する。
❼ 従業員の数を記入する。

※整理番号

給与支払事務所等の開設・移転・廃止届出書

税務署受付印

○○年○○月○○日

新宿 税務署長殿

所得税法第230条の規定により次のとおり届け出ます。

事務所開設者	
住所又は本店所在地	〒160-0023 東京都新宿区西新宿×－×－× 電話（03）××××－××××
（フリガナ）	シンジュク イチコ
氏名又は名称	新宿 市子
個人番号又は法人番号	××××××××××××
（フリガナ）	シンジュク イチコ
代表者氏名	新宿 市子

（注）「住所又は本店所在地」欄については、個人の方については申告所得税の納税地、法人については本店所在地（外国法人の場合には国外の本店所在地）を記載してください。

（開設）・移転・廃止年月日	○○年 ○○月 ○○日	給与支払を開始する年月日	○○年 ○○月 ○○日

○届出の内容及び理由
（該当する事項のチェック欄□に✓印を付してください。）

区分	内容	「給与支払事務所等について」欄の記載事項 開設・異動前	異動後
開設	☑ 開業又は法人の設立		
	□ 上記以外 ※本店所在地等とは別の所在地に支店等を開設した場合	開設した支店等の所在地	
移転	□ 所在地の移転	移転前の所在地	移転後の所在地
	□ 既存の給与支払事務所等への引継ぎ （理由）□ 法人の合併 □ 法人の分割 □ 支店等の閉鎖 □ その他（　）	引継ぎをする前の給与支払事務所等	引継先の給与支払事務所等
廃止	□ 廃業又は清算結了 □ 休業		
その他（　）		異動前の事項	異動後の事項

○給与支払事務所等について

	開設・異動前	異動後
（フリガナ）	シンジュク イチコ	
氏名又は名称	新宿 市子	
住所又は所在地	〒160-0023 東京都新宿区西新宿×－×－× 電話（03）××××－××××	〒 電話（　）　－
（フリガナ）	シンジュク イチコ	
責任者氏名	新宿 市子	

従事員数	役員　人	従業員 1人	（　）人	（　）人	（　）人	計　人

（その他参考事項）

税理士署名押印　㊞

部門	決算期	業種番号	入力	名簿等	用紙	通信	年月日	確認印

番号確認　身元確認 □済 □未済　確認書類 個人番号カード／通知カード・運転免許証 その他（　）

（規格A4）

02 家族の給与が事前の届出で経費になる条件

家族への給与はそのままでは経費にならない

個人事業主として、家族に仕事を手伝ってもらおうと考えているのなら、チェックしておきたいことがあります。従業員への給与は経費として認められているものですが、*生計を一(いつ)にする家族や親族への給与は、通常は経費とは認められません。これを認めてしまうと家庭内で所得が分散してしまうので、一定の制限が設けられています。ただし、個人事業主が青色申告者で、給与を支払う予定の家族や親族がいくつかの条件➡下図を満たしていれば、青色事業専従者へ支払う給与が全額経費として認められます。

青色事業専従者として認めてもらうには、税務署に「青色事業専従者給与に関する届出書」➡右ページを提出しなければなりません。届出書には、青色事業専従者となる人の仕事の内容、給与額などを前もって記入します。仕事内容に照らし合わせたときに給与が高過ぎるような場合は、認められないことがあるので注意します。なお、給与の額に変更が生じたときにも提出が必要です。

また青色事業専従者になると、配偶者控除や扶養(ふよう)控除➡P164の対象からは外されます。家族の給与を経費にするのと、確定申告で配偶者控除や扶養控除を利用するのと、どちらが節税の効果が高くてお得か、よく見極めることが必要です。

一方、白色申告者は条件をクリアすれば、一定の「控除額」が受けられるようになります➡P94。

個人事業主で家族への給与が経費になる条件

1. 個人事業主と生計を一にしていること。
2. その年の12月31日現在で15歳以上であること（ただし、学生は対象外）。
3. 1年のうち6か月以上（年の途中で開業したなどの一定の期間の場合は、その期間の半分以上）、その事業に従事すること。
4. 専属でその仕事に従事していること（原則としてほかにパートなどの仕事をしていないこと）。

KEY WORD *生計を一にする…同居していなくても、生活費や医療費などを送金しているような場合（互いの家計が独立していない場合）は、「生計を一にしている」とみなされる。

青色事業専従者給与に関する届出書（記入例）

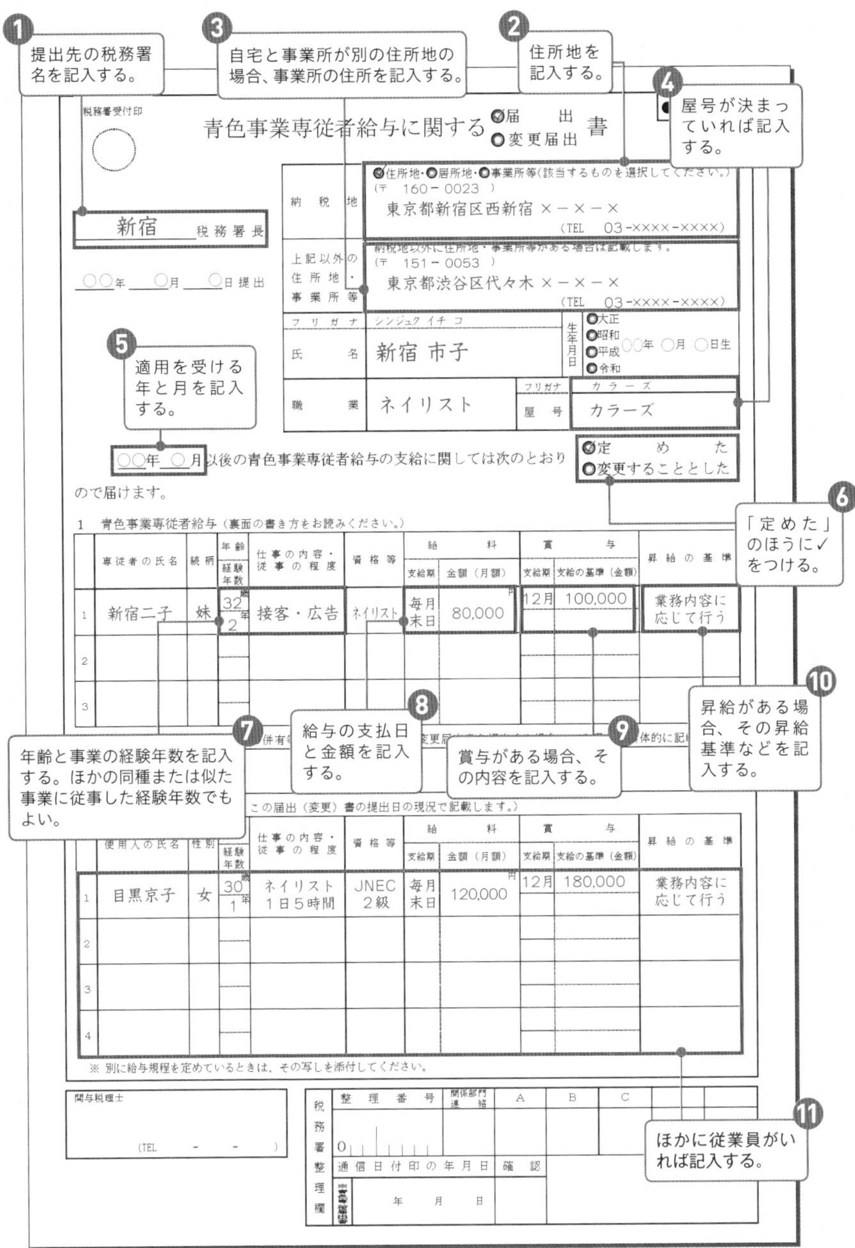

税務署受付印

青色事業専従者給与に関する ☑届出書 ○変更届出書

新宿 税務署長

○○年 ○月 ○日提出

納税地	☑住所地・○居所地・○事業所等（該当するものを選択してください。） （〒 160－0023 ） 東京都新宿区西新宿 ×－×－× （TEL 03-××××-××××）
上記以外の住所地・事業所等	納税地以外に住所地・事業所等がある場合は記載します。 （〒 151－0053 ） 東京都渋谷区代々木 ×－×－× （TEL 03-××××-××××）
フリガナ	シンジュク イチコ
氏名	新宿 市子
生年月日	○大正 ○昭和 ○平成 ○令和 ○○年 ○月 ○日生
職業	ネイリスト
屋号（フリガナ）	カラーズ
屋号	カラーズ

○○年 ○月以後の青色事業専従者給与の支給に関しては次のとおり ☑定めた ○変更することとした ので届けます。

1 青色事業専従者給与（裏面の書き方をお読みください。）

	専従者の氏名	続柄	年齢 経験年数	仕事の内容・従事の程度	資格等	給料 支給期	給料 金額（月額）	賞与 支給期	賞与 支給の基準（金額）	昇給の基準
1	新宿二子	妹	32歳 2年	接客・広告	ネイリスト	毎月末日	80,000円	12月	100,000	業務内容に応じて行う
2										
3										

3 使用人の給与（この届出（変更）書の提出日の現況で記載します。）

	使用人の氏名	性別	年齢 経験年数	仕事の内容・従事の程度	資格等	給料 支給期	給料 金額（月額）	賞与 支給期	賞与 支給の基準（金額）	昇給の基準
1	目黒京子	女	30歳 1年	ネイリスト 1日5時間	JNEC 2級	毎月末日	120,000円	12月	180,000	業務内容に応じて行う
2										
3										
4										

※ 別に給与規程を定めているときは、その写しを添付してください。

関与税理士 （TEL - - ）

税務署整理欄	整理番号	関係部門連絡	A	B	C		
	0						
	通信日付印の年月日		確認				
	年 月 日						

1 提出先の税務署名を記入する。
3 自宅と事業所が別の住所地の場合、事業所の住所を記入する。
2 住所地を記入する。
4 屋号が決まっていれば記入する。
5 適用を受ける年と月を記入する。
6 「定めた」のほうに✓をつける。
7 年齢と事業の経験年数を記入する。ほかの同種または似た事業に従事した経験年数でもよい。
8 給与の支払日と金額を記入する。
9 賞与がある場合、その内容を記入する。
10 昇給がある場合、その昇給基準などを記入する。
11 ほかに従業員がいれば記入する。

※提出期限は、青色事業専従者給与額を算入しようとする年の3月15日まで。もしも、その年の1月16日以後、新たに事業を開始した場合や新たに専従者がいることとなった場合には、その開始した日や専従者がいることとなった日から2か月以内。

03 働き方で区別される「雇用」と「外注」

実際の働き方によって雇用か外注になる

忙しいときに、同業者や外注のスタッフにちょっとヘルプを頼むというケースは少なくありません。しかし、外注扱いでお願いしているつもりが、実態は「雇用している」状態になってしまっていることがあります。雇用か外注かは、事業主が自由に選択できるわけではなく、その働き方の実態によって判断されるものです。

もし税務調査などで雇用だと判断されれば、支払いは「外注工賃」ではなく「給与」になります。勘定科目名が変わるだけでなく、それぞれ経理上での扱いが違うので税計算も変わり、「給与」から所得税などを源泉徴収➡P114する義務も生まれます。その結果、納めなくてはいけない税金が増えてしまう場合なども考えられます。

また、労働者は労働保険➡P120の適用対象にもなるので雇用に関する手続きなどの対応や、労働時間の管理なども必要になるでしょう。つまり、れっきとした「雇用主」としてのさまざまな義務を負うことになります。

雇用と外注の違いを再確認しておく

雇用と外注はどのような違いがあるのでしょうか。その基本を確認しておきましょう。

雇用は、雇用契約の下、雇用主の指揮の下で労働を提供し、その対価として給与の支払いがなされます。一方、外注の場合、納品して業務を完成させる請負(うけおい)契約や、完成までの義務はない事務業務を行う委任契約などの*業務委託契約によって、仕事を発注します。基本的には、仕事の成果に対して報酬を支払うものです。

雇用か外注かのライン引きの参考になるものには、税務署から公表されている*判断基準があります➡右ページ。たとえ請負契約だったとしても実態として雇用と同じ働き方であれば、給与とされてしまうこともあるのです。もし毎月のように仕事場に来て仕事をしてもらっているスタッフがいるなら、もう一度雇用と外注のラインを確認しておいたほうがいいでしょう。

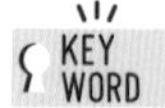

*業務委託契約…使用者と労働者のような関係にはなく、互いに独立した事業者間の契約のこと。雇用契約とは異なるが、雇用になるかどうかの線引きは実際の働き方に左右される。

雇用か？ 外注か？ 判断するときの目安

雇用の目安と外注の目安をチェックしてみよう。それぞれ、チェックの数が多いほうの扱いをしている可能性が高いので、実態に合っているか確認しておこう。

雇用の目安	外注の目安
その仕事について、ほかの人へ代替が…	
□ できない 仕事を受けた業者がほかの業者へその仕事をやらせることができず、代わりができない。	□ できる 仕事を受けた業者自身が、交代要員や補助要員を調達でき、代わりがきく。
作業時間と作業場所を…	
□ 指定している 報酬を支払う人が労働時間と場所を管理している状態。	□ 指定していない 報酬を支払う人が業者の労働時間と場所を管理していない状態。
作業の内容と遂行方法について、具体的な指示を…	
□ している 報酬を支払う人が仕事のやり方を決め指揮命令をする。	□ していない 業者自身に裁量を持たせ、仕事のやり方を任せている。
仕事の成果、商品が途中で失われた場合、報酬を…	
□ 支払わなければいけない 成果物を失っても、業者が仕事に従事した時間などによって報酬を請求できる。	□ 支払わなくてもよい 成果物を受け取ることによって、報酬を支払う。業者は途中で成果物を失うリスクを負う。
作業用具や必要な材料などは…	
□ 提供している 報酬を支払う人が、仕事に必要なものを提供し、経費を負担する。	□ 業者自身のもの 業者自身が、仕事に必要なものの経費を負担する。

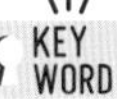

*判断基準…上記の判断基準は法令解釈通達の「大工、左官、とび職等の受ける報酬に係る所得税の取扱い」から。あらゆる職種にも通じる基本的な考え方の目安になる。

04 外注者への支払いは源泉徴収に注意

「外注工賃」は源泉徴収する場合がある

業務の一部を外部の業者に委託したり、専門職に依頼したりして報酬を支払うことがあります。いわゆるアウトソーシング（外注）です。このようなとき、帳簿では勘定科目を「外注工賃※」として処理し、経費の計上は相手の請求書を待ってから行います。

気をつけたいのは、原稿料や講演料、デザインへの報酬のほか、税理士などの士業（しぎょう）に支払う報酬など一定の専門分野へ支払う場合です。これらの場合は、あらかじめ報酬から所得税を徴収（天引き）する、源泉徴収の対象となります。ただし、個人事業主の場合は、従業員を雇って給与を支払っているなどの源泉徴収義務者であり、支払う相手が個人に限ります➡右ページ。

たとえば、従業員を雇っていない個人事業主が、仕事用のホームページ制作のために、外部に仕事を依頼するような場合、個人でやっているWebデザイナーへの支払いは、源泉徴収する条件には当てはまりません。

なお、源泉徴収を行うことになったとき、源泉徴収分を仕訳する勘定科目は「預り金」となります。

「外注工賃」の仕訳の仕方

仕訳例 仕事用のホームページの更新を外部A社に依頼し、制作費100,000円を普通預金から支払った。

借方		貸方		摘要
外注工賃	100,000	普通預金	100,000	A社 ホームページ更新のため

費用の発生（外注工賃）なので左側（借方）。

資産は減る（普通預金）ので右側（貸方）。

※外注工賃は、「外注加工費」「外注費」「支払報酬」「下請代」「委託料」などとしてもよい。

「外注工賃」から源泉徴収するかどうかの条件

判断の仕方チャート

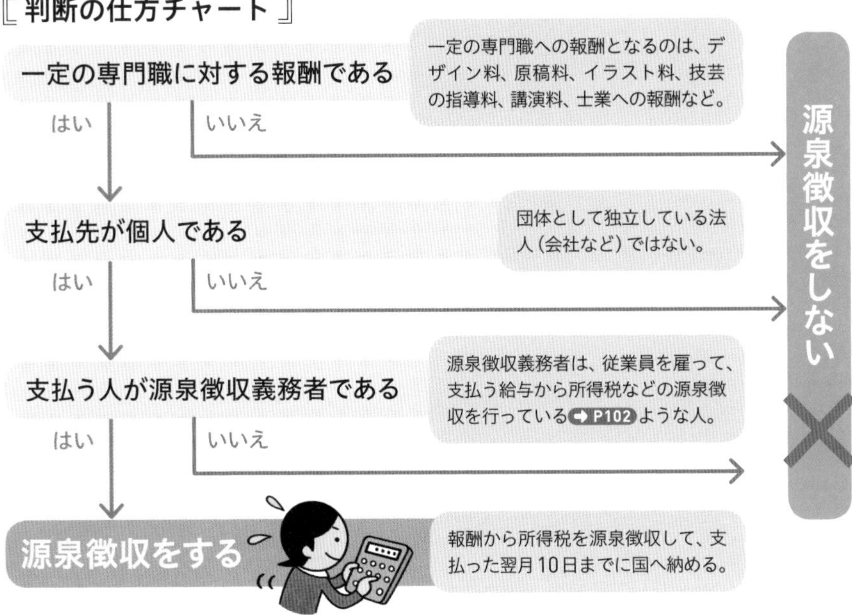

一定の専門職に対する報酬である
一定の専門職への報酬となるのは、デザイン料、原稿料、イラスト料、技芸の指導料、講演料、士業への報酬など。
はい
いいえ
支払先が個人である
団体として独立している法人（会社など）ではない。
はい
いいえ
支払う人が源泉徴収義務者である
源泉徴収義務者は、従業員を雇って、支払う給与から所得税などの源泉徴収を行っている➡P102ような人。
はい
いいえ
源泉徴収をする
報酬から所得税を源泉徴収して、支払った翌月10日までに国へ納める。
源泉徴収をしない

「外注工賃」を源泉徴収するときの仕訳の仕方

仕訳例　Aさんへの原稿料300,000円（税込）から源泉所得税30,630円（税率10.21%）を徴収して、残り269,370円を現金で支払った。

借方	貸方	摘要
外注工賃　300,000	現金　269,370	A様　原稿料
	預り金　30,630	A様　源泉徴収税

実際に支払うお金と源泉徴収分の金額は分けて記入する。

税込と税抜の源泉徴収に注意！

税込か税抜かで、源泉徴収対象金額は変わります。相手からの請求書に消費税込で表示されている場合は、その金額を元に税率をかけて計算します。報酬と消費税を請求書で区別している場合は、税抜の金額から計算してもよいことになっています。この場合、相手への支払いは、「報酬－源泉徴収額＋消費税」となります。

05 従業員の給与計算とその流れ

法律のルールを守って給与額を決める

従業員を雇うことになれば、毎月、取り決めた日に給与を支払います。給与額は、基本給、各種手当、欠勤控除などの要素を元に決定します。

基本給は「月々いくら」「1時間いくら」などと決めた、月給や時給などの基本になる給与のことです。

各種手当には、通勤代や残業代などがあります。従業員の労働時間は「1日8時間まで、週に40時間まで（一部44時間まで）」という法定労働時間があり、その時間を超えて残業してもらう場合には***36協定**（さぶろく）を出すなどの手続きが必要になります。そのうえで、残業をさせた場合には残業時間分の割増賃金を支払わなければなりません。

予算に余裕のない小規模の事業主は、従業員に支払う給与も限られているものです。残業で支払賃金が増えないように、タイムカードを利用するなどして従業員の労働時間はしっかりと管理しておきましょう。

また、欠勤、遅刻、早退などをしたときに賃金から差し引く欠勤控除については、トラブルにならないためにもあらかじめ雇用契約書などに記載しておきましょう。このようにして決まった給与を総支給額といいます。

保険料や税金を計算して「手取り」を渡す

総支給額から、保険料（雇用保険料、社会保険料）や、所得税（源泉所得税）・住民税などの税金を天引きしたものが、最終的に従業員への支払い額となります。いわゆる「手取り」の金額です。

計算した基本給、各種手当、差し引いた金額、そして最終的な手取りの金額は、帳簿や賃金台帳・給与明細書➡P112に記録しておきます。

給与計算は、確認しなくてはいけないことも細かく、たいへんな作業です。もちろん時間もかかります。自身の業務に支障をきたさないようにするには、手当を必要最小限に抑えるといった工夫も必要です。むずかしいときは、給与計算を自分の業務と切り離して、外部の税理士などに外注することを検討しましょう。

*36協定…「時間外労働及び休日労働に関する労使協定」の通称。どんなときに残業をするか、残業する従業員は何人かなどを、従業員の代表者と取り決めて労使協定を結び、届出をする。

給与計算の流れ

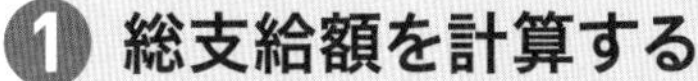

❶ 総支給額を計算する

総支給額 ＝ 基本給 ＋ 各種手当（通勤代・残業代など）－ 欠勤控除など

❷ 保険料（雇用保険料、社会保険料）の従業員負担分を控除する

従業員負担分の雇用保険料➡P122を計算する。なお、社会保険料（厚生年金保険料と健康保険料）については、年金事務所が計算に必要な数値を通知する。

❸ 源泉徴収する税金を控除する（所得税・住民税）

源泉所得税額は、課税対象額と扶養人数などを元に税額表に照らし合わせて決定する➡P114。住民税は市区町村から通知される。

❹ 従業員への支払い額を決定する

支払い額（手取りの金額）＝ ❶総支給額 －（❷の控除額 ＋ ❸の控除額）

給与を支払うときの仕訳の仕方

仕訳例 従業員ひとり（Aさん）の今月分の給与総額250,000円（基本給23万円＋残業代1万円＋通勤代1万円）から、雇用保険料1,250円、源泉所得税6,000円を差し引いて、普通預金口座から支払った。

※社会保険料と住民税は従業員本人が納めている場合の例。

借方		貸方		摘要
給与賃金	240,000	普通預金	242,750	Aさん　○月分給与
旅費交通費（通勤代）	10,000	預り金	1,250	○月分雇用保険料
		預り金	6,000	○月分源泉所得税

残業代などの各種手当は「給与賃金」の中に含めてよいが、通勤代（通勤手当）のみ、「旅費交通費」として別に処理する。

天引きした雇用保険料、源泉所得税などは「預り金」として処理する。

06 賃金台帳と給与明細書のポイント

給与計算を「見える化」した書類を作る

給与計算をしたら、賃金台帳にデータを記入していきます。賃金台帳は、従業員別に給与に関するデータを記入する書類です。「どんなことにいくら支給するか」「何について控除するか」などを明確にするために、賃金台帳には、必ず記入する項目➡下図があります。

賃金台帳のデータは、従業員に渡す給与明細書にも記載します。給与計算の流れを、事業主だけでなく従業員にもわかるように「見える化」して残しておきます。特に、残業代についてはトラブルになりやすいものです。残業時間に対して*割増賃金がいくら支給されるのかをしっかりと明記する必要があります。

賃金台帳、給与明細書の控えにも帳簿保存の義務➡P58があり、決算の日から7年間保管しておかなくてはいけないので、ほかの帳簿といっしょに保管しておきましょう。なお、賃金台帳も給与明細書も定められた様式があるわけではないので、必要な項目が載っていれば、市販のものや、表計算ソフトで作成してもかまいません。

賃金台帳と給与明細書に必要な項目

給与

① 本人の基本データ　氏名　住所

② 給与の計算期間・勤怠
- 給与の計算期間
- 労働日数
- 労働時間数
- 残業時間数（時間外労働時間数・休日労働時間数・深夜労働時間数）

③ 給与支給額・控除額
- 基本給
- 種類別にその他支給した各種手当
- 種類別に一部を控除した場合のその額（雇用保険控除・所得税控除など）

*割増賃金…通常賃金に法定の一定率以上を割り増しした賃金。時間外労働時間には125％増し、休日労働時間には135％増し、深夜労働時間には25％上乗せした割増賃金を支払う。

賃金台帳・給与明細書のポイント（作成例）

例 社会保険（厚生年金・健康保険）には入っておらず、従業員本人が国民年金保険料、国民健康保険料、介護保険料を納める場合。

〖賃金台帳（従業員ごとに作成する）〗

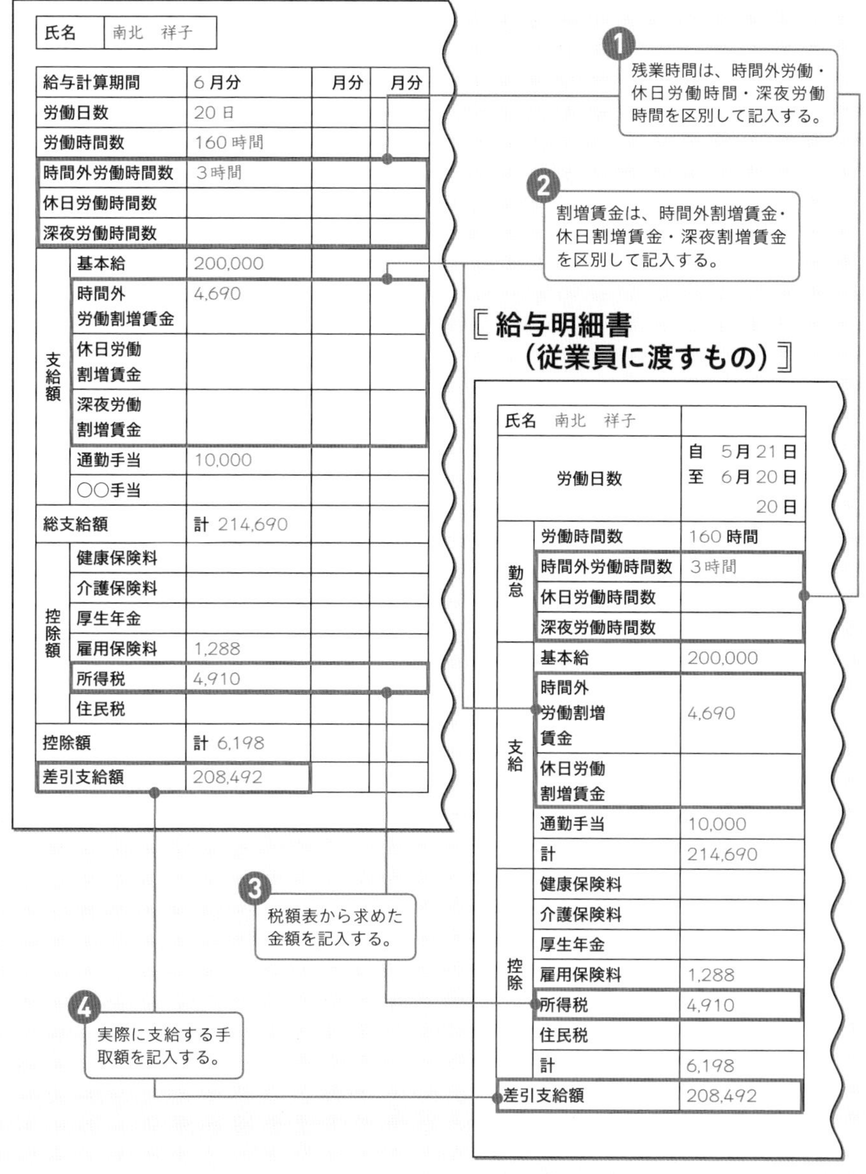

氏名	南北　祥子

給与計算期間		6月分	月分	月分
労働日数		20日		
労働時間数		160時間		
時間外労働時間数		3時間		
休日労働時間数				
深夜労働時間数				
支給額	基本給	200,000		
	時間外労働割増賃金	4,690		
	休日労働割増賃金			
	深夜労働割増賃金			
	通勤手当	10,000		
	○○手当			
総支給額		計 214,690		
控除額	健康保険料			
	介護保険料			
	厚生年金			
	雇用保険料	1,288		
	所得税	4,910		
	住民税			
控除額		計 6,198		
差引支給額		208,492		

❶ 残業時間は、時間外労働・休日労働時間・深夜労働時間を区別して記入する。
❷ 割増賃金は、時間外割増賃金・休日割増賃金・深夜割増賃金を区別して記入する。
❸ 税額表から求めた金額を記入する。
❹ 実際に支給する手取額を記入する。

〖給与明細書（従業員に渡すもの）〗

氏名	南北　祥子	
労働日数		自　5月21日 至　6月20日 20日
勤怠	労働時間数	160時間
	時間外労働時間数	3時間
	休日労働時間数	
	深夜労働時間数	
支給	基本給	200,000
	時間外労働割増賃金	4,690
	休日労働割増賃金	
	通勤手当	10,000
	計	214,690
控除	健康保険料	
	介護保険料	
	厚生年金	
	雇用保険料	1,288
	所得税	4,910
	住民税	
	計	6,198
差引支給額		208,492

07 源泉徴収に必要な扶養状況の確認

その年の初めに扶養状況を確認する

青色事業専従者を含め従業員を雇用している事業主は、源泉徴収義務者となります。従業員の毎月の給与から所得税を源泉徴収、つまり天引きして、国に納めなければいけないわけです。

毎年、最初の給与を支払う前に、従業員には扶養の状況などを明記した「給与所得者の扶養控除等（異動）申告書」を提出してもらいます。これが提出されていないと、自動的に高い税額が適用されてしまいます。提出された申告書の扶養の状況を元に「***給与所得の源泉徴収税額表**」から源泉徴収する税額を割り出したら、この額を天引きして、原則として翌月10日までに納付します（ただし納付を年２回にできる特例あり➡P116）。

なお、２か所以上から給与をもらっている従業員は、「給与所得者の扶養控除等（異動）申告書」をいずれか１か所にしか提出できません。また、この申告書は税務署に提出する代わりに、事業主が７年間保存しておきます。

源泉所得税納付までの流れ

①「給与所得者の扶養控除等（異動）申告書」から扶養人数などを確認

▼

②課税対象額を計算する

課税対象額 ＝ 総支給額（給与） − 非課税手当（通勤手当など） − 控除する雇用保険料・社会保険料

▼

③①②を元に、源泉徴収税額表から当てはまる源泉徴収税額を見つける

▼

④給与から源泉徴収し、原則、翌月10日までに納付

*給与所得の源泉徴収税額表…月給の人に適用される月額表と、２か月以内の短期間アルバイトなどに適用される日額表との２種類がある。右ページのものは月額表。

給与所得の源泉徴収税額表の見方

例 月給30万円の従業員をひとり雇用している場合（非課税手当は0円、社会保険未加入、雇用保険料900円、扶養人数ひとり）。

この金額を元に源泉徴収税額表を確認する！

STEP 1 **課税対象額の計算**

30万円（月給）－900円（雇用保険料の控除）＝299,100円

STEP 2 **源泉徴収税額表の確認**

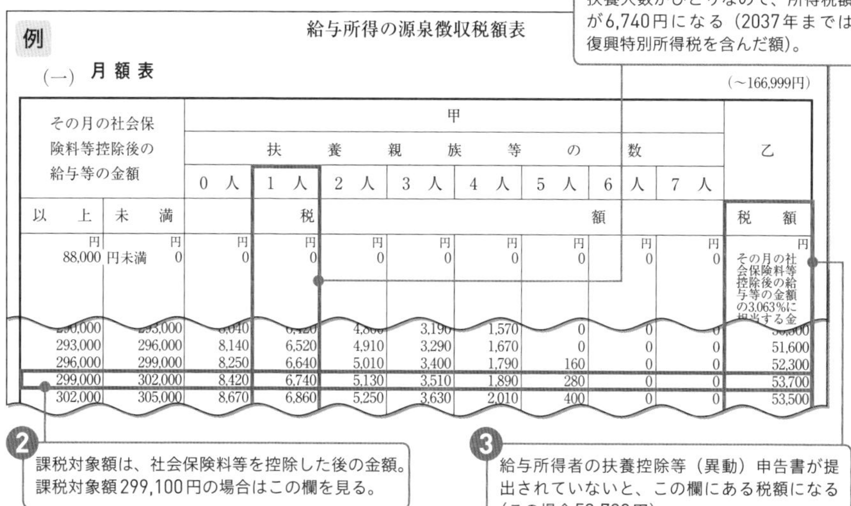
例

給与所得の源泉徴収税額表

（一） 月額表

（～166,999円）

その月の社会保険料等控除後の給与等の金額		甲								乙
		扶養親族等の数								
		0人	1人	2人	3人	4人	5人	6人	7人	
以上	未満	税額								税額
円	円	円	円	円	円	円	円	円	円	円
88,000円未満	0	0	0	0	0	0	0	0	0	その月の社会保険料等控除後の給与等の金額の3.063%に相当する金
[illegible]	[illegible]	[illegible]	[illegible]	[illegible]	3,190	1,570	0	0	[illegible]	[illegible]
293,000	296,000	8,140	6,520	4,910	3,290	1,670	0	0	0	51,600
296,000	299,000	8,250	6,640	5,010	3,400	1,790	160	0	0	52,300
299,000	302,000	8,420	6,740	5,130	3,510	1,890	280	0	0	53,700
302,000	305,000	8,670	6,860	5,250	3,630	2,010	400	0	0	53,500

1 扶養人数がひとりなので、所得税額が6,740円になる（2037年までは復興特別所得税を含んだ額）。
2 課税対象額は、社会保険料等を控除した後の金額。課税対象額299,100円の場合はこの欄を見る。
3 給与所得者の扶養控除等（異動）申告書が提出されていないと、この欄にある税額になる（この場合53,700円）。

〚源泉所得税の仕訳の仕方〛

仕訳例 従業員（Aさん）の毎月の給料日に、6,740円の源泉徴収を行い、預かった源泉所得税を翌月に普通預金から納付した。

STEP 1 〈毎月の給料日〉源泉所得税6,740円を天引きした（雇用保険料900円も天引きした）。

借方		貸方		摘要
給与賃金	300,000	普通預金	292,360	Aさん　○月分給与
		預り金	900	Aさん　○月分雇用保険料
		預り金	6,740	Aさん　○月分源泉所得税

STEP 2 〈納付時〉STEP 1の翌月に、普通預金から源泉所得税6,740円を納付した。

借方		貸方		摘要
預り金	6,740	普通預金	6,740	○○税務署　源泉所得税納付

08 毎月の源泉徴収の納付を年２回にする

毎月の納付作業を年２回にまとめられる

源泉所得税は徴収した翌月10日までに納付することが義務づけられています➡P114。ただし、給与を受け取る従業員が*常時10人未満の場合は、納付を1月と7月の年２回にまとめることができる特例があります。毎月納付する手間を、小規模の事業者には軽くしてあげようというわけです。

この特例を受けるには、「源泉所得税の納期の特例の承認に関する申請書」➡右ページを事業所のある税務署に提出する必要があります。申請して受理されたら、申請月の翌月分の給与から特例の対象になります。

源泉所得税の納期の特例のしくみ

源泉徴収する月	納付期限
1月～6月分	7月10日まで
7月～12月分	翌年1月20日まで

（毎月、翌月10日までに必要な納付が……）
半年に1回にまとめて納付でOKになる！

※ただし、この年２回の特例は給与・賞与の支払いと税理士などの士業への報酬に対する源泉徴収分にのみ適用される。

住民税の特別徴収も半年に1回の納付ができる

所得税ではなく、市区町村に支払う住民税については、事業主が従業員の給与から天引きして納付する「特別徴収」をすることになっています。

住民税の特別徴収も、毎月の納付が原則ですが、給与の支払いを受ける従業員が常時10人未満の場合は、納付回数を年２回にまとめてもらうことができます（納期の特例）。この場合、所得税と少し期間が変わり、6月～11月までの預り分は12月10日まで、12月～翌年5月までの分は翌年6月10日までに納めることになっています。また、この特例を受けるには、住民税の支払先の市区町村に申請書を提出します。

*常時10人未満…平常時の状態で10人に満たないということ。多忙な時期などで臨時に雇い入れたような場合は、その臨時の従業員の数はカウントされない。

源泉所得税の納期の特例の承認に関する申請書（記入例）

❶ 届出日と提出先の税務署名を記入する。

❷ 事業所の屋号（名称）、住所、名前を記入する。屋号がない場合は、「氏名又は名称」欄と「代表者氏名」欄に名前を記入する。

源泉所得税の納期の特例の承認に関する申請書

※整理番号	

税務署受付印

○○年○○月○○日

新宿 税務署長殿

住所又は本店の所在地	〒160-0023 東京都新宿区西新宿×−×−× 電話 03−××××−××××
（フリガナ）	シンジュク イチコ
氏名又は名称	新宿 市子
法人番号	※個人の方は個人番号の記載は不要です。
（フリガナ）	シンジュク イチコ
代表者氏名	新宿 市子

次の給与支払事務所等につき、所得税法第216条の規定による源泉所得税の納期の特例についての承認を申請します。

給与支払事務所等に関する事項				
給与支払事務所等の所在地 ※ 申請者の住所（居所）又は本店（主たる事務所）の所在地と給与支払事務所等の所在地とが異なる場合に記載してください。	〒 電話 − −			
申請の日前6か月間の各月末の給与の支払を受ける者の人員及び各月の支給金額［外書は、臨時雇用者に係るもの］	月区分	支給人員	支給額	
		外	外	
	○○年○○月	1人	100,000円	
		外	外	
	年 月	人	円	
		外	外	
	年 月	人	円	
		外	外	
	年 月	人	円	
		外	外	
	年 月	人	円	
		外	外	
	年 月	人	円	
1 現に国税の滞納があり又は最近において著しい納付遅延の事実がある場合で、それがやむを得ない理由によるものであるときは、その理由の詳細 2 申請の日前1年以内に納期の特例の承認を取り消されたことがある場合には、その年月日				

❸ 申請する日の前の6か月間の給与の支払いを受ける従業員の人数と各月の支給金額を記入する。

❹ 申請の日の前6か月間で臨時に雇い入れた人がいる場合はその人数と支給金額を「外」の欄に記入する。

税理士署名	

※税務署処理欄	部門		決算期		業種番号		番号		入力		名簿		通信日付印	年 月 日	確認	

09 年末調整のポイントは早めの処理

年末調整の案内が届いたらとりかかる

従業員に給与を支払う事業主が、11月ごろから年末にかけて取り組む作業が年末調整です。毎月、従業員から所得税を源泉徴収して納付していますが、これは所得税を仮計算して前払いで納付しているに過ぎません。年の途中で従業員の家族が増減するなど税計算に必要な扶養（ふよう）状況が変わることもあれば、給与計算では考慮されていない控除（住宅ローンや生命保険料などの控除）がある場合もあります。つまり毎月納めた仮計算の税額を正確に計算し直し、精算するのが年末調整といえます。

年の最後に支給する給与の総支給額が決まった時点で正確な所得税を計算して税額を確定し、仮計算して納めた所得税と精算します。もし、今まで源泉徴収した所得税が確定税額より多ければ従業員に返し（還付)、少なければ不足分を追加で徴収することになります。

毎年、年末調整が近づく秋頃になると、税務署から年末調整の案内が送られてきます。その案内に従って国税庁ホームページにアクセスし、『年末調整のしかた』を入手します。その年から変わる改正事項もあるので、最新の『年末調整のしかた』を見ながら作業を進めるようにしましょう。

必要な提出書類は早めにそろえる

年末調整を行うときには、従業員から計算に必要な各種控除の申告書などを提出してもらいます。基本的には、「給与所得者の扶養控除等（異動）申告書」と「給与所得者の保険料控除申告書」「給与所得者の基礎控除申告書・給与所得者の配偶者控除等申告書・所得金額調整控除申告書」です。12月の初旬には提出してもらうようにすると、余裕をもって作業を進めることができるでしょう。

年末調整で精算した所得税に関しては、年が明けた１月に精算分を納めることになります。

なお、年末調整の後には、*源泉徴収票など法律で提出が義務づけられた法定調書を作成し、税務署に１月末までに提出する作業もあります。

*源泉徴収票…1年間の給与、所得税額、所得控除の結果などを書き込んだ書類。従業員ごとに４通作成し、金額により1通は税務署、1通は従業員、２通は市区町村に提出するのが一般的。

年末調整作業の流れ

1 1月〜12月(1年間)の給与を計算する

1年間の給与に、季節的な賞与(ボーナス)があればそれも含めた金額を計算する。

2 給与所得控除後の給与額を計算する

『年末調整のしかた』にある「給与所得控除後の給与等の金額の表」に、1(1年間の給与)の金額を当てはめる。

3 各種所得控除額を計算する

基礎控除、配偶者控除、扶養控除、社会保険料控除、生命保険料控除などの、年末調整で使える所得控除額※を計算する。

※所得控除の中でも、医療費控除、雑損控除などは従業員本人が確定申告するときにしか使えない。

4 課税給与所得を計算する

2(給与所得控除後の給与額)から、3(所得控除額)を差し引く。この金額が課税給与所得になる。1,000円未満は切り捨てる。

5 算出年税額を計算する

『年末調整のしかた』にある「年末調整のための所得税額の速算表」を元に、4(課税給与所得)の金額に当てはまる税率を掛ける。

6 税額控除を計算する

住宅借入金等特別控除などの税額控除➡P178額を計算する。

7 年調年税額を計算する

5(算出年税額)から6(税額控除額)を差し引くと、その年の所得税額(年調年税額)を計算できる。

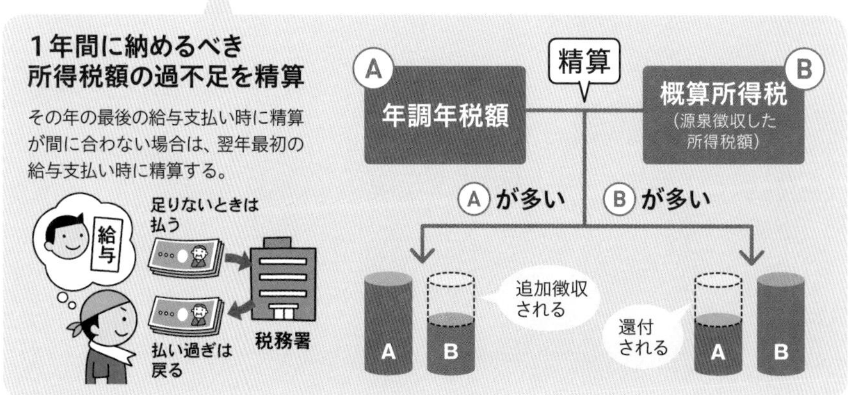

10 人を雇う場合の労働保険の手続き

労働保険が適用される必要条件をチェック

もし従業員を雇うことになったとき、やらなくてはいけないのが、労災保険と雇用保険の手続きです。2つをまとめて「労働保険」といいます。

労災保険とは、万が一、通勤中や仕事中にケガや病気をして働けなくなったとき、補償を行ってくれる保険です。ひとりでも従業員を雇えば労災保険が適用されることになります。1日限りのアルバイトも例外ではありません。

雇用保険とは、失業保険などのことです。労災保険と違って、適用されない例外もありますが、雇用期間見込みが31日以上あり、1週間の所定労働時間が20時間以上あれば、雇用保険が適用される事業所になります。

労働保険関係が成立したときは届出をする

従業員を雇うことになった場合、まず「労働保険 保険関係成立届」を提出します。その後、その保険年度分の労働保険料の*概算保険料を申告して納付する必要もあります➡P122。ただし、労災保険は、従業員の増減があったときにそのつど届出をする必要はありません。

さらに雇用保険の適用事業所になった場合は、「雇用保険適用事業所設置届」を提出します。そして雇用保険に加入する必要のある従業員を雇うたびに、「雇用保険被保険者資格取得届」を提出することになります。

ありがち! 意外な落とし穴

個人事業主とその家族は労働保険の適用外

個人事業主自身とその家族（青色事業専従者を含む）は、労働保険の適用には原則としてカウントされません。ただし、一定の条件を満たした場合には、労災保険の加入対象（特別加入者）になれることがあります。また、雇用保険も条件がそろえば「家族」の対象から外れて加入できることがあります。いざというときのため、労働保険には加入できるのなら加入しておくのが得策です。ハローワークなどで相談してみましょう。

*概算保険料…その保険年度（4月1日～翌年3月31日）に支払うと見込まれる労働保険料の額。もし実際に支払った保険料と過不足があれば、次年度の概算保険料支払い時に精算する。

従業員を雇うときに提出する書類（労働保険関係）

従業員を1日でも雇用したとき（保険関係が成立したとき）

労災保険

届出先

管轄の労働基準監督署

提出書類と提出期限

- **労働保険 保険関係成立届**
  ➡保険関係が成立した日の翌日から10日以内
- **労働保険 概算・確定保険料申告書**※
  ➡保険関係が成立した日から50日以内

※概算保険料の納付も同時に行う➡P122。

雇用した従業員の雇用期間見込みが31日以上あり、1週間の所定労働時間が20時間以上あるとき

雇用保険

届出先

管轄のハローワーク（公共職業安定所）

提出書類と提出期限

- **雇用保険適用事業所設置届**
  ➡設置した日の翌日から起算して10日以内
- **雇用保険被保険者資格取得届**
  ➡従業員を雇用した日の翌月10日まで（従業員を雇うたびに提出）

それぞれ手続きによって、多くの添付書類が必要になるので、事前に管轄の労働基準監督署、ハローワークに確認しよう！

こんなときどうする？

社会保険の手続きはどうすればいい？

健康保険、厚生年金保険のことを一般的に「社会保険」といいます。個人事業主の場合、一定の適用業種で常に雇用する従業員が５人以上いれば社会保険への加入義務があります。社会保険に加入していない場合は、従業員にそれぞれ国民健康保険、国民年金に加入してもらいます。

なお、パートタイマーなどの人でも、1週の所定労働時間および1月の所定労働日数が従業員の４分の３以上あれば、社会保険加入の必要がありますので注意してください。

社会保険　5人

加入義務あり

労働保険料は概算で納付確定後に精算

従業員が負担する分を毎月天引きする

雇用主である事業主は、その年度(4月1日～翌年3月31日)の労働保険料(労災保険料と雇用保険料)を毎年1回、労働基準監督署に前払いすることになっています。つまり、今年度の給与見込額を元に、概算で労働保険料を計算して(概算保険料)、金融機関から納付します。次年度以降は、前年度の概算保険料と実際の給与を元に計算した労働保険料(確定保険料)の過不足を精算して、その年度の概算保険料とともに6月1日～7月10日の期間に納付します。この一連の手続きを年度更新といいます。見込みの保険料を納めて、後で精算するというところがポイントです。

労災保険料と雇用保険料は、業種などによってそれぞれ*保険(料)率が決められています。労災保険料は事業主が全額負担しますが、雇用保険料は一部を従業員が負担します。事業主は、毎月の給与から従業員負担分の雇用保険料を「預り金」として天引きします。

労働保険料を納付するときには、事業主の負担分を「法定福利費」、従業員からの預り分を「立替金」として処理します。そして、決算時に「預り金」と「立替金」を相殺します。

年度更新のしくみ

その保険年度の給与見込額を元にして概算で労働保険料を支払った後、次年度以降は、前年度との実際の支払いの過不足を精算してから、その年度分の概算保険料を支払う。

1年目
(労働保険関係成立時、または雇用時)

概算保険料の支払い

2年目以降

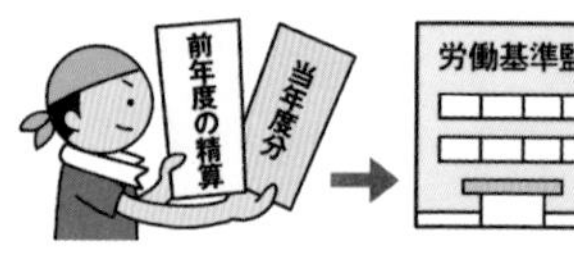

前年度の概算保険料と確定保険料の精算 ＋ 概算保険料の支払い

KEY WORD

*保険(料)率…労災保険率は、業種によって細かく定められ、年度によって異なる。くわしくは厚生労働省のホームページ(https://www.mhlw.go.jp/)へ。雇用保険料率は右ページ。

労働保険料の計算の仕方

労災保険料 ＝ **その年度の給与の総額** × **労災保険率**

事業主が**全額負担**する

保険率は事業の種類、年度によって異なる。

雇用保険料 ＝ **その年度の給与の総額** × **雇用保険料率**

事業主と従業員が**それぞれ負担**する

保険料率は事業の種類、年度によって異なる。

雇用保険料率
(単位：% 2024年度)

	事業主負担分	従業員負担分	計
一般の事業	0.95	0.6	1.55
農林水産・清酒製造業	1.05	0.7	1.75
建設業	1.15	0.7	1.85

〚毎月、年度更新時の雇用保険料の仕訳の仕方〛

仕訳例 月給300,000円の従業員（Aさん）をひとり雇用していて、月給から雇用保険料を天引きして預かり（源泉所得税も徴収）、年度更新時にまとめて雇用保険料を納付。

STEP 1 <毎月の給料日>雇用保険料の従業員負担分（300,000円×0.3%=900円）と、源泉所得税6,740円を天引きして給与を支払った。

借方		貸方		摘要
給与賃金	300,000	普通預金	292,360	Aさん　○月分給与
		預り金	900	雇用保険料（従業員負担分）
		預り金	6,740	源泉所得税

STEP 2 <年度更新時>前年度の概算保険料と確定保険料を精算したとき不足分10,000円があり、今年度の概算保険料60,000円（従業員の負担分：18,000円、事業主負担分：42,000円）と合わせて、合計70,000円を現金で納付した。

借方		貸方		摘要
法定福利費	10,000	現金	70,000	労働保険料精算分支払い
法定福利費	42,000			労働保険料（事業主負担分）
立替分	18,000			雇用保険料（従業員負担分）

1UP経理のコツ④

事業を法人にすると節税になる？

今は個人事業主でも、将来は会社にすること（法人化）を考えている人は多いでしょう。登記さえ済ませれば誰でも会社をおこすことができるので、従業員のいない１人社長が会社を切り盛りしているケースはよくあります。

法人化すれば、社長自身が保証人になれるなど事業のための社会的な信用を得ることができるため、これを理由に会社にする人は多いです。でも、もうひとつ、会社経営の大きなメリットとして節税効果があります。

一方でデメリットもあります。法人化すれば基本的な支払い負担も増えます。経理の実務もいっそう煩雑になるので、税理士の力を借りることになれば、相応のお金もかかります。つまり、ある程度の儲けがないと、そもそものコストが高くなって、損をすることになりかねません。メリット・デメリットを押さえつつ、事業が拡大していく見込みがあれば法人化を見据えるのもよいでしょう。

法人化するメリットとデメリット

おもなメリット 節税

◎ **経費の範囲が増える**
- 自身の給与を経費にできる
- 契約により生命保険料などを経費にできる　など

◎ **税制が有利になる**
- 給与所得控除が加わって、課税所得額が減額される
- 法人事業だと税率が有利になる面が多い　など

◎ **赤字の繰越が10年※に伸びる（個人事業主の青色申告は3年）**

おもなデメリット コストアップ

✕ **税金を負担する種類が増える**
- 個人の所得税のほか、法人税も支払う
- 赤字でも最低、7万円ほどの地方税がかかる

✕ **社会保険料の保障は厚いが、負担は増える**

✕ **個人より法人のほうが税務調査を受けやすい**

※2018年3月31日以前に開始した事業年度において生じた赤字の繰越は9年の延長まで。

5章

決算書を作成しよう！

1年の経理の締めくくりとなるのが決算です。
決算のルールに沿って 1 年間の帳簿を仕上げ、
事業の成績をまとめた決算書を作りましょう。
事業の今後のステップアップのためにも大切な節目になります。

01 1年の総決算　決算の流れと帳簿の締め方

1年間の経営成績と財務状況を見よう

1年間つけた帳簿を締め➡下図、改めて手を加えて、儲けが出たのか、財務状況はどうなのかを確認していく作業が決算です。決算の結果として作成する決算書は、貸借対照表（たいしゃく）、損益計算書（そんえき）です。これらの決算書は確定申告をするときの重要な書類になります。

個人事業主の場合、*会計期間が1月1日～12月31日と決められており、帳簿を締めるのは12月31日です。決算後、帳簿を締めた後は、金額や勘定科目を変えません。

決算は、勘定科目ごとに集計していく作業のほかに、決算整理といって決算時に正確な仕訳をする（修正する）作業があります。決算は発生主義で行うので、たとえば現金出納帳（すいとう）や預金出納帳で入出金の記録がなくても、実際にモノやサービスの受け渡しが終わっているときは「年内に取引が行われている」として修正することになります。ほかにも、固定資産を年ごとに経費として償却する減価償却などの決算整理もあります➡右ページ。

帳簿の締め方

例　総勘定元帳（そうかんじょうもとちょう）の「通信費」の場合。

通信費

月	日	勘定科目	借方	貸方	残高	摘要
			前月（11月）繰越		110,000	
12	31	事業主貸		22,000	106,200	家事分振替
			18,200	22,000		12月度合計
			128,200	22,000		❶ 累計
				106,200	0	損益へ
			前期繰越			❷

❶ 1月～12月までの1年間の累計を記入する。　❷ ページの途中でも二重線で区切る。

*会計期間…簿記で計算をする期間のこと（始めは期首、終わりは期末）。その年の会計期間のことを「当期」、翌1年間を「次期（もしくは翌期）」、当期前の1年間を「前期」と呼ぶ。

決算作業の流れ

START!

1
帳簿ごと、勘定科目ごとに12月までの毎月の記帳を再確認する。

2
12月までの各月の勘定科目ごとに集計（月次残高試算表を作成する）。毎月作成していれば不要。

決算整理作業　開始！

3
未確定の売上や費用の繰延べをする。
➡ P128～131

4
棚卸を行って、未確定だった売上原価を計上する。
➡ P 132～135

5
固定資産の減価償却費を計算する。
➡ P 136～139

6
そのほか、経費や売上などの修正をする。
➡ P 140～143
※地代家賃、光熱費などの按分計算の方法は6章➡ P156。

決算整理作業　終了！
精算表を作る➡ P 144

7
青色申告決算書（貸借対照表と損益計算書）を作成する。
※10万円特別控除の場合は損益計算書（青色申告決算書の1枚目～3枚目）のみでも可。

02 当期の売上を帳簿上で確定させる

当期の売上に含めることがある

まずは、収益グループである収入、つまり売上を確定させていきましょう。勘定科目では、「売上高」や「雑収入」、そして「家事消費等」➡P86が売上に含まれます。特に家事消費等は税務調査でも指摘を受けやすいので、忘れずに計上する必要があります。

売上の計上で忘れやすいのが、当期中に入金されなかった取引です。たとえば、12月に商品を販売し、実際は１月にお金が振り込まれるときは、当期か次期かどちらの売上でしょうか？

これは、当期の売上になります。計上は発生主義で、モノやサービスの受け渡しが行われたときを売上とします。つまり、金銭のやりとりはなくてもモノやサービスの受け渡しが行われているので、取引は成立しているという考え方です。

決算時にその売上予定のものがまだ未入金の状態の場合、資産グループの「売掛金」を使って仕訳をします。

次期に納品予定の手付金はどうする？

では反対に、納品するのは次期なのに、当期中に手付金や内金を受け取った場合は、どうなるでしょうか。

手付金や内金は、まだ取引が終わっていないときに受け取った代金なので、「売上高」ではなく、負債の「***前受金**」として仕訳をすることになります。

したがって、これらを現金や預金の入金時に「売上高」として仕訳をしていたら、決算整理仕訳が必要です。このときの決算整理仕訳は、まず仕訳をし直すために、「売上高」を「前受金」に振替をする仕訳をします。

そして、次期以降、納品をしたときにあらためて「前受金」を「売上高」として計上することになります➡右ページ。

なお、ふだん現金出納（すいとう）帳と預金出納帳を使っている場合も同じように決算整理が必要です。これらは現金の入出金のたびに記帳しているので、特に注意が必要です。

*前受金…内金や手付金など「将来、相手に商品を引き渡す義務」のあるものについて受け取るお金のこと。相手に引き渡す義務があるので、負債になる。

売上（収入）を確定するときのルール

〖決算時の売上の計上ルール〗

❶ 当期に取引が確定した売上は、次期に入金を予定していても当期に計上する（「売掛金」を使う）。

❷ 次期に取引が確定する売上は、当期に入金されていても次期に計上する（「前受金」を使う）。

例 当期に計上する売掛金。

12月（当期）	1月（次期）
納品	入金

取引（納品）したのは当期なので、当期の売上。

例 次期に計上する前受金。

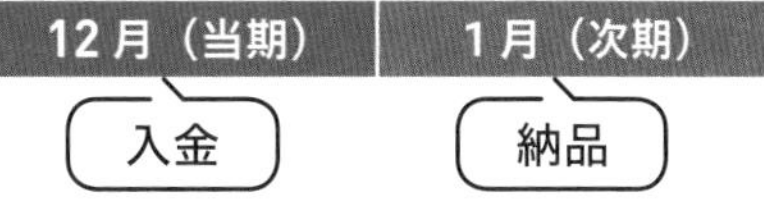

取引（納品）したのは次期なので、次期の売上。

「売上高」を「前受金」にする決算整理仕訳

内金や手付金などを「売上高」にしていた場合、決算時に「前受金」に振替をする仕訳をする。

仕訳例 30,000円のアクセサリーをAさんに販売。内金として12月に入金を受け、納品は次期。

STEP 1 【当期・入金時】次期に納品予定の仕事の内金10,000円を「売上高」として計上した。

借方		貸方		摘要
現金	10,000	売上高	10,000	A様　アクセサリー制作の内金として

STEP 2 【当期・決算時】決算整理で「売上高」を負債の「前受金」として仕訳をし直す（売上には含めない）。

借方		貸方		摘要
売上高	10,000	前受金	10,000	決算整理仕訳○月×日の入金について

STEP 3 【次期・取引確定時】次期の納品時に「前受金」を「売上高」として計上する。入金された残金20,000円も計上する。

借方		貸方		摘要
前受金	10,000	売上高	30,000	A様へ　アクセサリーを納品
現金	20,000			

03 当期の費用を帳簿上で確定させる

当期ではなく次期に繰延べる費用に注意

費用グループを確定するときは、当期の費用として計上できないものに注意することがポイントです。

特に、売上とひもづいている「仕入高」や経費の「外注工賃」に気をつけましょう。取引が終わらず、まだ売上が立っていない場合、その取引に関連する「仕入高」や「外注工賃」などは、まだ費用として計上することはできないからです。たとえば、あるプロジェクトで当期に外注を頼んで「外注工賃」を計上したとします。もしそのプロジェクトの納期が次期にずれ込むときには、決算時に決算整理仕訳を行い、その「外注工賃」を次期に***繰延べ**る必要が出てくるのです。この場合、資産の「***前払金**」で仕訳をし直して、次期に売上が立ってから再び「外注工賃」で仕訳をします。

反対に、代金は先に支払っているけれど、仕入れた商品が到着するのが次期になるような場合も、同じように考えます。いったん資産の「前払金」として処理し、次期になって商品が到着してから「仕入高」に計上します。

なお、当期に予定していた出張が延期となり宿泊費などが次期に発生する経費を当期に支払った場合も、「前払金」にして繰延べるのが基本です➡右ページ下図。

「買掛金」と「未払金」の扱いにも注意

お金を支払っていなくても、すでにモノやサービスを受けて取引が終了している場合があります。この場合、次期に支払う予定の金額に関しては「買掛金」➡P78を用います。「買掛金」も前項の「売掛金」同様に、発生主義の観点から、来期の仕事に対して後払いになってしまうものでも、取引が完了しているのであれば、当期に計上します。

また、売上に直接関係しない経費にも注意が必要です。たとえば事務用品などを翌年の後払いで購入している場合、取引は当期で確定するので、これは当期の負債と考え、「未払金」として処理します。「未払金」の相手科目は、各種経費名で仕訳して計上することになります。

*繰延べ…いったん当期に計上したものを、後にずらして次期に計上すること。次期分の費用を先に払っていることから、当期では「資産」として扱う。

費用を確定するときのルール

〚決算時の費用の計上ルール〛

1. 当期中に取引が確定したものは、未払いでも当期に計上する(買掛金・未払金を使う)。
2. 当期中に取引が確定していないものは次期に繰延べる。
3. 次期分の取引は、当期に支払っても次期に繰延べる。
4. 取引に直接関係しない経費(旅費交通費など)は、使った(取引が発生した)時点で当期に計上する。

例 年内に終わる予定のプロジェクトが来年に延びたときは、次期に計上する。

来年に延びたときは、当期の売上にならないので、次期の売上として計上する。

経費を次期に繰越すときの決算整理仕訳

年内に予定していた出張が翌年に延びたときは、「旅費交通費」を決算時に「前払金」で仕訳する。

仕訳例 年内予定の出張のための旅費交通費100,000円をB旅行社に先払いしたが、出張が翌年になる場合。

STEP 1 【当期・支払時】出張の交通費100,000円を「旅費交通費」として計上した。

借方		貸方		摘要
旅費交通費	100,000	現金	100,000	B旅行社へ支払い

STEP 2 【当期・決算時】出張が翌年に延び、決算整理で「旅費交通費」を資産の「前払金」として仕訳し直す。

借方		貸方		摘要
前払金	100,000	旅費交通費	100,000	出張が次期に延期

STEP 3 【次期・取引確定時】翌年、出張したときに「前払金」を「旅費交通費」として計上する。

借方		貸方		摘要
旅費交通費	100,000	前払金	100,000	出張完了　○月×日 B旅行社計上（支払済み）

KEY WORD *前払金…すでに金額を支払い、相手からの商品を受け取る権利が生じているお金のことで、資産となる。なお、反対に、相手に支払う義務が生じている「未払金」は負債となる。

04 棚卸をして在庫を確定し売上原価を算出する

売上原価を計算するために必要な棚卸（たなおろし）

小売業や製造業などモノを扱う事業の場合、必ず行う決算整理の作業があります。それが、店や倉庫に残っている商品などの在庫（棚卸資産）を数える*棚卸です。在庫の実際の数が帳簿の数と一致しているか確認し、商品や原材料ごとの単価➡ P134も確認して当期の在庫を集計します。

棚卸は、商品の正確な数を確認するためだけでなく、当期に売り上げた商品に対する仕入費用（売上原価）を計算するために行う作業です。当期末に残っている商品（在庫）は、売上が次期以降になります。そのため、その分の仕入高は次期以降に繰延べる必要があるのです。つまり、当期の売上原価を計算するには、当期に仕入れた金額から、次期に繰延べる分（在庫分）の棚卸高を差し引くことになります。

２年目以降は、前期から残っている商品の分も含めて売上原価を計算します➡ 右ページ。なお、この計算は、青色申告決算書の損益（そんえき）計算書➡ P147で行うことになります。

実際に在庫を数えるときは、数え間違いなどのミスを防ぐために在庫の種類ごとに２枚１組の棚卸表➡ 右ページを使って確認するとよいでしょう。確認が終わったら、棚卸集計表➡ 右ページに集計の結果を記入します。なお、これらの書類は７年間保存する義務があります。

棚卸をした後に、商品を処分する場合

「破損」「流行遅れ」などの理由で販売できる見込みがないモノを、棚卸のときに廃棄処分する場合があります。その場合、廃棄する商品分の仕入高を売上原価に含めることになります。売上は0円のまま仕入が増えることになるイメージです。廃棄したことを証明するために、破損した商品の写真を撮る、廃棄業者に頼んだときの領収書をとっておく、など証拠資料を保存しておきましょう。資料がないと税務署に「廃棄にしたことにして、本当は売り上げたお金を懐に入れたのでは？」と疑われるかもしれません。

*棚卸…在庫の数量を数えるとともに、品質や価値をチェックし、次期に販売できるかどうかも判断する。棚卸で在庫数量を数えることを実地棚卸という。

売上原価はこう考える

〖売上原価の計算式〗

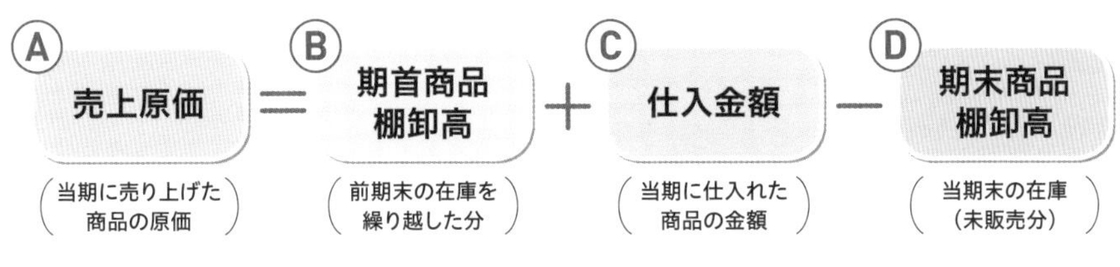

〖売上原価のイメージ〗

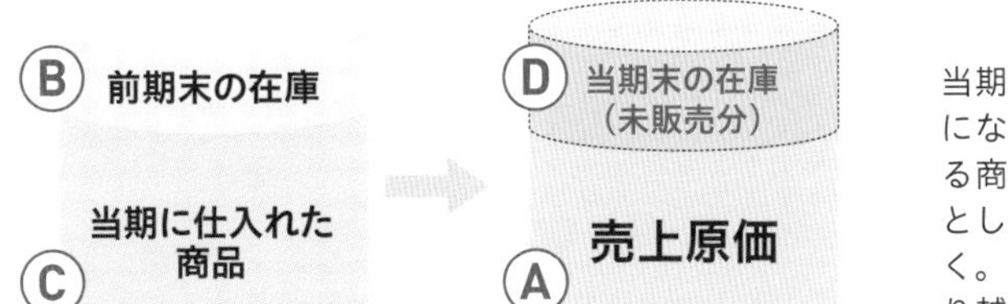

当期末の在庫は、当期中に売上にならず、次期以降に売上になる商品と考え、当期中の仕入高として計算しないように差し引く。翌年は、前期末の在庫を繰り越して計算する。

棚卸で使う書類（記入例）

〖棚卸表〗

棚卸表（商品貼付用） ○年 12 月 31 日		棚卸表（集計用） ○年 12 月 31 日	
品名	ウーロン茶	品名	ウーロン茶
単価	150 円	単価	150 円
数量	24	数量	24
備考	No.	備考	No.

〔書き方の手順〕

(1) 在庫を段ボール１箱単位で、品名、単価、数量などを確認し、左右両方の棚卸表に記入する。

(2) 棚卸表を切り離し、確認した箱に「商品貼付用」を貼りつけ、「集計用」は手元に残して集計に使用する。

〖棚卸集計表〗

○/12/31

商品名	数量	単価	金額	摘要
美味手打ち麺	100	200	20,000	
合計			520,000	

❶ 在庫の商品名、単価、数量、金額を記録し、集計する。

❷ 仕入れたときの単価はそのまま記入せず、選んだ評価方法➡P134にもとづいて計算する。

05 棚卸商品の評価方法を選択する

棚卸商品はどの評価方法にするか選べる

棚卸をして売上原価を計算するときに注意したいのは、在庫となった当期の棚卸商品の単価は、仕入れたときの金額そのままではないという点です。たとえば、同じ商品でも仕入時期が違うと仕入金額が変わっていることがあります。また適切な販売時期を逃し、商品価値が下がっているケースもあります。

つまり、仕入れた商品を、いつどのような基準で評価するかで、単価は大きく変わります。そのため、棚卸資産の評価方法は、いくつかの方法の中から選択できるようになっています。

棚卸の評価方法は、大きく2つに分かれます➡右ページ上図。ひとつは原価法といって、仕入原価を基準にした方法です。原価法はさらに6種類に分かれます。もうひとつは低価法です。簡単にいえば、評価の中で1番低い価額を単価にできるというもので、青色申告する人だけが選択できます。

仕入単価が低くなると、それだけ当期の利益が増えることになります。また次期に値下げして販売するときにも、損失を低く抑えることができます。

ただし、評価方法を選ぶときは、その決算の確定申告期限（3月15日）までに「所得税の棚卸資産の評価方法の届出書」を提出する必要があります。もし届出をしなければ「最終仕入原価法」で評価します。低価法も活用したいものの、初心者の場合、計算が1番簡単な「最終仕入原価法」がおすすめです。

棚卸が終わったら棚卸高を仕訳する

棚卸資産を評価して計算したものが当期の「***期末商品棚卸高**」になり、売上原価から控除されます。決算整理仕訳では、相手科目を「商品」（棚卸資産）にして仕訳します。

なお、2年目以降に行う決算整理仕訳の場合は、当期分の仕訳の前に、前期末から繰り越した在庫分である「期首商品棚卸高」（前期の「期末商品棚卸高」と同じ金額）もあわせて記入しておきます➡右ページ下図。次期はこの金額が期首商品棚卸高になります。

*期末商品棚卸高…棚卸の決算整理仕訳で使用する、費用の勘定科目。資産「棚卸資産」の勘定科目と同じ数値になるため、決算書では損益計算書と貸借対照表の両方に記入することになる。

棚卸資産の評価方法

棚卸資産は、大きく分けて原価法と低価法の2つ。特に希望がなく、税務署への届出がなければ「最終仕入原価法」で計算する。

●**最終仕入原価法** 商品ごとに年度内最後に仕入れた単価で評価する。評価の中で1番計算が簡単。

計算式 **年度末の仕入の単価 × 年度末の在庫数**

そのほかの原価法の種類

●**個別法**
個々のそのつどの取得価額で評価する。

●**先入先出法**
先に仕入れたものから売れたと仮定した考え方で評価する。

●**総平均法**
仕入総額（前期からの繰越分も含む）を総数量で割った平均単価で評価する。

●**移動平均法**
仕入をするたびに、平均単価を計算して評価する。

●**売価還元法**
期末在庫商品の売価の総額に一定の原価率を掛ける計算をして評価する。

❷低価法 原価法のそれぞれの評価額と、期末（12月31日）時点の時価のいずれか低いほうの価額を単価にする。青色申告のときのみ選べる。

棚卸の決算整理仕訳

決算時に前期から繰り越した棚卸高と、当期の棚卸高（上図の評価方法で在庫を計算した金額）を仕訳する。

仕訳例 【前期分の在庫】決算のために前期末から繰り越した50,000円分の商品を、「期首商品棚卸高」へ振り替えた。

借方		貸方	
期首商品棚卸高	50,000	商品（棚卸資産）	50,000

前期末の在庫は、当期の在庫として繰り越される。

仕訳例 【当期分の在庫】決算のための棚卸の確認で、当期の在庫商品が80,000円分あった。

借方		貸方	
期首商品棚卸高	80,000	商品（棚卸資産）	80,000

次期の決算時は、「期首商品棚卸高」として仕訳する。

06 減価償却で固定資産を経費にする

価値が目減りする固定資産を経費にする

1年以上の長期間にわたって使う資産、たとえば仕事で使う自動車、机やパソコンなどの備品は、固定資産に分けられます。固定資産は、購入したときに資産グループの「工具器具備品」などの勘定科目を使い、売却するなど、なくなるまで計上し続けます。

固定資産の多くは年月が経つにつれて劣化したり、仕様が古くなったりして価値が下がっていくものです。

そのため、固定資産は購入（使用）した年に一括で経費にするのではなく、使用する期間、その年ごとに少しずつ経費として計算をする「減価償却」という方法を行います。

これは、決算のときに固定資産の*法定耐用年数などに応じて、購入のために使った費用を一定期間のうちに小分けにして経費として計上し、同時に資産としての価額（相当する価値の金額）を減らしていく処理になります。これが減価償却です。減価償却の対象になるもの（減価償却資産）は、使用可能期間が1年以上で、1組10万円以上のものになります。

使用価値が減ることのない土地などは減価償却の対象にはなりません➡下図。

減価償却できないおもな固定資産

使用価値が目減りしないもの

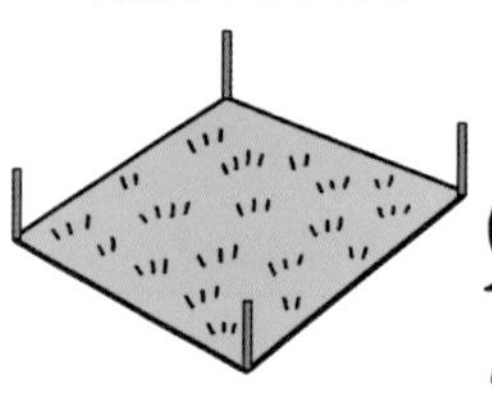

土地など

将来返還されるもの

賃貸物件の敷金や保証金

販売目的のもの

販売予定の物件や商材

少額のもの

1年で全額を経費にできてしまう10万円未満のもの

*法定耐用年数…減価償却する資産にかかった費用を経費として計上する期間のことで、固定資産ごとに違う。おもな固定資産の法定耐用年数は➡P152。

固定資産は数年かけて経費にする

例　20万円のパソコン（サーバー用を除く）を、丸４年かけて減価償却する場合。

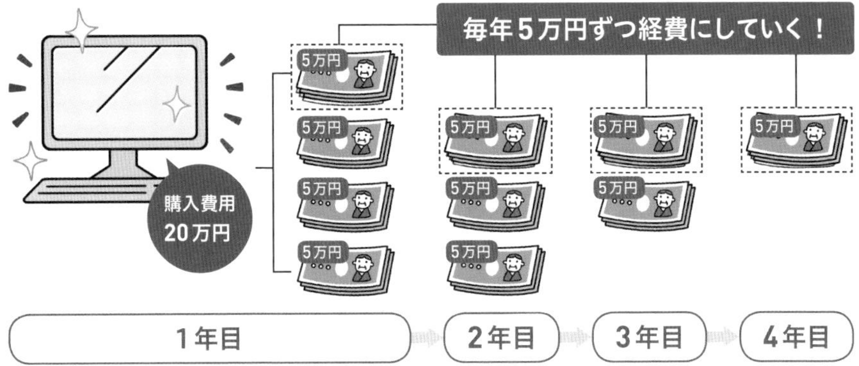

パソコン（サーバー用を除く）の場合、法定耐用年数は４年のため、４年かけて減価償却して経費に計上していく。

20万円未満なら3年間で均等に償却する方法もある

購入価額が10万円以上20万円未満の固定資産であれば、通常の減価償却とは別のやり方として「一括償却資産」として処理することもできます。

「一括償却資産」は、購入日や法定耐用年数に関係なく、３年間で均等に償却する方法です。たとえば応接セット（法定耐用年数５年）を18万円で購入したら、通常は５年で償却するところを１年目６万円、２年目６万円、３年目６万円で経費にできるのです。一括償却資産には固定資産税がかからないというメリットもあります。なお、青色申告でも、白色申告でも、ともに一括償却資産を選べます。

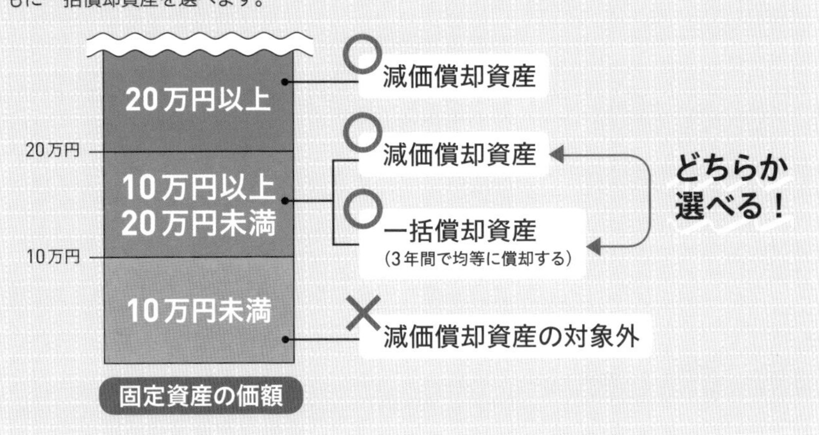

07 定額法で減価償却費を計算する

減価償却の方法は定額法と定率法がある

減価償却費として経費に計上する方法は、２種類あります。

ひとつは、毎年一定額を経費にする定額法。もうひとつは、毎年一定の割合で計算した額を経費にしていく定率法です。個人事業主では、計算方法が簡単で、届出の必要のない定額法で計上する方法が一般的です。

定率法は毎年、一定率の＊**償却率**をかけて計算します。しくみを簡単にいえば、最初の年の償却費が１番多くなり、その後は年々償却費が少なくなるというものですが、計算自体は少し複雑です。さらに、「所得税の減価償却資産の償却方法の届出書」を税務署に届け出なければなりません。また、建物やパソコンのソフトなどに対しては利用できません。利益が予想以上に出たなど、購入年に経費を多く計上する必要がなければ、定額法を選択するのがおすすめです。

なお、固定資産は固定資産台帳で管理➡右ページすると、減価償却費の計算をするときに便利です。

減価償却費の２種類の計算方法

〚定額法〛

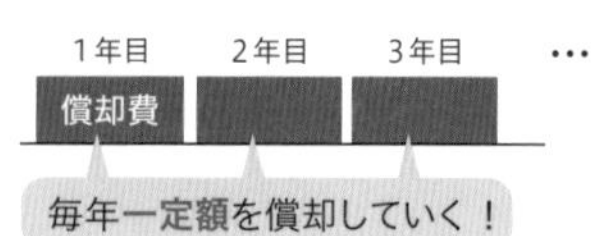

➡当期の減価償却費の計算式

購入価額 × 定額法償却率 × $\frac{\text{その年の使用月数}}{\text{12か月}}$

法定耐用年数内に定額で償却していく。

〚定率法〛

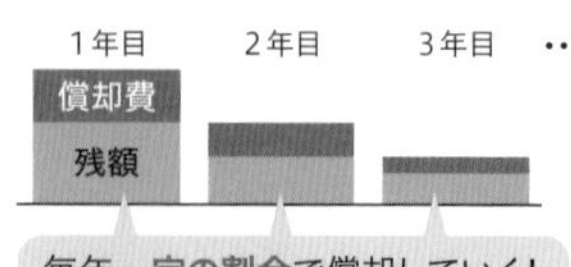

➡当期の減価償却費の計算式

（購入価額 − 減価償却費の累計額）× 定率法償却率 × $\frac{\text{その年の使用月数}}{\text{12か月}}$

法定耐用年数内に、減価償却できる残額に対して定率で償却していく。

＊償却率…法定耐用年数内で償却できるように設定された償却する分の割合。定額法なら、法定耐用年数で１となるように設定されている。たとえば、法定耐用年数５年なら0.2（0.2×５年＝１）。

減価償却の決算整理仕訳（定額法の場合）

減価償却資産は取得時に資産の勘定科目で仕訳し、決算時にその年ごとに減価償却する。

仕訳例 7月にAデンキから200,000円で購入した防犯カメラ（法定耐用年数5年、定額法償却率0.2）を、減価償却していく（2年目までの例）。

STEP 1 【購入時】200,000円で防犯カメラを購入した。

借方		貸方		摘要
工具器具備品	200,000	普通預金	200,000	Aデンキ　防犯カメラ

STEP 2 【1年目決算時】1年目の分を減価償却した。

〈減価償却費　200,000円 × 0.2 × 6か月／12か月 ＝ 20,000円〉

借方		貸方		摘要
減価償却費	20,000	工具器具備品	20,000	当期償却費計上

経費の「減価償却費」は20,000円の計算。

資産の「工具器具備品」は200,000円−20,000円＝180,000円になる。

STEP 3 【2年目決算時】2年目の分を減価償却した。

〈減価償却費　200,000円 × 0.2 × 12か月／12か月 ＝ 40,000円〉

借方		貸方		摘要
減価償却費	40,000	工具器具備品	40,000	当期償却費計上

経費の「減価償却費」は40,000円の計算。

資産の「工具器具備品」は180,000円−40,000円＝140,000円になる。

3年目以降の決算でも、同じように計算して仕訳する！

固定資産台帳の書き方

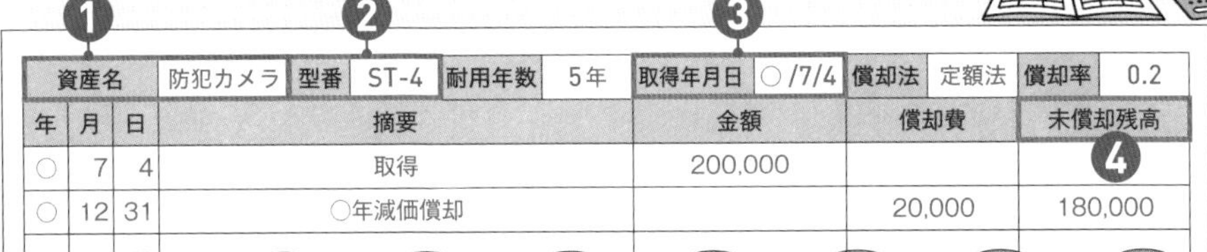

資産名 ❶	防犯カメラ	型番 ❷	ST-4	耐用年数	5年	取得年月日 ❸	○/7/4	償却法	定額法	償却率	0.2

年	月	日	摘要	金額	償却費	未償却残高 ❹
○	7	4	取得	200,000		
○	12	31	○年減価償却		20,000	180,000

❶ 固定資産台帳は決まった形式はないが、各資産ごとに作成するのがよい。

❷ 資産名が同じものだと、どの資産か特定しにくいので、型番を記載しておくとよい。

❸ 事業に使用した日を記入する。購入した日に使い始めたときには、同じ日が入る。

❹ 償却は1円まで行い、その後も保有する場合、未償却残高欄に「1」を計上しておく。

08 取引先の貸倒れに備える

回収できないときの対策が貸倒引当金

当期の売上としたけれど、まだ入金されていないときは「売掛金」で計上されています。しかし、売掛金が必ずしも入金されるとは限りません。万一相手先が倒産してしまったような場合、売掛金の回収ができないこともあります。これを「貸倒れ」といいます。

こういったときの対策として、決算時には、「貸倒引当金」として経費に*繰入れることが認められています。貸倒引当金とは将来の損失に備えて準備する金額のことです。つまり、あらかじめ売掛金の損失の一部を費用として計上しておくのです。

一括評価を選べるのは青色申告者だけ

貸倒引当金の処理でよく使われる方法は、当期の売掛金と受取手形の総額の5.5%（金融業は3.3%）を上限にして費用に計上するというものです。これを一括評価といい、貸倒れしそうな相手先を特定しない方法になります。

また、実際に特定の相手先が倒産してほぼ貸倒れすると見込まれるときは、個別評価といって、その相手先の売掛金の50%～全額を貸倒引当金として繰入れることができます。ただし、この個別評価にするときは、「個別評価による貸倒引当金に関する明細書」を確定申告書に添付して、さらには相手先の債務超過や倒産を裏づけることができる書類もそろえておかなければなりません。

白色申告の場合、貸倒引当金にする条件は厳しいうえに個別評価しか選択できません。ですが、青色申告では、個別評価も一括評価も行うことができます。相手先が重ならなければ、同時に行うこともできます。

なお、貸倒れが起きずに売掛金を回収できたときや、次期にそのまま繰り越したときは、「洗い替え」といって、次期の決算のときにいったん同じ金額の貸倒引当金を戻入れします。

つまり、収益として計上することになります。そのため、２年を通して見ると、プラスとマイナスが生じることになります。

*繰入れ…もともと会計期間にあった仕訳ではなく、決算時に特別に引当金を計上するため、「繰入れ」という言葉を使う。なお、繰入れとは反対に、減少させるときは「戻入れ」という。

貸倒引当金になるものとならないものの例

債権には、貸倒引当金になるものとならないものがあるので注意しよう。

なるもの

- ○ 受取手形
- ○ 売掛金
- ○ 未収入金
- ○ 貸付金

ならないもの

- × 敷金
- × 保証金
- × 前払金
- × 仮払金

貸倒引当金の決算整理仕訳

当期に貸倒引当金を経費に繰入れして、次期に繰り越した場合は、貸倒引当金を戻入れする仕訳(洗い替え)をする。

決算時に貸倒引当金(30,000円)を一括評価で計上し、次期も20,000円を計上する場合。

STEP 1 【当期・決算時】貸倒引当金(30,000円)を一括評価で計上した。

借方		貸方		摘要
貸倒引当金繰入	30,000	貸倒引当金	30,000	貸倒引当金の繰入れ

費用になる。 負債(資産のマイナス勘定)になる。

STEP 2 【次期・決算時】いったん、前期の貸倒引当金を戻し入れる仕訳(洗い替え)をする。

借方		貸方		摘要
貸倒引当金	30,000	貸倒引当金戻入	30,000	貸倒引当金の戻入れ

収益になる。

STEP 3 【次期・決算時】その年用に再び貸倒引当金(20,000円)を計上する。

借方		貸方		摘要
貸倒引当金繰入	20,000	貸倒引当金	20,000	貸倒引当金の繰入れ

09 開業費など繰延資産の償却の仕方

支出の効果が将来に続くものは償却できる

当期中に支払いが終わっているものの、その効果が支出した期だけでなく将来的に続くものがあります。たとえば、開業準備のために特別に使った費用（「開業費」）です。事業を続けるために、新しい技術を習得したり特別な研究開発をしたりする必要があれば、そのために使う費用（「開発費」）も支出の効果が続くものといえます。これらの費用は、その期に全額を経費として処理してよいものです。一方、いったん繰延資産として資産に計上し、次期以降に繰延べて（数年にわたって小分けにして）経費にしていく方法（償却）も認められています。

繰延資産として計上できるものは限られていて、開業費、開発費のほかには*税務上特有の繰延資産だけです➡右ページ。償却できる期間も、その種類によって決められています。

なお、個人事業主の場合、20万円未満の税務上特有の繰延資産はその期に一括で経費にしてもよいことになっています。

開業費と開発費については償却期間が任意と認められているため、どの年にどのくらいの金額を処理するかは自分で決めてもかまいません。

繰延資産の種類によって勘定科目が変わる

繰延資産は、減価償却と同じように数年にわたって費用を償却するものなので、固定資産台帳➡P139で管理するのがよいでしょう。

繰延資産の計算も、青色申告決算書の３ページ目にある「減価償却費の計算」欄➡P149に記入します。

繰延資産の勘定科目の名前は、開業費や開発費の場合は「繰延資産」として償却時は「開業費償却」「開発費償却」、税務上特有の繰延資産の場合は「***長期前払費用償却**」とつけて処理するのが一般的です。

なお、開業費については、開業準備として特別に使った費用（「広告宣伝費」「市場調査費」など）も開業費として計上できます。ただし、これは開業前のものに限られています。

*税務上特有の繰延資産…所得税法で特別に認められたもので、所得税基本通達50-3にくわしく記載されている。なお、所得税基本通達は、国税庁のホームページで確認できる。

繰延資産の種類

	範囲	償却期間	勘定科目名
開業費	事業を開始するまでに、開業準備のために特別に支出した費用。	5年または任意	「繰延資産償却」または「開業費償却」
開発費	新しい技術や新しい組織の採用、資源開発、市場開拓のため特別に支出した費用。	5年または任意	「繰延資産償却」または「開発費償却」
税務上特有の繰延資産（20万円未満は対象外なので一括で経費にする）	共同施設の負担金など。	5年	「長期前払費用償却」
	建物の権利金など。	建物の耐用年数の70%	
	ノウハウの権利金など。	5年	
	同業者団体の加入金など。	5年	

繰延資産と決算整理仕訳

繰延資産は償却しない場合と、毎年償却していく場合とで仕訳の方法が変わる。

仕訳例① 開業費750,000円を開業時に計上し、経費にしない場合。

借方	貸方	摘要
開業費 750,000	現金 750,000	開業準備費用

仕訳例② 開業費750,000円を次期以降に繰延べして償却（経費にする）していく場合。

STEP 1 【開業時（償却前）】開業費750,000円を計上した。

借方	貸方	摘要
開業費 750,000	現金 750,000	開業準備費用

STEP 2 【決算時（償却後）】開業費750,000円のうち、150,000円を償却した（開業費の残高は600,000円になる）。

借方	貸方	摘要
開業費償却 150,000	開業費 150,000	開業費を償却

つまり **毎年償却していく場合は、決算整理仕訳をする！**

KEY WORD *長期前払費用償却…役務の提供が継続して1年以上になるものや、サービスの効果が1年以上にわたるものの経費の勘定科目。税法上特有の繰延資産の勘定科目になる。

10 決算書を作る前に精算表で整理する

決算整理で修正後、精算表で整理する

決算の作業が終わったら、青色申告決算書に記入する前に、12月末で締めた残高試算表に、決算整理の修正欄を加えた*精算表➡右ページを作成して整理しておきましょう。決算時に行った処理を記入して、その修正を反映させていくと、決算書である損益(そんえき)計算書と貸借(たいしゃく)対照表が完成します。

また、この章で説明した決算整理のほか、家賃・光熱費などの按分(あんぶん)計算を行う➡P156場合は、その修正も必要です。

事業主借と事業主貸は決算後に相殺する

決算のとき、「事業主借」と「事業主貸」は1年分の金額をそのまま書き写しましょう。

ただし、決算後、次期（翌年）に繰り越すときには事業主借と事業主貸を相殺し、事業主借がプラスになった場合は、その分を「元入金」に組み込む特別な処理をします。反対に、事業主貸がプラスになった場合は、その分を元入金から差し引きます。元入金には所得金額も合計します。その金額が次期開始時の残高になります。

経理のちょいテク　少額の帳尻合わせは「事業主借」「事業主貸」で

「現金出納(すいとう)帳の残高と手元にある現金の金額とがどうしても合わない」というケースが出てくることがあります。これがレジなどの業務用のお金でなく、プライベート資金とのやりとりでうっかり記帳し忘れたような場合は、「事業主借」、「事業主貸」を使って調整します。

ただし、あくまでもズレが少額の場合の対策です。多額のズレがある場合は、その原因を探り、決算で改めて仕訳をしましょう。

帳簿よりも手元のお金が多いときは「事業主借」で調整
借
個人のお金
事業主のお金
貸
帳簿よりも手元のお金が少ないときは「事業主貸」で調整

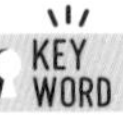
KEY WORD

*精算表…決算書を作るときに、決算整理での修正がわかるようにするためのもの。1月～12月の月次残高試算表➡P90だけでは決算整理での修正ができていないために作る。

精算表(記入例)

❶ 12月末の残高試算表の金額を記入する。

❷ 決算整理仕訳の金額を記入する。

❸ 「残高試算表」欄と「決算整理」欄とで修正の計算をする。
●借方同士、貸方同士ならプラスする。
●借方、貸方が異なるなら、残高試算表のほうの金額からマイナスする。

勘定科目	残高試算表		決算整理		損益計算書		貸借対照表	
	借方	貸方	借方	貸方	借方	貸方	借方	貸方
現金	21,000						21,000	
普通預金	967,050						967,050	
売掛金	390,000		20,000				410,000	
棚卸資産	100,000		120,000	100,000			120,000	
前払金								
工具器具備品	350,000			52,500			297,500	
敷金・保証金	200,000						200,000	
開業費	673,500						673,500	
事業主貸	1,377,000						1,377,000	
買掛金				50,000				50,000
未払金		282,000						282,000
預り金		15,000						15,000
貸倒引当金								
事業主借		899,550						899,550
元入金		600,000						600,000
売上高		6,030,000		20,000		6,050,000		
雑収入								
家事消費								
仕入高	2,336,500		150,000	120,000	2,366,500			
給与賃金	700,500				700,500			
租税公課	4,000				4,000			
水道光熱費	322,000				322,000			
旅費交通費	199,000				199,000			
通信費	68,000				68,000			
接待交際費	118,000				118,000			
専従者給与								
	7,826,550	7,826,550						
減価償却費			52,500		52,500			
当期純利益					2,219,500			2,219,500
			342,500	342,500	6,050,000	6,050,000	4,066,050	4,066,050

❹ 修正の計算を反映させて、費用グループは借方に、収益グループは貸方に記入する。

❺ 修正の計算を反映させて、資産グループは借方に、負債と資本グループは貸方に記入する。

❻ 「損益計算書」欄と「貸借対照表」欄の当期純利益の金額は一致する。

青色申告決算書の作成と記入のポイント

青色申告決算書は「一般用」を使う

決算整理を終えて修正をしたら、青色申告決算書（以下、決算書といいます）を作成しましょう。青色申告事業者の届出➡P36をしていれば、青色申告と確定申告の案内が郵送されてきます。決算書の記入用紙は国税庁のホームページからも用紙をダウンロードすることができます。

決算書にはいくつかの種類がありますが、個人事業主は「一般用」と書かれたものを使います。決算書は4ページ1セットで、税務署に提出する「提出用」（カラー）と自分で保管しておく「控用」（モノクロ）があります。

決算書は国税庁のホームページを利用する

国税庁のホームページ内にある「確定申告書等作成コーナー」で、決算書を作成すると便利です。ホームページの「青色申告決算書作成」を選んで、画面上で金額を入力し、最後にプリントアウトすると完成します。国税電子申告・納税システム（e-Tax）に登録していれば、画面上で入力してそのままデータ送信することもできます➡P200。

なお、青色申告に対応した会計ソフトで入力していれば、決算整理の操作をしたときに自動的に決算書を作成してくれます。

青色申告決算書作成に役立つ国税庁のホームページ

国税庁
ホームページ
（https://www.nta.go.jp）

決算書を手書きで記入

国税庁のホームページから決算書をダウンロードし、印刷して記入する。

または

決算書を画面上で入力

国税庁のホームページの「確定申告書等作成コーナー」で作成する。

青色申告決算書４枚の構成

青色申告決算書の１枚目が損益計算書、４枚目が貸借対照表になっている。

1枚目 損益計算書 ➡P150

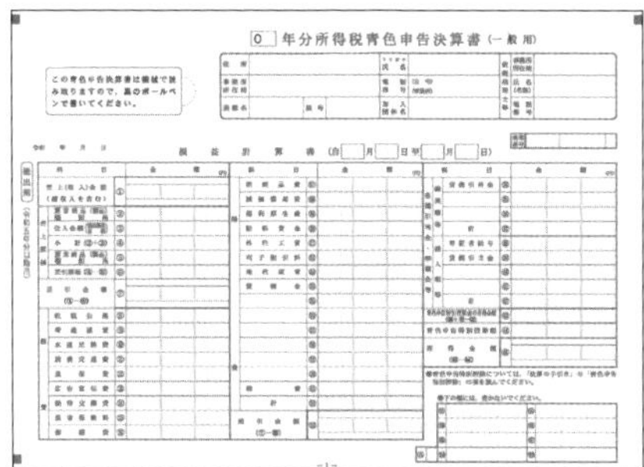
0 年分所得税青色申告決算書（一般用）

１年間でどれだけ売上があり、費用がいくらかかったかを記入する決算書。所得金額も記入する。

2枚目 損益計算書の内訳① ➡P148

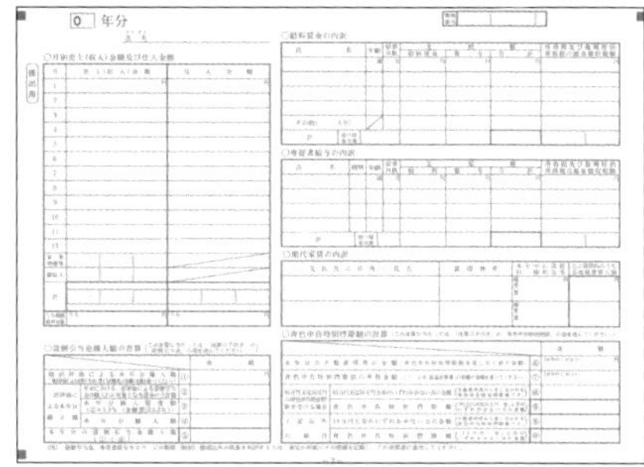

１枚目の損益計算書の詳細を記入する決算書（月別売上・仕入、給与賃金、青色申告特別控除額など）。

3枚目 損益計算書の内訳② ➡P149

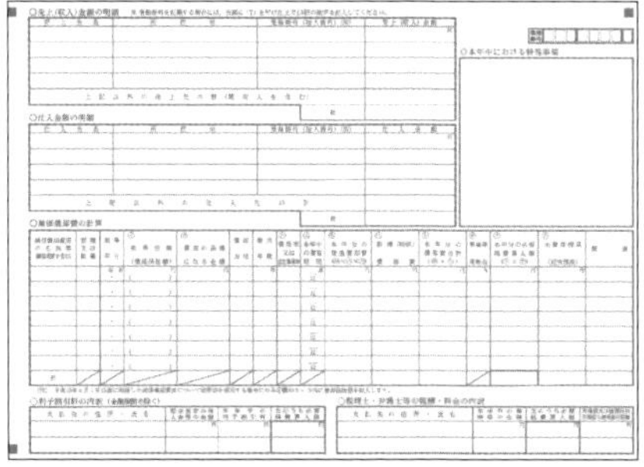

１枚目の損益計算書の詳細を記入する決算書（減価償却費、地代家賃など）。

4枚目 貸借対照表 ➡P151

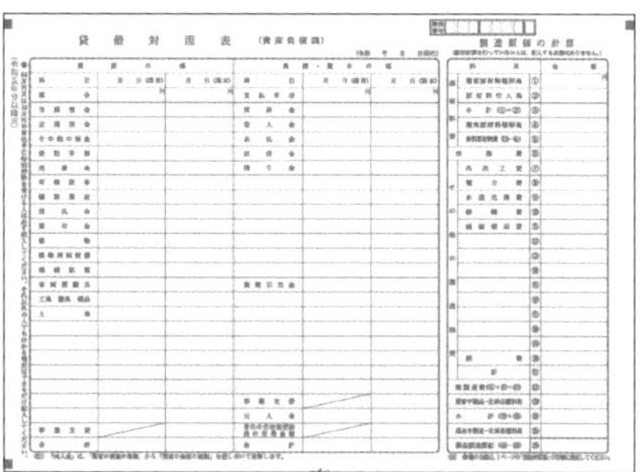
貸借対照表（資産負債調）

現金、売掛金、資産はどれくらいあり、借入金などはどれだけあるのか、事業の財務状態を記入する決算書（10万円特別控除のときは不要）。

スムーズな決算書作成の順序

損益計算書の内訳になる２枚目、３枚目を記入し、次に１枚目、４枚目を記入していくとよい。

1 **損益計算書の内訳を作成する**（2枚目と3枚目を記入）

2 **損益計算書を作成する**（1枚目を記入）

3 **貸借対照表を作成する**（4枚目を記入）

青色申告決算書　２枚目の記入のポイント

損益計算書の内訳①

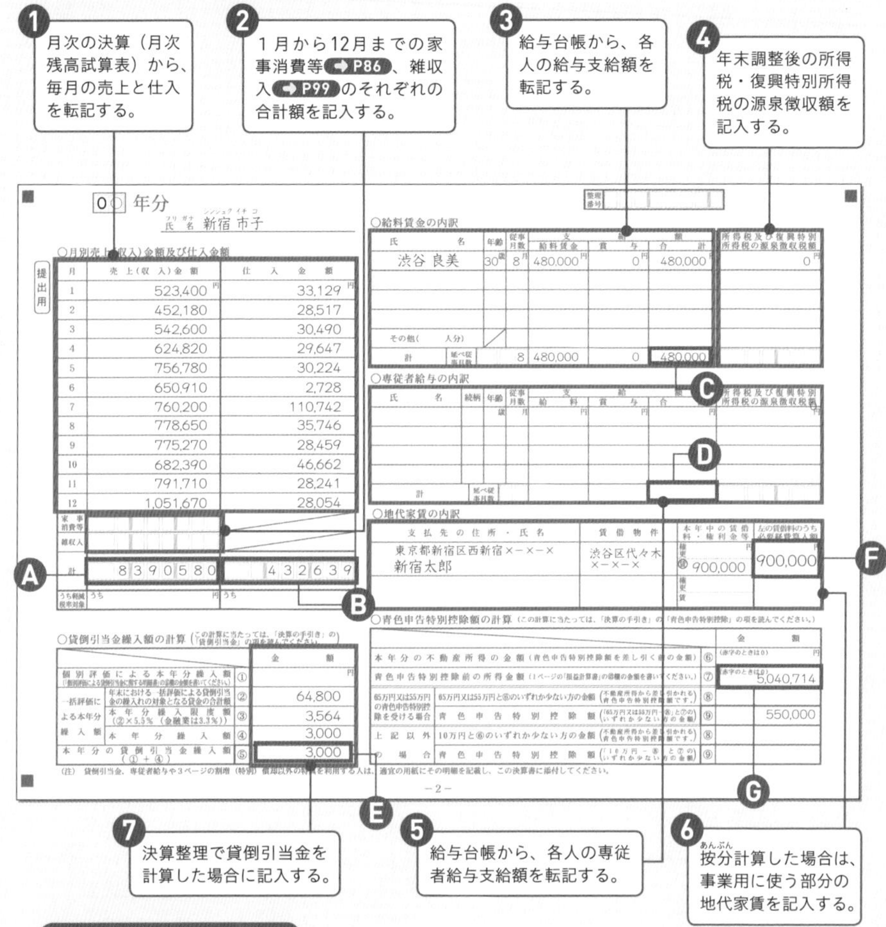

1 月次の決算（月次残高試算表）から、毎月の売上と仕入を転記する。
2 １月から12月までの家事消費等 ➡P86、雑収入 ➡P99 のそれぞれの合計額を記入する。
3 給与台帳から、各人の給与支給額を転記する。
4 年末調整後の所得税・復興特別所得税の源泉徴収額を記入する。
5 給与台帳から、各人の専従者給与支給額を転記する。
6 按分（あんぶん）計算した場合は、事業用に使う部分の地代家賃を記入する。
7 決算整理で貸倒引当金を計算した場合に記入する。
A
B
C
D
E
F
G

〇〇 年分

氏名 新宿 市子（シンジュク イチコ）

提出用

○月別売上（収入）金額及び仕入金額

月	売上（収入）金額	仕入金額
1	523,400 円	33,129 円
2	452,180	28,517
3	542,600	30,490
4	624,820	29,647
5	756,780	30,224
6	650,910	2,728
7	760,200	110,742
8	778,650	35,746
9	775,270	28,459
10	682,390	46,662
11	791,710	28,241
12	1,051,670	28,054
家事消費等		
雑収入		
計	8390580	432639
うち軽減税率対象	うち　円	うち

○給料賃金の内訳

氏名	年齢	従事月数	給料賃金	賞与	合計	所得税及び復興特別所得税の源泉徴収税額
渋谷 良美	30歳	8月	480,000 円	0 円	480,000 円	0 円
その他（　人分）						
計	延べ従事月数	8	480,000	0	480,000	

○専従者給与の内訳

氏名	続柄	年齢	従事月数	給料	賞与	合計	所得税及び復興特別所得税の源泉徴収税額
		歳	月	円	円	円	円
計			延べ従事月数				

○地代家賃の内訳

支払先の住所・氏名	賃借物件	本年中の賃借料・権利金等	左の賃借料のうち必要経費算入額
東京都新宿区西新宿×−×−× 新宿太郎	渋谷区代々木×−×−×	更 賃 900,000 円	900,000 円

○貸倒引当金繰入額の計算

			金額
個別評価による本年分繰入額		①	円
一括評価による本年分繰入額	年末における一括評価による貸倒引当金の繰入れの対象となる貸金の合計額	②	64,800
	本年分繰入限度額（②×5.5％（金融業は3.3％））	③	3,564
	本年分繰入額	④	3,000
本年分の貸倒引当金繰入額（①＋④）		⑤	3,000

○青色申告特別控除額の計算

			金額
本年分の不動産所得の金額		⑥	円
青色申告特別控除前の所得金額		⑦	5,040,714
65万円又は55万円の青色申告特別控除を受ける場合	65万円又は55万円と⑥のいずれか少ない方の金額	⑧	
	青色申告特別控除額	⑨	550,000
上記以外の場合	10万円と⑥のいずれか少ない方の金額	⑧	
	青色申告特別控除額	⑨	

（注）貸倒引当金、専従者給与や３ページの割増（特別）償却以外の特典を利用する人は、適宜の用紙にその明細を記載し、この決算書に添付してください。

−２−

ほかの決算書との関係

- A 1枚目「①売上（収入）金額」へと転記する。
- B 1枚目「③仕入金額」へと転記する。
- C 1枚目「⑳給料賃金」へと転記する。
- D 1枚目「㊳専従者給与」へと転記する。
- E 1枚目「㊴貸倒引当金」へと転記する。
- F 1枚目「㉓地代家賃」へと転記する。
- G 1枚目「㊸青色申告特別控除前の所得金額」から転記する。

青色申告決算書　3枚目の記入のポイント

損益計算書の内訳②

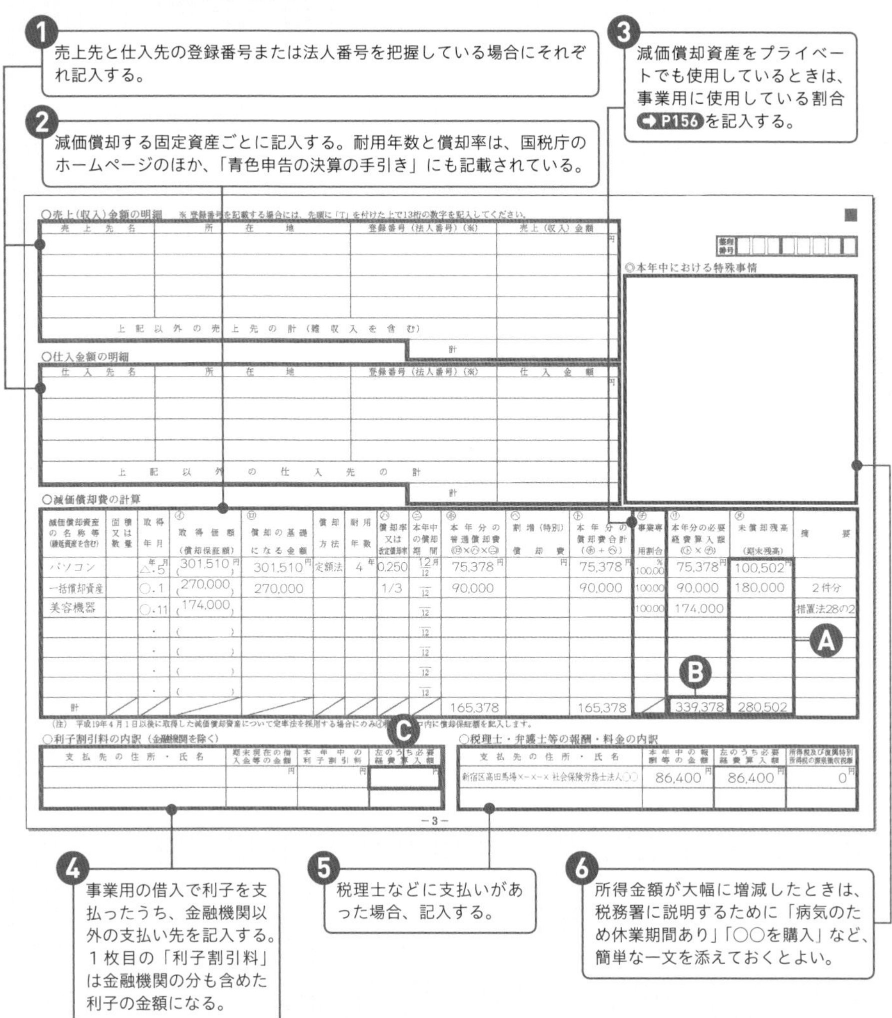

1 売上先と仕入先の登録番号または法人番号を把握している場合にそれぞれ記入する。

2 減価償却する固定資産ごとに記入する。耐用年数と償却率は、国税庁のホームページのほか、「青色申告の決算の手引き」にも記載されている。

3 減価償却資産をプライベートでも使用しているときは、事業用に使用している割合➡P156を記入する。

○売上（収入）金額の明細　※ 登録番号を記載する場合には、先頭に「T」を付けた上で13桁の数字を記入してください。

売上先名	所在地	登録番号（法人番号）（※）	売上（収入）金額
			円
上記以外の売上先の計（雑収入を含む）			
		計	

整理番号

◎本年中における特殊事情

○仕入金額の明細

仕入先名	所在地	登録番号（法人番号）（※）	仕入金額
			円
上記以外の仕入先の計			
		計	

○減価償却費の計算

減価償却資産の名称等（繰延資産を含む）	面積又は数量	取得年月	㋑取得価額（償却保証額）	㋺償却の基礎になる金額	償却方法	耐用年数	㋩償却率又は改定償却率	㊁本年中の償却期間	㋭本年分の普通償却費（㋺×㋩×㊁）	㋬割増（特別）償却費	㋣本年分の償却費合計（㋭＋㋬）	㋠事業専用割合	㋷本年分の必要経費算入額（㋣×㋠）	㋦未償却残高（期末残高）	摘要
パソコン		△.5 年月	301,510円 （　）	301,510円	定額法	4年	0.250	12/12月	75,378円	円	75,378円	100.00%	75,378円	100,502円	
一括償却資産		○.1	270,000 （　）	270,000			1/3	/12	90,000		90,000	100.00	90,000	180,000	2件分
美容機器		○.11	174,000 （　）					/12				100.00	174,000		措置法28の2
		・	（　）					/12							
		・	（　）					/12							
		・	（　）					/12							
		・	（　）					/12							
計									165,378		165,378		339,378	280,502	

（注）平成19年4月1日以後に取得した減価償却資産について定率法を採用する場合にのみ㋑[illegible]内に償却保証額を記入します。

○利子割引料の内訳（金融機関を除く）

支払先の住所・氏名	期末現在の借入金等の金額	本年中の利子割引料	左のうち必要経費算入額
	円	円	円

○税理士・弁護士等の報酬・料金の内訳

支払先の住所・氏名	本年中の報酬等の金額	左のうち必要経費算入額	所得税及び復興特別所得税の源泉徴収税額
新宿区高田馬場×－×－× 社会保険労務士法人○○	86,400円	86,400円	0円

－3－

A **B** **C**

4 事業用の借入で利子を支払ったうち、金融機関以外の支払い先を記入する。1枚目の「利子割引料」は金融機関の分も含めた利子の金額になる。

5 税理士などに支払いがあった場合、記入する。

6 所得金額が大幅に増減したときは、税務署に説明するために「病気のため休業期間あり」「○○を購入」など、簡単な一文を添えておくとよい。

ほかの決算書との関係

A 4枚目の貸借対照表のうち、当てはまる勘定科目へと転記する。

B 1枚目「⑱減価償却費」へと転記する。

C 1枚目「㉒利子割引料」へと転記する。

青色申告決算書　1枚目の記入のポイント

〘損益計算書〙

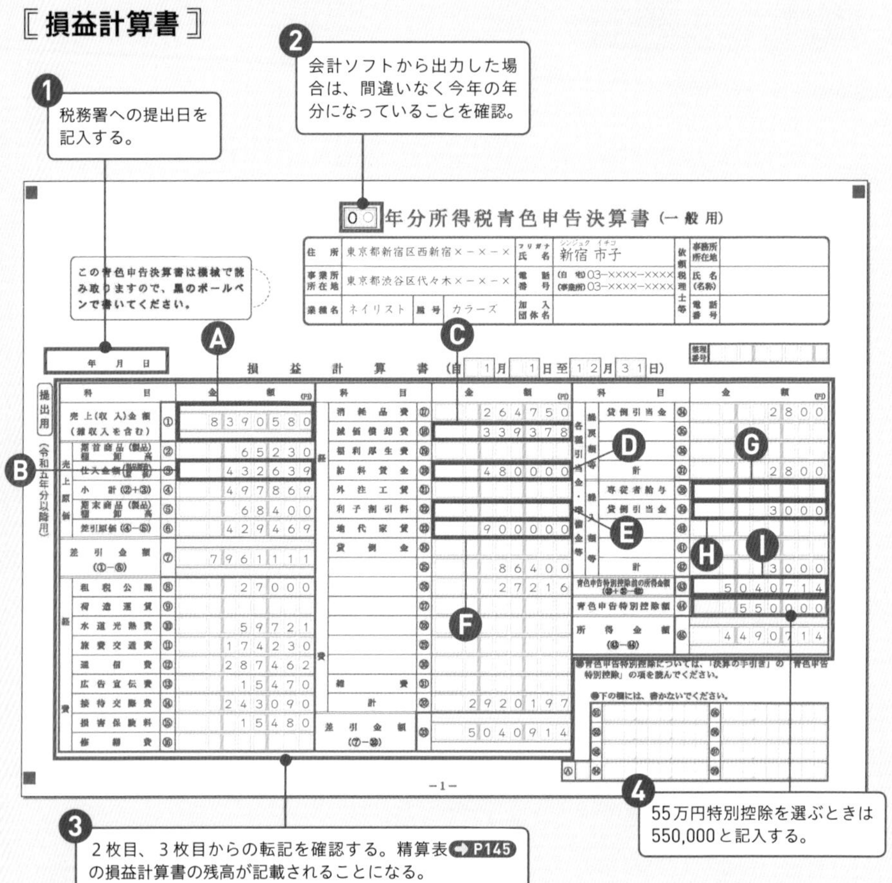

1 税務署への提出日を記入する。
2 会計ソフトから出力した場合は、間違いなく今年の年分になっていることを確認。
3 2枚目、3枚目からの転記を確認する。精算表 P145 の損益計算書の残高が記載されることになる。
4 55万円特別控除を選ぶときは550,000と記入する。
A
B
C
D
E
F
G
H
I

○○年分所得税青色申告決算書（一般用）

住所	東京都新宿区西新宿×−×−×	フリガナ 氏名	シンジュク イチコ 新宿 市子	依頼税理士等	事務所所在地	
事業所所在地	東京都渋谷区代々木×−×−×	電話番号	(自宅)03−××××−×××× (事業所)03−××××−××××		氏名（名称）	
業種名	ネイリスト	屋号	カラーズ	加入団体名		電話番号	

この青色申告決算書は機械で読み取りますので、黒のボールペンで書いてください。

年　月　日

提出用

（令和五年分以降用）

管理番号

損益計算書（自 1月 1日至 12月 31日）

科目		金額（円）	科目		金額（円）	科目		金額（円）
売上（収入）金額（雑収入を含む）	①	8390580	経費 消耗品費	⑰	264750	各種引当金・準備金等 繰戻額等 貸倒引当金	㉞	2800
売上原価 期首商品（製品）棚卸高	②	65230	減価償却費	⑱	339378		㉟	
仕入金額（製品製造原価）	③	432639	福利厚生費	⑲			㊱	
小計（②+③）	④	497869	給料賃金	⑳	480000	計	㊲	2800
期末商品（製品）棚卸高	⑤	68400	外注工賃	㉑		繰入額等 専従者給与	㊳	
差引原価（④−⑤）	⑥	429469	利子割引料	㉒		貸倒引当金	㊴	3000
差引金額（①−⑥）	⑦	7961111	地代家賃	㉓	900000		㊵	
経費 租税公課	⑧	27000	貸倒金	㉔			㊶	
荷造運賃	⑨			㉕	86400	計	㊷	3000
水道光熱費	⑩	59721		㉖	27216	青色申告特別控除前の所得金額（㉝+㊲−㊷）	㊸	5040714
旅費交通費	⑪	174230		㉗		青色申告特別控除額	㊹	550000
通信費	⑫	287462		㉘		所得金額（㊸−㊹）	㊺	4490714
広告宣伝費	⑬	15470		㉙				
接待交際費	⑭	243090		㉚				
損害保険料	⑮	15480	雑費	㉛				
修繕費	⑯		計	㉜	2920197			
			差引金額（⑦−㉜）	㉝	5040914			

※青色申告特別控除については、「決算の手引き」の「青色申告特別控除」の項を読んでください。

●下の欄には、書かないでください。

−1−

ほかの決算書との関係

- **A** 2枚目「売上（収入）金額」の合計額を転記する。
- **B** 2枚目「仕入金額」の合計額を転記する。
- **C** 3枚目「ⓡ本年分の必要経費算入額」から転記する。
- **D** 2枚目「給料賃金の内訳」の「支給額」の「合計」から転記する。
- **E** 3枚目「利子割引料の内訳」の右端の欄から転記する。
- **F** 2枚目「地代家賃の内訳」の右端の欄から転記する。
- **G** 2枚目「専従者給与の内訳」の「支給額」の「合計」から転記する。
- **H** 2枚目「貸倒引当金繰入額の計算」の⑤の欄から転記する。
- **I** 2枚目「青色申告特別控除額の計算」の⑦の欄から転記する。

青色申告決算書　4枚目の記入のポイント

〚貸借対照表〛

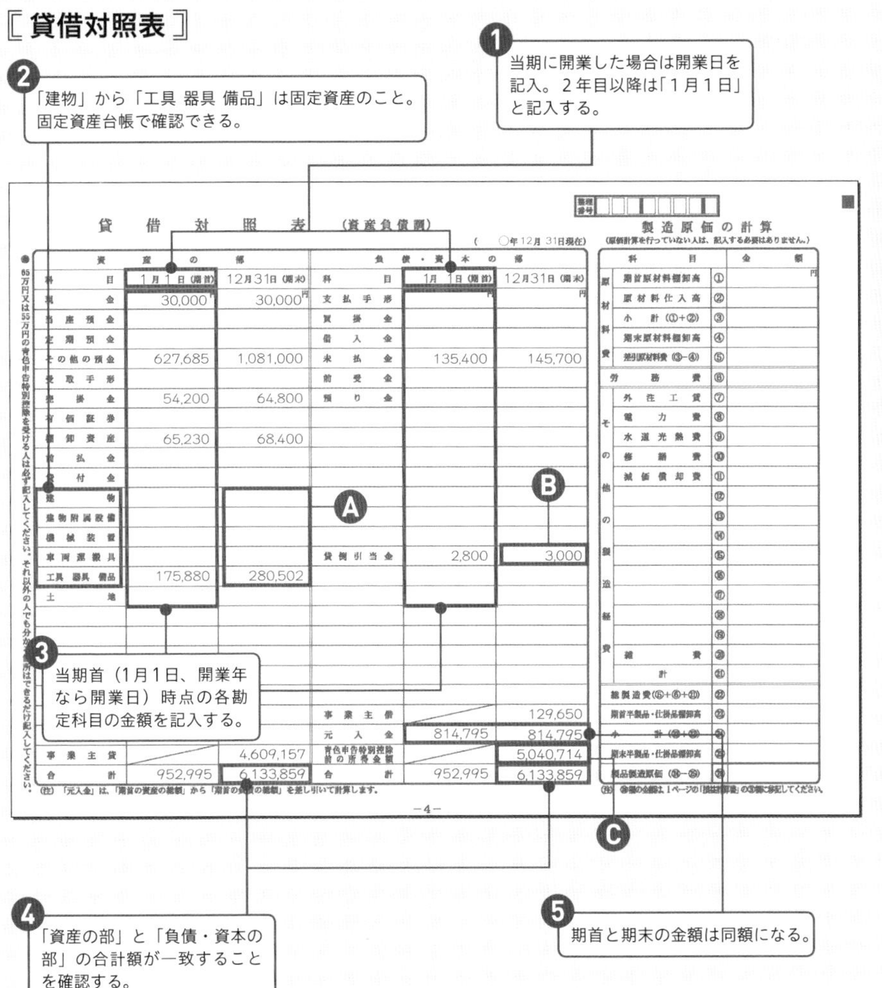

❶ 当期に開業した場合は開業日を記入。2年目以降は「1月1日」と記入する。
❷ 「建物」から「工具 器具 備品」は固定資産のこと。固定資産台帳で確認できる。
❸ 当期首（1月1日、開業年なら開業日）時点の各勘定科目の金額を記入する。
❹ 「資産の部」と「負債・資本の部」の合計額が一致することを確認する。
❺ 期首と期末の金額は同額になる。
A
B
C

貸　借　対　照　表　（資産負債調）

（　○年12月31日現在）

資産の部			負債・資本の部		
科目	1月1日（期首）	12月31日（期末）	科目	1月1日（期首）	12月31日（期末）
現金	30,000円	30,000円	支払手形	円	円
当座預金			買掛金		
定期預金			借入金		
その他の預金	627,685	1,081,000	未払金	135,400	145,700
受取手形			前受金		
売掛金	54,200	64,800	預り金		
有価証券					
棚卸資産	65,230	68,400			
前払金					
貸付金					
建物					
建物附属設備					
機械装置					
車両運搬具			貸倒引当金	2,800	3,000
工具 器具 備品	175,880	280,502			
土地					
			事業主借		129,650
			元入金	814,795	814,795
事業主貸		4,609,157	青色申告特別控除前の所得金額		5,040,714
合計	952,995	6,133,859	合計	952,995	6,133,859

（注）「元入金」は、「期首の資産の総額」から「期首の負債の総額」を差し引いて計算します。

●65万円又は55万円の青色申告特別控除を受ける人は必ず記入してください。それ以外の人でも分かる箇所はできるだけ記入してください。

整理番号

製造原価の計算

（原価計算を行っていない人は、記入する必要はありません。）

科目			金額
原材料費	期首原材料棚卸高	①	円
	原材料仕入高	②	
	小計（①+②）	③	
	期末原材料棚卸高	④	
	差引原材料費（③−④）	⑤	
労務費		⑥	
その他の製造経費	外注工賃	⑦	
	電力費	⑧	
	水道光熱費	⑨	
	修繕費	⑩	
	減価償却費	⑪	
		⑫	
		⑬	
		⑭	
		⑮	
		⑯	
		⑰	
		⑱	
		⑲	
	雑費	⑳	
	計	㉑	
総製造費（⑤+⑥+㉑）		㉒	
期首半製品・仕掛品棚卸高		㉓	
小計（㉒+㉓）		㉔	
期末半製品・仕掛品棚卸高		㉕	
製品製造原価（㉔−㉕）		㉖	

（注）㉖欄の金額は、1ページの「損益計算書」の③欄に移記してください。

−4−

ほかの決算書との関係

Ⓐ 3枚目「㊋未償却残高」から転記する。

Ⓑ 2枚目「貸倒引当金繰入額の計算」の⑤の欄から転記する。

Ⓒ 1枚目「㊸青色申告特別控除前の所得金額」から転記する。

参考

おもな固定資産の法定耐用年数

勘定科目	構造・用途	細目	耐用年数
建物	木造モルタル造のもの	事業所用のもの	22年
		居住用のもの	20年
	鉄骨鉄筋コンクリート造・鉄筋コンクリート造のもの	事業所用のもの	50年
		居住用のもの	47年
建物附属設備	電気設備、照明設備	蓄電池電源設備以外のもの	15年
	給排水・衛生設備、ガス設備		15年
	可動間仕切り・パーテーション工事	簡単なもの	3年
		そのほかのもの	15年
構築物	広告用のもの	金属製のもの	20年
		そのほかのもの	10年
車両運搬具	普通自動車（運送用以外）	小型車（総排気量が0.66ℓ以下）	4年
		上記以外	6年
	自転車		2年
	バイク・スクーター		3年
工具器具備品	応接セット	接客業用（飲食店など）	5年
		そのほかのもの	8年
	事務机、椅子、キャビネットなどの家具	金属製のもの	15年
		そのほかのもの	8年
	テレビ、レコーダーなど音響機器		5年
	パソコン	サーバー用を除く	4年
	冷房・暖房器具		6年
	理容・美容機器		5年
	電気冷蔵庫・洗濯機		6年
	カーテン		3年
	コピー機		5年

※中古資産の耐用年数は➡ P159。

6章

知ると得する節税テクニック

確定申告に備え、節税はやっぱり気になるもの。
ここでは経費の落とし方のほかに、
所得控除や税額控除などを使った王道の節税テクニックを
紹介します。日頃から事業を見直し、数字に強くなって、
あらゆる面から節税を心がけていきましょう。

01 私用の出費の中で経費にできるもの

「交際費」を利用できているかチェック

所得税の節税、つまり税金がかかる所得➡P30を減らすには、経費を漏れなくしっかりと積み上げるのが基本です。見落としがちな経費をチェックしていきましょう。

取引先と親交を深め、事業をスムーズに進める経費として活用したいのが「交際費」です。意外と知られていないのですが、個人事業主も交際費を経費にできます。

法人の場合は、経費として認められる交際費の金額に制限がありますが、個人事業主にはその制限はありません。たとえば、外注先などに打ち合わせで出向いた際に持参する手土産のほか、お中元・お歳暮、香典なども仕事の関係者に対してのものであれば認められます。

ただ、仕事に関係する支出であることは、きちんと証明できるようにしておく必要はあります。そのため、領収書を必ずもらっておき、さらに接待の日時や接待相手の所属や氏名をメモしておきましょう。

「旅費交通費」「支払利息」も見直してみよう

仕事での移動に使う「旅費交通費」も、場合によっては経費に組み込むことができるものがあります。それは視察旅行です。

たとえば、事業に関係のある打ち合わせの出張でプライベートの旅行部分が混ざっていたとしても、明らかな公私の区分ができれば経費として認められやすくなります。もちろん交通費の明細は記録して、ほかの領収書といっしょに保管する必要があります➡右ページ下「経理のちょいテク」。視察旅行のリポート（目的、行程表、現地の写真などをまとめたもの）なども、作成しておくとよいでしょう。

ほかにも、仕事の資金を目的として借りた借入金や分割払いのローンなどの利子も「支払利息」という立派な経費になります。プライベートの資金と合わせていっしょに借りた場合は、仕事用の割合を計算して、利子もその割合に準じて計算します。

見落としがちな経費をチェック！

意外に経費になるものもあるので、見落としがないかチェックしよう。

ポイント

□交際費

事業をスムーズに行うために得意先などに対する接待・交際の費用。

- 仕事にかかわるもの（接待ゴルフなど）もOK。
- 取引先への慶弔費・手土産代・お中元・お歳暮の費用もOK。

□旅費交通費

業務に必要な交通費・宿泊費、出張の日当など。

- 視察旅行・打ち合わせ・情報収集のための遠出などはOK。
- プライベート旅行が混ざっていたら業務部分と明らかに区分する。

□支払利息

事業資金の借入金や、経費のローンなどの利子。

- プライベート資金といっしょに借り入れた場合は、仕事の分の借入金も発生する利子も、それぞれ按分計算すればOK。

□修繕費

業務にかかる建物、備品、機械などの修理・メンテナンス費用。

- 保守・メンテナンス費用もOK。
- コピー機などのリース資産もOK。

支払利息の仕訳の仕方

仕訳例 事業用の借入金の当月返済分5万円と利子5,000円が、口座から引き落とされた。

借方		貸方		摘要
借入金	50,000	普通預金	55,000	元本返済分
支払利息	5,000			借入金利息

「旅費交通費」は交通費明細書を作成しておく

「旅費交通費」は、交通費明細書を作成して、ほかの証ひょう類➡P58とともに保管しましょう。日付と金額のほか、行き先、区間なども記録しておきます。

交通費明細書

○年　2月分

日付	業務・行先	区間	片道／往復	金額
2月3日	取引先・アメリカ社	田端ー有楽町	往復	340

02 自宅兼事務所の家賃を経費で処理

家賃は事業用の分を経費にできる

仕事場にも見落としがちな経費があります。仕事用で事務所を借りている場合、経費になるのは家賃と管理費だけではありません。事務所を借りたときの礼金や数年ごとに支払う更新料も、20万円未満であれば、その年に経費にすることができます➡下図。

また、事務所がなく、自宅で仕事をしているときは、仕事場として使っているスペース分は経費にすることができます。ただし、生活のためにも使用しているので、事業用の分を計算（*家事按分（あんぶん））する必要があります。

たとえば、家賃の総額のうち、事業スペースで使用した分は経費の「地代家賃」に組み入れることができます。

また、家賃だけでなく、仕事で使うインターネットなどの通信費や、事業用に兼用している自家用車のガソリン代なども、同じように按分計算して経費にできる場合があります。

家事按分の計算は決まった方法はありませんが、業務上必要である部分を明らかにすることができる場合に、必要経費とすることができます。その際、どれくらいの割合を仕事で使ったのか具体例➡右ページを税務署に説明する場面もあります。

賃貸まわりの出費の取扱いを確認

- **月々の家賃** ➡ **経費**「地代家賃」
- **仲介手数料** ➡ **経費**「支払手数料」
- **礼金・更新料** ➡ 20万円未満……**経費**「支払手数料」
  - ➡ 20万円以上……**資産** 税務上特有の繰延資産➡P142に。
  - **経費** 5年を限度に契約期間に応じて償却する。
- **敷金・保証金** ➡ **資産** 解約時に返還されるため、経費にはならない。

KEY WORD
*家事按分…事業用の経費とプライベートな支出とを分けて、割り振ること。按分計算には決まった基準はなく、事業の実態に応じて明らかに区分できる方法で計算する。

按分計算の具体例

家賃

例 面積から計算する場合。

（事業スペースの床面積÷総面積）

電話代

例 通信記録から計算する場合。

（1か月の事業用使用時間÷1か月の総使用時間）

自動車の燃料代

例 走行距離から計算する場合。

（1か月の業務用に使用した走行距離÷1か月の総走行距離）

家事按分の仕訳の仕方

家事按分の仕訳には、複数のやり方があるが、手間が少ないのは、下のように支払い時の仕訳を決算時にまとめて処理する方法。

仕訳例 **月々8,000円の「通信費」のうち、私用分を決算時にまとめて「事業主貸」に振り替えた。事業用割合は70%、私用割合は30%とした。**

STEP 1 【毎月の仕訳】8,000円が事業用の口座から引き落とされた。

借方	貸方	摘要
通信費 8,000	普通預金 8,000	インターネット接続料金

STEP 2 【決算時】「通信費」（12か月で96,000円）のうち、30%の私用割合（96,000円×30%＝28,800円）で決算整理仕訳した。

借方	貸方	摘要
事業主貸 28,800	通信費 28,800	決算整理仕訳

つまり **残った67,200円（96,000円−28,800円）が経費として帳簿に残る。**

03 減価償却資産は中古や購入時期を考える

仕事用には中古車のほうが得することも

自動車を仕事用に使う人は多いでしょう。自動車のような固定資産は減価償却➡P136することになりますが、このしくみを節税に活かす方法があります。結論から先にいえば、仕事用の自動車を購入するなら、新車よりも４年落ちの中古車が狙い目だといえます。その理由は、法定耐用年数➡P136にあります。

通常、自動車の法定耐用年数は６年です。つまり新車を買ったら、６年で減価償却することになります。

これが４年落ちの中古車の場合、中古資産の耐用年数の計算➡右ページをするので、耐用年数は２年になります。２年間で償却した場合、１年で中古車代金の半分も経費にできるということになります。

また、中古資産の耐用年数は１番短くても２年という決まりがあります。４年落ちのものから耐用年数２年の計算になるので、それ以上古くても、耐用年数は変わりません。つまり中古でも、比較的新しい４年落ちのものが最短で減価償却できるのでお得、と考えられるわけです。なお、自動車を購入するときは、ほかの費用も経費にすることができます➡右ページ。

減価償却資産を買うときは年初がおすすめ

減価償却できる固定資産を買うときは、その時期も実は重要です。というのも、減価償却を計算するときには、取得してから事業用に使い始めたその日が償却の計算をする基準の日になるからです。年の途中で買った場合は、使用した月の分で計算しなければなりません。

たとえば、６月末に買って７月の初めから使用した場合、決算時の使用月数はちょうど半年です。購入費を償却率で割って１年分の減価償却費を計算してから、さらに半分（６か月／12か月）になるので、その年の経費が減り、節税効果は半減してしまいます。

節税したい年には、なるべく年の初めに固定資産を買うのがおすすめだといえるでしょう。

中古資産の耐用年数の計算方法

〚中古資産の耐用年数の計算式〛

1年未満の端数は切り捨て。
2年に満たない場合は「2年」とする。

※経過年数がわからないときは、その構造、型式などから製作の時期を勘案して経過年数を適正に見積もる。

例 法定耐用年数が6年で、4年を経過している中古自動車の場合。

(6年 − 4年) + (4年 × 20%) = 2.8年

➡ 耐用年数は**2年**(端数切り捨て)

中古資産が法定耐用年数を過ぎているときの計算式

中古資産の耐用年数 = 法定耐用年数 × 20%

1年未満の端数は切り捨て。ただし、2年に満たない場合は「2年」とする。

自動車を購入したときの仕訳は？

自動車を購入するとき、同時にいろいろと費用が発生するので、どれをどの勘定科目で計上すればいいのか迷いやすいものです。車体価格は減価償却資産の「車両運搬具」、リサイクル預託金は将来返却される固定資産なので「差入保証金(保証金)」で計上します。自動車税は「租税公課」に、自賠責保険は「保険料」に、そのほかの諸費用は「支払手数料」にします。下取りで代金を相殺する場合は「事業主借」で計上しましょう。

仕訳例 自動車を購入したときの諸々の費用の仕訳。

借方		貸方		摘要
車両運搬具	1,944,000	現金	2,011,640	車両購入
租税公課	63,000	(諸口)		自動車税※1
保険料	25,000	(諸口)		自賠責保険
支払手数料	42,840	(諸口)		販売諸経費※2
差入保証金	5,000	(諸口)		リサイクル預託金
(諸口)		事業主借	68,200	売却車両　下取り

※1 取得税、重量税。　※2 検査、車庫証明、下取り代行費用など。

04 加入しておくと便利な「経営セーフティ共済」

掛金が全額経費になり返還される共済制度

あまり知られていませんが、経費を積み上げる節税方法のひとつとして、効果的に利用できる共済制度があります。それは、*中小機構が運営する「経営セーフティ共済（中小企業倒産防止共済）」です。

取引先が倒産したことによる連鎖倒産を防ぐために貸付を行う制度で、中小企業だけでなく、個人事業主も利用することができます。

この制度が節税という点で魅力的なのは、掛金を全額経費にできるからです。掛金は月額5,000円から20万円で設定できるので、年間で最大240万円を経費にできることになります。その掛金は積立金（総額800万円まで）となり、40か月以上加入した場合、利子はつかないものの、全額返還してもらうことができます。この制度では、解約手当金の95％を限度にして、低金利での一時貸付も行っています。ですから連鎖倒産防止のためだけではなく、一時的な事業資金の調達としても利用できます。

事業運営と節税に活かすための注意点は？

経営セーフティ共済を利用するときは、注意しておきたいこともあります。

ひとつは加入時期。継続して１年以上事業を行っている事業者が対象なので、開業したばかりでは加入できません。また、加入してから１年未満の間は一時貸付制度を利用できず、解約すれば掛け捨てになります。加入を考えるならなるべく早めに加入するほうがいいでしょう。

もうひとつは、解約したときの解約手当金は事業所得になることです。たとえば、解約手当金が500万円であれば、500万円を事業所得に計上します。不用意に解約すれば、その年の所得税が急に高くなり、それまでの節税対策をふいにしてしまいます。

解約をする前に、青色申告の赤字相殺（そうさい）をする➜P188、従業員を雇っていれば従業員の退職金に充てるなど、解約手当金をどのように使うか、あらかじめ決めておくとよいでしょう。

*中小機構…政府が出資する独立行政法人で、正式名称は中小企業基盤整備機構。中小企業の起業・成長・事業再生をサポートする。無料で経営相談を受けることなどもしている。

経営セーフティ共済のポイント

加入について

◎ おもな加入資格

◎1年以上、継続して事業を行っている中小企業・個人事業主。

× 加入できないおもなケース

×事業に関する経理内容が不明。

×所得税・法人税を滞納している。

×すでに共済契約者（重複加入ができない）。

×解約後1年経っていないときの再加入。

貸付制度について

共済金貸付の概要

取引先が倒産した場合、掛金総額の10倍か、売掛金債権などの金額のいずれか少ない金額を貸付。

一時貸付金の概要

必要な事業資金が生じた場合、解約手当金の最大95%を貸付。期間は1年。

掛金について

掛金月額

5,000円から20万円まで（5,000円単位）。

掛金のメリットなど

- 総額で800万円まで。
- 前納できる（前納での割引あり）。
- 個人事業主は経費に計上できる。

解約について

解約の方法

任意で解約できる。また、個人事業主が亡くなったとき、1年以上掛金の滞納が続いたときなどに機構側が解約する。

解約手当金

掛金納付月数が12か月以上39か月以内で、月数に応じ75%〜95%分受け取れる（40か月以上で任意解約の場合は100%）。

経営セーフティ共済の掛金の仕訳の仕方

経営セーフティ共済の掛金の支払いは、費用の勘定科目を使って仕訳する。

仕訳例 経営セーフティ共済の掛金50,000円を口座から支払った。

借方	貸方	摘要
保険料　50,000	普通預金　50,000	経営セーフティ共済掛金

勘定科目は「保険料」のほか、「損害保険料」「支払保険料」「共済掛金」などでもよい。

05 15種類の「所得控除」を理解して節税対策

使える所得控除の数は15種類！

所得税は、１年間の所得にかかる税金ですが、所得額がそのまま課税の対象となるわけではありません。

人はさまざまな事情を抱えています。扶養（ふよう）する家族がいる人、ひとり親で育児をしながら働いている人、災害にあって財産を失った人……。こういった納税者それぞれの個人的事情を考慮して、所得税額を軽減しようというしくみが所得控除です。

納税者がそれぞれの所得控除の*要件に当てはまる場合には、所得から各所得控除額を差し引きます。その残りの金額が、所得税の課税対象額になるのです。

所得控除は全部で15種類あり、大きく人的控除と物的控除の２つに分けられます➡右ページ。

人的控除は、納税者や家族など“人”に関して控除されるものです。このうち、所得を48万円差し引く*基礎控除は利用するための要件がなく、すべての納税者が利用できます。もうひとつの物的控除は、納税者の生活維持のために必要な支出を考慮したものです。

各所得控除の要件を知り、自分がその要件に当てはまる場合は漏れなく申告すると節税につながります。

所得に応じた基礎控除

所得に応じた基礎控除額については、下表の通り。

合計所得金額	基礎控除額
2,400万円以下	48万円
2,400万円超2,450万円以下	32万円
2,450万円超2,500万円以下	16万円
2,500万円超	-

KEY WORD *要件…必要な条件のこと。所得控除が適用されるためには、それぞれの所得控除の要件に当てはまらなければならない。

各所得控除のおもな要件をチェック！

使える所得控除は全部で15種類。利用できるものがないか、チェックしよう。

	種類	おもな要件	控除額
人的控除	基礎控除 ➡左ページ	要件なし。納税者全員に適用される。（所得制限あり）	上限 48 万円
人的控除	扶養控除 ➡P164	□生計を一にする16歳以上の親族がいる。 □該当する親族の年間所得48万円以下。 □納税者が扶養している。	38 万円～ 58 万円
人的控除	配偶者控除 ➡P165	□生計を一にする年間所得48万円以下の配偶者がいる。	上限 38 万円
人的控除	配偶者特別控除 ➡P164	□生計を一にする年間所得48万円超133万円以下の配偶者がいる。	上限 38 万円
人的控除	障害者控除 ➡P166	□本人が一定の障害者または扶養する配偶者や親族が障害者。	27 万円 （※特別障害者は40万円）
人的控除	寡婦控除 ➡P166	□夫と離婚し扶養親族（子以外）を有する者または夫と死別した者。 □本人の年間所得金額が500万円以下で事実婚は除く。	27 万円
人的控除	ひとり親控除 ➡P166	□現在婚姻しておらず本人の年間所得金額が500万円以下。 □生計を一にする年間所得48万円以下の子がいる。	35 万円
人的控除	勤労学生控除	□本人が特定の学校の学生で、所得が75万円以下で勤労以外での所得が10万円以下。	27 万円
物的控除	医療費控除 ➡P168	□本人、生計を一にする配偶者と親族の医療費を支払った場合。 （※医療費に対して受け取った保険金は差し引かれる）	A 医療費−10万円（※上限200万円） B 医療費−（合計所得×5%） （※総所得金額等が200万円未満の場合）
物的控除	生命保険料控除 ➡P172	□一般生命保険料、介護医療保険料、個人年金保険料を支払った場合。	上限 10 万円 （※2011年末までに保険を契約した場合） 上限 12 万円
物的控除	社会保険料控除 ➡P170	□社会保険料（国民年金保険料、国民健康保険料など）を支払った場合。	支払った金額の全額
物的控除	小規模企業共済等掛金控除 ➡P174	□小規模企業共済掛金を支払った場合。 （※そのほか、確定拠出年金に係る企業型年金加入者掛金、個人型年金加入者掛金、心身障害者扶養共済掛金を支払った場合）	支払った金額の全額
物的控除	雑損控除 ➡P176	□災害や盗難・横領などで財産を損失した場合。	A 差引損失額−（総所得金額等×10%） B 災害関連支出額−5万円 （※AかBの多いほう）
物的控除	地震保険料控除 ➡P172	□地震保険料を支払った場合。	上限 5 万円
物的控除	寄附金控除 ➡P176	□一定の要件を満たす寄附金を支出した場合。	特定寄附金額− 2,000 円 （※特定寄附金の合計額は、総所得額の40%相当額までが上限）

*基礎控除…個人事業主だけでなく、サラリーマンも含めすべての納税者が対象になる。したがって、所得が基礎控除の上限48万円を超えないときは、納税額は0円になる。

06 扶養の要件を理解してもれなく控除を受ける

「扶養控除」には所得額に上限がある

納税者である個人事業主で、扶養している配偶者や親族がいる場合、配偶者控除、または扶養控除が受けられます。控除額は、配偶者・親族の所得額や、年齢や同居の有無などによっても変わってきます➡右ページ。

控除を最大限活用するために、「扶養」の意味と、「親族の範囲」をしっかり確認しておきましょう。

まず「扶養」とは、生計を一にしている、つまり、配偶者や親族を養っているということです。同居しているかどうかは関係ありません。そのため、別居している親や、下宿してアルバイトをしながら離れて暮らす子どもも、納税者が仕送りをして「養っている」なら扶養控除の対象になります。

扶養に入れるには控除対象になる人の年間所得額が48万円以下に収まっていなければいけません。ただし、配偶者の場合、年間所得が48万円を超えて133万円以下であれば、配偶者特別控除を受けることができます。

なお、独立して生計を立てている人は対象外です。また、青色申告または白色申告する事業主の*事業専従者になっていないことも控除を受けるための要件になります。

認められる親族の範囲は意外に広い

「親族の範囲」とは、6親等以内の血族、または3親等以内の*姻族です。祖父母は2親等、いとこは4親等で、6親等というと祖父母の兄弟の子ども（はとこ）まで含まれることになります。3親等の姻族とは、配偶者の伯（叔）父・伯（叔）母までです。認められる範囲は意外と広いのです。

控除の対象になる人につき、所得控除ができるのはひとりまでです。もしも、離れて暮らすひとり身の母親にその子どもたち兄弟が同額を仕送りしている場合、その母親を扶養に入れることができるのは兄弟のうちのいずれかひとりです。共働きの夫婦の子どもの場合も、夫婦のどちらが扶養者となるかを決めておく必要があります。なお、扶養に入れる人は1年単位で変更できます。

*事業専従者…個人事業主と生計を一にしている15歳以上の配偶者や親族で、年間6か月を超える期間、その事業で働く（従事している）人のこと。

控除を利用するための要件をチェック！

配偶者控除と扶養控除、それぞれ要件に当てはまるか確認しよう。

〚配偶者控除を利用したいとき〛

配偶者の要件

- □ 婚姻関係にある（事実婚を除く）。
- □ 納税者と生計を一にしている。
- □ 青色申告者の事業専従者ではない。または、白色申告者の事業専従者ではない。
- □ 年間の合計所得額が48万円以下。

全部当てはまれば配偶者控除の対象

※ただし、納税者の合計所得金額が1,000万円を超える場合は不適用。

控除額上限38万円
（配偶者が70歳以上の場合は、上限48万円）

これのみ当てはまらないときは…

次の要件を満たせば配偶者特別控除の対象

- □ 年間の合計所得額が48万円を超えて、133万円以下。
- □ 納税者の合計所得額が1,000万円以下。

配偶者特別控除の控除額

●合計所得金額900万円以下の居住者

配偶者の合計所得額		控除額
48万円超	95万円以下	**38**万円
95万円超	100万円以下	**36**万円
100万円超	105万円以下	**31**万円
105万円超	110万円以下	**26**万円
110万円超	115万円以下	**21**万円
115万円超	120万円以下	**16**万円
120万円超	125万円以下	**11**万円
125万円超	130万円以下	**6**万円
130万円超	133万円以下	**3**万円

※上記の表は、納税者の合計所得額900万円以下の場合であり、900万円を超えた場合は控除額が異なる。くわしくはP182を参照のこと。

〚扶養控除を利用したいとき〛

親族の要件

- □ 6親等以内の血族・3親等以内の姻族。
- □ 納税者と生計を一にしている。
- □ 年間の合計所得額が48万円以下。
- □ 青色申告者の事業専従者ではない。または、白色申告者の事業専従者ではない。

全部に当てはまれば扶養控除の対象

扶養控除の控除額

区分		控除額（1人当たり）
一般の控除対象扶養親族（16歳以上）		**38**万円
特定扶養親族（19歳以上23歳未満）		**63**万円
老人扶養親族（70歳以上）	同居老親等※以外	**48**万円
	同居老親等	**58**万円

※同居老親等とは、納税者の父母・祖父母にあたり、納税者または配偶者と常に同居している人のこと。

*姻族…簡単にいえば本人と配偶者の親族のこと。前提に婚姻関係があるため、離婚すると姻族関係も終わる。ただし、死別によって婚姻が解消するときは届出をしないと解消されない。

07 「特別な事情」があるときの控除

障害者の生活を考慮した所得控除がある

所得控除のうち、人的控除には配偶者と離婚または死別した、あるいは本人や家族が障害者であるなど、「特別な事情」を考慮した控除があります。

本人が障害者である場合、障害者控除が受けられます。また、扶養(ふよう)する配偶者や親族に一定の障害のある人がいる場合も控除の対象となります。親族の障害者控除では、同居の有無が関係してくることもあります➡下図。

配偶者と別れた人への所得控除もある

たとえば、夫と別れた後に再婚していない女性の場合で、その女性に扶養する親族がいる場合、本人の年間所得が500万円以下であれば、寡婦(かふ)控除➡右ページまたはひとり親控除➡右ページが受けられます。

ひとり親控除とは、本人の年間所得が500万円以下という制限はあるものの、過去の婚姻歴や性別にかかわらず、生計を一にする子どもで年間所得金額が48万円以下であればひとり親控除の35万円が受けられるものです。以前の寡婦(寡夫)控除と要件が変わっていますので、受けられるかの確認をしてみましょう。

障害者控除の要件をチェック！

	要件	控除額
障害者控除	□本人が障害者　または □障害者である控除対象配偶者または扶養親族がいる	27万円
特別障害者控除	□本人が特別障害者※　または □特別障害者である控除対象配偶者、または扶養親族がいる	40万円
同居特別障害者控除	□特別障害者で本人、配偶者、そのほかの親族と常に同居している	75万円

※特別障害者は、たとえば、重度の精神障害者、知的障害者、身体障害者と認定された人など。

寡婦控除・ひとり親控除の要件をチェック！

寡婦控除、ひとり親控除、それぞれ適用するための要件を確認しよう。

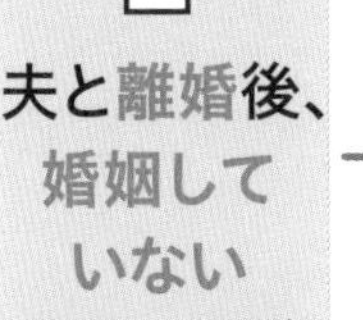

＋

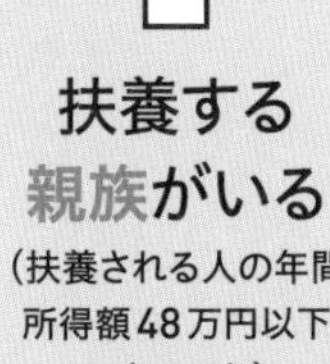

＋

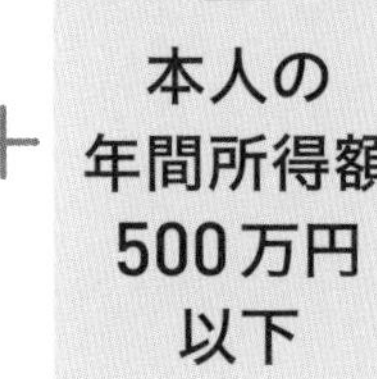

＋

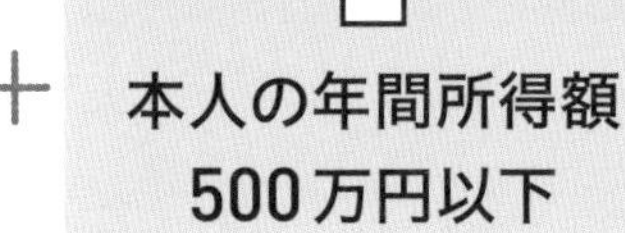

ひとり親控除

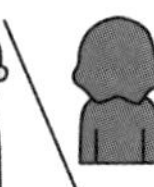

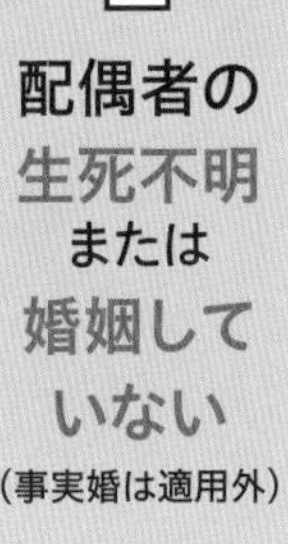

□
配偶者の
生死不明
または
婚姻して
いない
（事実婚は適用外）

＋

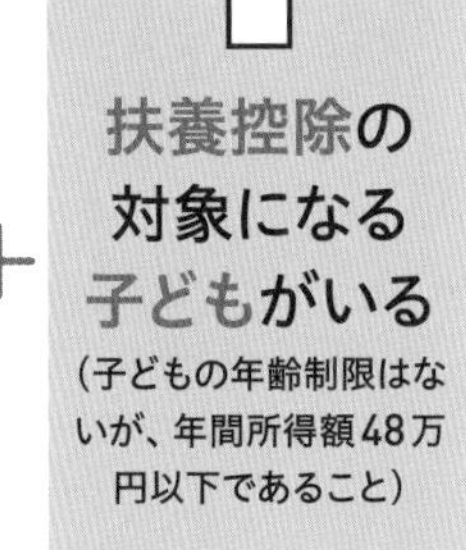

□
扶養控除の
対象になる
子どもがいる
（子どもの年齢制限はないが、年間所得額48万円以下であること）

＋

08 「医療費控除」の対象になるものを確認する

受けられる条件は負担した金額がカギ

医療費控除は、一般的に1月1日〜12月31日までに負担した医療費が合計10万円を超えれば適用できる所得控除です。また、医療費が10万円を超えなくても、その年の総所得金額等が200万円未満の場合では、医療費が総所得金額等の5%を超えれば適用できます。どちらも自分の医療費だけでなく、生計を一(いつ)にする配偶者や親族の医療費を支払ったときは合算した金額で控除を受けることができます。

ただ、保険金などで補てんされる場合、その金額は医療費から差し引く計算をします。たとえば、手術1回10万円の保険が出る医療保険に入っていた場合、実際の手術代の負担が15万円だとすれば、10万円を差し引いて5万円の医療費がかかった計算となります。ただし、その給付の目的となった医療費の金額を限度として差し引けばよく、合算したほかの医療費から差し引く必要はありません。

医療費控除対象のレシートは年初から保存

見落としやすいのは、医療費控除の対象となる範囲です。治療費・手術代だけでなく、実は通院にかかった電車代やバス代も、合理的なものであれば医療費控除の対象です。また、必ずしも健康保険が適用される医療費でなくても、治療目的であれば認められるものもあります。たとえば、治療の一貫として子どもの歯の矯正にかかる費用、あるいは視力回復のレーシック手術、ドラッグストアで買う医薬品などです。さらには鍼灸師、柔道整復師などからの施術は、場合によっては認められます。

医療費控除を受けるには、医療費の領収書、薬代のレシートなどを元に明細書を作成・添付しなければなりません。領収書の出ない交通費があれば、メモ書きでもかまいません。

病気やケガはいつ起こり、多額の出費になるかわかりません。万一に備えて、医療にかかったレシートや領収書は、年の始まりから年末まで保存しておくことをおすすめします。

医療費控除の計算方法

医療費控除は、その年の所得額によって計算式が変わる。

医療費
（1年間で実際に支払った医療費の合計額）
−（保険金などで補てんされる金額※）

− **10万円**
または
（年間の所得額×5%）
※総所得金額等が200万円未満の場合

控除額
（上限200万円）

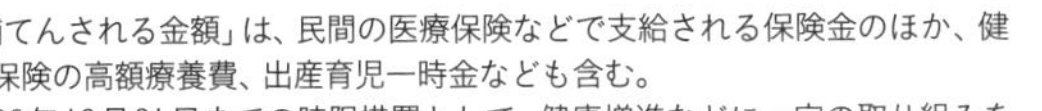

※「補てんされる金額」は、民間の医療保険などで支給される保険金のほか、健康保険の高額療養費、出産育児一時金なども含む。
※2026年12月31日までの時限措置として、健康増進などに一定の取り組みを行っている納税者が特定一般医薬品を購入した場合は、一定の医療費控除を受けることができる（＝セルフメディケーション税制という）。この特例は従来の医療費控除と選択適用になる。

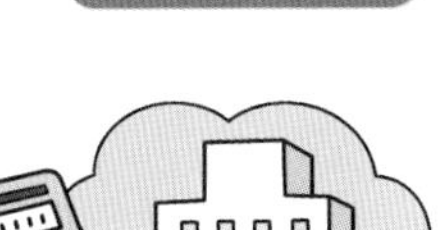

医療費控除の対象になるものとならないもの

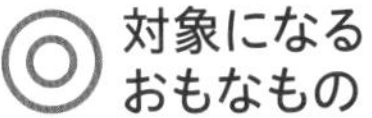

◎ 対象になるおもなもの

- ◎ 入院代
- ◎ 通院にかかった合理的な交通費（バス・電車などの交通機関）
- ◎ 妊婦の定期検診
- ◎ 子どもの歯の矯正にかかる費用
- ◎ レーシック手術（角膜屈折矯正手術）
- ◎ 歯のインプラント治療
- ◎ 治療目的の市販の薬（風邪薬など）、漢方薬

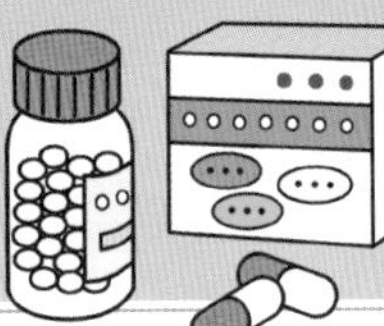

△ 場合によっては認められるもの

- △ 通院にかかったタクシー代（緊急などで使わざるを得ないときなど）
- △ マッサージ・指圧・鍼（治療目的のもので施術者が国家資格を持っている場合など）

× 対象にならないおもなもの

- × 病気の予防・健康増進のためのサプリメントや栄養ドリンク
- × 通院にかかったガソリン代・駐車場代
- × 見舞いのための交通費
- × 医師などに対する謝礼金
- × 美容のためのシミ取り施術など

09 国民年金と国民健康保険は所得控除の対象

生計を一にする配偶者や親族の分も対象

老後の生活、ケガや病気になったときに備えて、個人事業主が加入するのが国民年金と国民健康保険➡P26です。その年に支払ったこれらの社会保険料については、全額が所得控除の対象となります。

しかし、本人の保険料だけでなく、家族の保険料まで所得控除の対象になることを知らない人は多いようです。

生計を一にする配偶者や親族の国民年金と国民健康保険の保険料を負担した場合、その保険料も合計した金額が所得控除の対象になります。これは、たとえお互いが現在別居状態であっても生計を一にしていれば、控除が認められます。

所得控除ができる複数の年金制度の活用を

国民年金は通常65歳から年金を受給できる終身年金制度ですが、サラリーマンの厚生年金保険に比べて年金額が低いと不安を抱える個人事業主も多いのではないでしょうか。そこで、年金給付を上乗せする公的な制度を活用しましょう。それが国民年金基金です。

国民年金基金は、国民年金と同じように支払った保険料が所得控除の対象になります。給付の種類は*終身年金タイプと*確定年金タイプがあり、条件によって組み合わせて加入することができます➡右ページ。

年金の給付を受けることができ、さらに所得控除の対象にもなる制度には、ほかに小規模企業共済➡P174、個人型確定拠出年金➡P175があります。これらの制度は国民年金基金と並行して加入することもできます。

また、国民年金基金と同時加入はできませんが、所得控除の対象になる制度に付加年金もあります。給付年金に年額「200円×付加保険料納付月数」が付加されるもので、たとえば40年間（480月）毎月400円の付加保険料を支払った場合、年金給付開始から２年で元がとれる計算になります。

所得控除の対象になる年金型の制度を活用して、老後に備えながら節税することも検討してみましょう。

KEY WORD *終身年金…年金を一生涯受けることができるもの。長生きすれば支払保険料を上回り、たくさん年金を受け取ることができると考えられる。

国民年金保険料と国民健康保険料が所得控除になる範囲

□ 生計を一にしている配偶者や親族の分の保険料を支払った

➡ **配偶者や親族の所得金額は関係ない**

国民年金基金と所得控除の対象になる制度のポイント

〖国民年金基金のポイント〗

おもな加入資格

- 第1号被保険者（個人事業主）とその配偶者で、国民年金保険料を納めている20歳以上60歳未満の人など。

受給年齢

- **終身年金**：65歳から受け取れるタイプがある。
- **確定年金**：60歳または65歳から受け取れるタイプがある。

加入するときのポイント

- 終身年金を選んだ後で、確定年金も組み合わせることができる。ただし、確定年金の受取額が終身年金の年金額を超えてはならないという条件付き。
- 掛金は口数単位で月額6万8,000円まで※。掛金の納付は口座振替。
- 掛金の口数は変更できる。解約もできるが、返金はない（納付した掛金は将来の年金に加算）。

※個人型確定拠出年金➡P175も同時に加入している場合、2つの掛金の上限が6万8,000円までになる。

〖国民年金に上乗せする年金制度の組み合わせ例〗

国民年金基金 または **付加年金** ＋ **個人型確定拠出年金**➡P175 ＋ **小規模企業共済**➡P174

これらの制度の掛金がすべて所得控除の対象になる！

KEY WORD *確定年金…決まった期間に必ずもらうことができるもの。万一、途中で亡くなっても、亡くなった人の遺族が受け取ることができる。

10 「民間の保険」を利用して控除を受ける

所得控除が受けられる民間の保険は4種類

公的な保険だけでなく、民間の保険会社で加入する保険も、所得控除の対象になります。生命保険料控除と地震保険料控除の2つがその所得控除です。ただし、保険料の控除額には上限があります。

生命保険料控除は、「生命保険」「個人年金保険」「介護医療保険」の3種類の保険料を支払ったときに適用される所得控除で、それぞれの支払保険料に応じて4万円ずつまで控除を受けることができます➡右ページ。

地震保険料控除は、まだ創設されて新しい所得控除ですが、5万円を上限として支払った保険料がそのまま所得控除額になります➡右ページ。

控除の対象になる生命保険の3種類と地震保険とをうまく合わせることができれば、最大で17万円までの所得控除を受けることができます。

最大限の所得控除額を引き出すポイント

節税に着目して、生命保険料控除を最大限活用したいときは、控除の対象になる支払保険料の金額と控除額の上限を意識することがポイントです。

支払う生命保険料が年間で8万円を超えると、控除額は一律4万円になります➡右ページ。そのため、それ以上に生命保険料を支払っても、控除額が4万円より大きくなることはありません。

ただし、生命保険以外に、個人年金保険と介護医療保険にもそれぞれ最大4万円の控除額があります。生命保険を手厚くして支払う保険料を増やすより、老後や健康のリスクを考えて、個人年金保険や介護医療保険に分散して加入するのもひとつの手だといえます。

なお、生命保険料控除は、2010年度で改正されていて、契約した時期によって控除額の計算が変わるので注意しましょう➡右ページ。介護医療保険を加えた新制度が適用されるのは、2012年以降に契約した保険となります。

また地震保険料控除も、旧制度の経過措置として、旧***長期損害保険料**で控除を受けていた人は、現在もその控除が継続されます➡右ページ。

*長期損害保険料…次の3つの条件を満たした損害保険料のこと。2006年末までに締結し、保険・共済期間が開始した契約で、満期返戻金があり保険期間が10年以上の契約。

所得控除ができる民間保険は4つ

① 生命保険　死亡時や障害状態、治療などで保険金が給付されるもの。

② 個人年金保険　公的年金とは別に、決まった年齢以降、決められた年数分の年金が給付されるもの。

③ 介護医療保険　公的な介護保険とは別に、介護状態になったときに保険金が給付されるもの。

→（①〜③）生命保険料控除を適用できる控除額は **最大4万円**（各保険ごと）

④ 地震保険　地震などで家財などの資産に損害が生じたときに、その損害を補償するもの。

→ 地震保険料控除を適用できる控除額は **最大5万円**

生命保険料控除・地震保険料控除の計算方法

生命保険料控除は保険の契約時期、地震保険料控除は旧制度をすでに利用していたかで計算方法が変わる。

2011年までの生命保険料控除の計算方法（生命保険料・個人年金保険料の控除額）

年間の支払保険料の合計	控除額
2万5,000円以下	支払金額
2万5,000円を超え5万円以下	支払金額÷2+1万2,500円
5万円を超え10万円以下	支払金額÷4+2万5,000円
10万円超	一律5万円

- 旧制度なので介護医療保険料の控除はない。
- 生命保険料・個人年金保険料はそれぞれ別に計算（2つ合わせて、最大10万円）。

2012年以降の生命保険料控除の計算方法（生命保険料・個人年金保険料・介護医療保険料の控除額）

年間の支払保険料の合計	控除額
2万円以下	支払金額
2万円を超え4万円以下	支払金額÷2+1万円
4万円を超え8万円以下	支払金額÷4+2万円
8万円超	一律4万円

- 生命保険料・個人年金保険料・介護医療保険料はそれぞれ別に計算（3つ合わせて、最大12万円）。

地震保険料控除の計算方法

区分	年間の支払保険料額	控除額
(1) 地震保険料	5万円以下	支払金額
	5万円超	5万円
(2) 旧長期損害保険料	1万円以下	支払金額
	1万円超2万円以下	支払金額÷2+5,000円
	2万円超	1万5,000円
(1)(2)の両方がある場合	(1)と(2)それぞれの方法で計算した金額の合計額が控除額（最高5万円）	

→ 現在の制度のみ適用すると生命保険料控除・地震保険料控除の控除額は… **最大17万円**

「小規模企業共済」を活用して節税する

最大84万円の所得控除ができる

小規模企業共済は、中小機構➡P160が運営している共済制度です。所得控除のひとつ「小規模企業共済等掛金控除」を利用できるので、ぜひ加入を検討しておきたい制度といえます。

大きな魅力は、掛けた金額が全額、所得控除の対象となることです。掛金は月に1,000円から7万円までの間で500円単位で設定することができます。たとえば上限の7万円まで掛けたとすれば、掛金は1年で84万円。この全額が所得控除額として控除できるという計算になるわけです。

また、掛金で積み立てた共済金は、退職金として一括でも、年金のように分割でも、さらには一括と分割併用でも受け取ることができます。加えて、共済金は一括のときは*退職所得扱い、分割のときは公的年金等（雑所得）扱いとなるのですが、どちらも税制上優遇されるので所得税が安くなります。つまり、受け取るときも節税効果を期待できるのです。また、災害時や資金難のときのための貸付制度も備えているので、事業をサポートしてくれる制度でもあります。

解約事由や加入年数によっては得にならない

小規模企業共済は、従業員が20人以下（一定の業種は5人以下）の場合、または個人事業主1人であっても加入することができます。

加入するときに注意しておきたいポイントは、経営者や事業者の廃業後・退職後の生活資金援助のための制度なので、廃業・死亡まで加入していることを基本としている点です。

解約する場合、廃業や法人化したときの解約であれば共済金を受け取れますが、もし任意で解約した場合は「解約手当金」を受け取ることになります。このとき、掛金の納付月数が12か月以内なら掛け捨てになります。掛金の合計額を受け取れるのは、240か月（20年）以上からとなります。

小規模企業共済への加入を考えるときはこのような点も検討材料にするとよいでしょう。

*退職所得…退職金は老後の大切な生活費となるので、税法によって所得税や住民税の税額を抑える計算をする。なお、雑所得のうちの公的年金等も税法によって税額を抑える計算をする。

小規模企業共済の加入資格とメリット

おもな加入資格

- 従業員が20人以下（商業とサービス業では5人以下）の中小企業および個人事業の経営者、事業主、役員クラスの人。

掛金のメリット

- 掛金月額は1,000円～7万円まで（年間の計算で84万円まで）。
- 全額所得控除の対象（1年以内分の前納額も支払った年に控除できる）。
- 前納による割引がある。

解約時に受け取る共済金と解約手当金の違い

小規模企業共済は、廃業・法人化での解約であれば共済金、任意で解約するときは解約手当金を受け取ることになる。

	共済金は…	解約手当金は…
受け取る時期	廃業・死亡などのときに受け取る。	任意で解約したとき、1年以上掛金の滞納が続いたときなどで**機構側が解約したとき**に受け取る。
受け取り方法	一括・分割・併用の3通りの中から選んで受け取れる。	一括のみでしか受け取れない。
受取額	掛金納付月数が6か月未満または12か月未満は0円。その後は「掛金＋運用金」の支払い。	掛金納付月数が12か月未満は0円。その後は掛金合計額の月数に応じて80％から120％。加入期間20年未満では掛金総額を下回る。

経理のちょいテク

個人型確定拠出年金も検討しよう

国民年金基金連合会が給付を行う個人型確定拠出年金は、預貯金や投資信託など運用先を自分で選び、その成績によって受取額が決まる制度です。小規模企業共済と同じように、掛金も全額所得控除が適用されます。個人事業主の年間の掛金上限は81万6,000円までで、60歳から受け取ることができるので、あわせて検討してみるとよいでしょう。

12 「雑損控除」と「寄附金控除」について

災害にあったときの雑損控除の範囲と注意点

災害や盗難などでプライベート資産に損害が起きた場合、雑損控除を受けることができます。対象になる災害は、震災や風害、水害などの自然災害や、害虫災害（シロアリなど）のほか、火災、火薬類の爆発などの人為的な災害なども含まれます。また盗難、横領などの被害も控除の対象となりますが、詐欺や恐喝は対象となりません。詐欺・恐喝被害は、自身の過失も少なからずあるためという考えからのようです。

雑損控除は、本人が被害にあった金額だけでなく、本人と生計を一（いつ）にしており、その年の総所得金額などが48万円以下の配偶者や親族の被害額も合算することができます。このとき注意したいのは、対象となる資産が住宅、家具、衣類などの生活に通常必要なものであるということです。別荘や高価な貴金属などは対象となりません。こういった贅沢品にあたる資産を補償するには、民間の保険を活用する必要があるでしょう。

また、災害の損害金額が時価の半分以上で、さらに本人の所得額が1,000万円以下の場合は災害減免法による所得税の軽減免除➡右ページを受けられるかもしれません。この軽減免除と雑損控除は併用できないので、どちらか有利なほうを選ぶことになります。

寄附金控除は税額控除を選べることがある

国や地方公共団体、特定の公益増進法人などに寄附をした場合は所得控除のひとつ、寄附金控除が利用できます。

寄附金から2,000円を差し引いた金額が控除額となりますが、控除の対象となる寄附は所得の40％までが上限となっています。控除を受けるには、領収書など証明書が必要になるので、対象となる団体など、くわしくは税務署のホームページなどで確認しましょう。寄附金のうち、政党や政治資金団体、認定NPO法人、公益社団法人などに寄附をした場合、その寄附金額を所得控除にするか、税額控除にする➡P179か、どちらか有利なほうを選ぶことができます。

雑損控除を利用するときは軽減免除と比べて決めよう

雑損控除の計算方法

雑損控除の計算は2通り。どちらか多いほうの金額で計算する。

A　差引損失額 − 総所得金額等 × 10%

差引損失額 ＝ 損害額※1 ＋ 災害関連支出額※2 − 補てんされる額※3

B　災害関連支出額 − 5万円

※1　損害を受けた資産の災害直前の時価。
※2　災害で滅失した住宅、家財などを取り壊したり除去するために支出した金額。
※3　災害に関して受け取った保険金や損害賠償金。

利用できるときは、雑損控除と比べて有利なほうを選んでOK！

災害減免法による所得税の軽減免除

損害を受けた住宅や家財の損害額がその時価の半分以上で、災害にあった年の所得額が1,000万円以下の2点が要件。所得額に応じて、所得税そのものを軽減または免除できる。

軽減または免除される所得税の額

所得額	軽減または免除される所得税の額
500万円以下	所得税の額の全額
500万円を超え750万円以下	所得税の額の2分の1
750万円を超え1,000万円以下	所得税の額の4分の1

寄附金は所得控除と税額控除を比べて決めよう

所得控除の寄附金控除の計算方法

その年中に支出した特定寄附金の額の合計額※ − 2,000円

※特定寄附金の合計額は、総所得金額の40%相当額までが上限。

対象になる寄附金

- 国、地方公共団体、特定公益増進法人などへの特定寄附金。
- 政党や政治資金団体、認定NPO法人、公益社団法人などへの寄附金。

寄附金の税額控除 ➡P179 を利用できるときは、比べて有利なほうを選んでOK！

13 「税額控除」は税金から直接差し引ける制度

税額控除で税金を効果的に使える？

税額控除は、簡単にいえば所得税額から直接差し引くことができる控除です。つまり、税額の計算途中で差し引く所得控除と違って、計算した税金から控除額として差し引くことができます。直接税金が差し引かれる（戻ってくる）という点で、納付税額へのインパクトがあります。

税額控除には「家を持ちたい」「もっとエコな家に住みたい」という家庭を応援する住宅ローン減税➡P180があります。また、税額控除の寄附金特別控除は*認定NPO法人などの「こんな活動を応援したい」「この団体にがんばってほしい」という思いで寄附した金額が、最大40％ほど戻ってきます。これにより自分の支持する活動や団体に、本来税金として納める分の資金を投入できることになります。

また、二重課税を排除するために設けられた税額控除もあり、配当控除と外国税額控除がそれにあたります。配当控除は、株などの配当所得があったときに、一定の金額について控除を受けるというものです。また、納税者が他国でも所得税に相当する税金を支払っているような場合、その分を差し引けるのが外国税額控除です。

所得控除と税額控除の違い

所得控除

控除
課税所得
所得税

所得控除は、所得（税率の計算前）から差し引く。

税額控除

控除
課税所得
所得税

税額控除は、所得税（税率の計算後）から直接差し引く。

*認定NPO法人…NPO（特定非営利活動）法人のうち一定の要件を満たして国税庁長官の認定を受けた団体。すべてのNPO法人への寄附が控除の対象となるわけではないので注意。

おもな税額控除をチェック！

減税控除名	☑おもな要件
住宅借入金等特別控除 ➡P180	□ 敷地を含めた住宅の新築・取得または一定の増改築でローンを組んだ場合（そのほか要件が細かくあるので注意）。
寄附金特別控除 ➡下図	□ 政党または政治資金団体、認定NPO法人等、公益社団法人等に寄附をした場合。
配当控除	□ 株の配当金などの配当所得があった場合。
外国税額控除	□ 他国の所得税などを納付した場合（二重課税防止）。

寄附金特別控除（税額控除）

寄附金特別控除は対象となる寄附金によって、控除額の計算方法が変わる。

対象となる寄附金

1. 2,000円以上の政党または政治資金団体への寄附金。
2. 2,000円以上の認定NPO法人等への寄附金。
3. 2,000円以上の公益社団法人、公益財団法人、学校法人、社会福祉法人、更生保護法人への寄附金。

〖控除額のそれぞれの計算方法〗

❶ その年中に支払った寄附金の合計額 − 2,000円 × 30%

❷❸ その年中に支払った寄附金の合計額 − 2,000円 × 40%

※複数の対象になる寄附先があるときの合計額の上限は、その年の所得額の40%まで。
※❶と❷❸の控除額を合算するときの上限は、所得税額の25%まで。

寄附金の所得控除 ➡P176 も利用できるときは、比べて有利なほうを選んでOK。

14 物件や要件によって異なる「住宅ローン減税」

高額で長期にわたる税額控除が可能

納税する予定の税額から直接差し引く税額控除は、減税の効果が大きいものの、種類は多くありません。その中で、比較的対象になる人が多く、その差引税額も高くなりやすいのが、住宅ローン減税（住宅借入金等特別控除）です。

基本的には、マイホームを購入して住宅ローンを組むとその残額の0.7％が税額から控除できるというものです➡右ページ。たとえば、住宅ローン残高が2,000万円なら14万円が税額から控除されることになります。

また、新しく住宅を購入したり建てたりするだけでなく、中古物件を購入したり、増改築をした場合も住宅ローン控除の対象になることがあります。

この制度はその年から最長13年間利用できる場合もあり、何年も所得税が実質0円、という人も多くいます。

長期優良住宅、低炭素住宅でさらに減税

長期優良住宅や低炭素住宅と認定された住宅（認定住宅）を建てた場合では、投資型減税といわれ、一般住宅とは控除額などが変わります。住宅ローンがなくても最高65万円の税額控除を受けることができる制度（認定住宅の住宅控除にかかる税額控除制度）もあります➡右ページ。

長期優良住宅とは、耐震性に優れている、断熱性に優れていて省エネ効果がある、劣化対策を施している、建物構造が安定しているなど、長期間にわたって良好な住環境が保たれる措置がとられた住宅のことです。

また、低炭素住宅とは、素材や設備を工夫して二酸化炭素の排出を抑えた住宅のことです。

このような環境にやさしい住宅づくりを、減税をきっかけとし、国をあげて応援しようというわけです。建築費そのものは割高になりますが、これらの住まいに興味がある人には有効なサポートになります。

それぞれの税額控除が適用される範囲を右ページの表などでしっかり把握して、効果的に利用しましょう。

住宅ローン減税（一般住宅／認定住宅）のしくみ

〖住宅ローン減税の共通要件〗

おもな要件

- □ 土地を含めた住宅の新築・取得または一定の増改築でローンを組んでいること。
- □ 住宅取得後、6か月以内に居住していること。
- □ 床面積が50㎡以上で、床面積の2分の1以上が居住用であること（一定の要件で40㎡以上に緩和）。
- □ その年の所得額が2,000万円以下であること。
- □ ローンの返済期間が10年以上であること。
- □ 増改築の場合は工事費用が100万円を超えていること。
- □ 贈与による住宅の取得でないこと。

控除額など

※省エネ基準適合の新築住宅の場合

年末の借入金残高（限度）	控除率	各年の控除限度額	最大控除額
3,000万円	0.7%	21万円	273万円

〖認定住宅（長期優良住宅や低炭素住宅）の住宅ローン減税〗

おもな要件

- □ 敷地を含めた、新築の認定住宅の建築・取得であること。
- □ その年の所得額が2,000万円以下であること。
- □ ローンの返済期間が10年以上であること。

控除額など

年末の借入金残高（限度）	控除率	各年の控除限度額	最大控除額
4,500万円	0.7%	31.5万円	409.5万円

※一般住宅・認定住宅とも、消費税の増税や新型コロナウイルス特例に伴い、要件や控除額が異なる。

認定住宅の住宅控除にかかる税額控除制度

おもな要件

- □ 2025年12月31日までに敷地を含めた新築の認定住宅等を建築・取得し、6か月以内に居住していること。
- □ その年の所得額が3,000万円以下であること。

控除額など

650万円（控除の対象限度額）×**10%**（控除率）＝**65万円**（控除限度額）

（控除しきれない額があるときは、翌年分の所得額から控除する）

参考

配偶者控除および 配偶者特別控除の控除額一覧

控除を受ける本人

		居住者の合計所得金額		
		900万円以下	900万円超950万円以下	950万円超1,000万円以下
配偶者控除	配偶者の合計所得金額48万円以下	38万円	26万円	13万円
	老人控除対象配偶者	48万円	32万円	16万円
配偶者特別控除	配偶者の合計所得金額48万円超 95万円以下	38万円	26万円	13万円
	95万円超 100万円以下	36万円	24万円	12万円
	100万円超 105万円以下	31万円	21万円	11万円
	105万円超 110万円以下	26万円	18万円	9万円
	110万円超 115万円以下	21万円	14万円	7万円
	115万円超 120万円以下	16万円	11万円	6万円
	120万円超 125万円以下	11万円	8万円	4万円
	125万円超 130万円以下	6万円	4万円	2万円
	130万円超 133万円以下	3万円	2万円	1万円

居住者の合計所得金額が1,000万円を超える場合には配偶者控除および配偶者特別控除の適用を受けることができません！

7章

確定申告をしよう！

事業で儲けたお金を元に、自分で申告して税金を納める
ことになるのが所得税と消費税です。
ムダな税金を払うことなく、ポイントを押さえて、
早く正確に申告・納税を行いましょう。
これが終われば、1 年の経理サイクルは終了です!

01 所得税の申告に必要な書類を準備する

確定申告の時期と提出書類をチェック

決算を終えたら、いよいよ確定申告にとりかかりましょう。確定申告は、2月16日～3月15日の間に行います。

1年間（毎年1月1日～12月31日）に生じた所得にかかる所得税を計算して申告するだけでなく、納付までを行います。

確定申告は、決算作業ほど手間はかかりません。ただ、添付・提出などに必要な書類をそろえておかないと作業が完了しません。用意に時間がかかる書類もあるので、余裕をもって準備するようにしましょう。

まず、そろえるのは確定申告書です。個人事業主が使うのは2枚でセットの様式（第1表・第2表）です➡ P194、195。また作成の手順などが書かれた『*確定申告の手引き』も用意しておきます。その年から改正される事項もあるので、最新版の手引きを入手するようにしましょう。

決算書と利用する控除の必要書類を用意する

次に、確定申告書に添付・提示する書類をそろえます。まず、決算で作成した青色申告決算書（白色申告なら収支内訳書になる）が、事業所得について収入を証明するために必要です。

また所得控除➡ P162と税額控除➡ P178を受ける場合、必要な書類をそろえて提出時に「添付書類台紙」に貼り付けて添付します。

所得控除では、たとえば生命保険料控除には、生命保険料の控除証明書、医療費控除には、医療費の明細書などが必要です。税額控除では、住宅ローンの年末残高証明書、寄附金の受領書などです➡ 右ページ。足りない書類があれば、再発行の依頼なども必要になります。

これらの証明書類や、領収書類は、受け取ったり郵送されてきたりしたら、そのつど確定申告用書類として保管しておきましょう。そうすることで、いざ確定申告を行うというときに書類を探す、という手間もかかりません。なお、経費の領収書は提出する必要はありません。

*確定申告の手引き…正式名称は『所得税及び復興特別所得税の確定申告の手引き』という。国税庁のホームページからダウンロードできる。

確定申告のおもな準備書類

□確定申告書

第１表と第２表があるかを確認➡P194、195。複写式になっている。記入後、複写されたほうは自分の保管用になる。

□青色申告決算書

全４枚の決算書➡P146。カラーの提出用とモノクロの控用があるので、間違えないように注意。

□控除証明書

提出に必要な書類は添付書類台紙に貼って提出する。ただし、確定申告書を作成するときに必要でも、税務署へ提出不要なものもある。

領収書類

所得控除と税額控除のおもな書類

所得控除	医療費控除 ➡P168	□医療費の明細書
所得控除	社会保険料控除 ➡P170	□国民健康保険料の領収書など（提出は不要） □国民年金保険料の控除証明書 □国民年金基金の控除証明書
所得控除	生命保険料控除 ➡P172	□生命保険料控除証明書
所得控除	地震保険料控除 ➡P172	□地震保険料（旧長期損害保険料）控除証明書
所得控除	小規模企業共済等掛金控除 ➡P174	□小規模企業共済等掛金払込証明書
所得控除	雑損控除 ➡P176	□損害を被ったことの証明書 □災害について支出した金額の領収書
所得控除	寄附金控除 ➡P176	□寄附先からの受領書など
税額控除	寄附金特別控除 ➡P178	□寄附先からの受領書など
税額控除	住宅借入金等特別控除 ➡P180	□住宅取得資金に係る借入金の年末残高等証明書など
税額控除	配当控除 ➡P178	□利益配当金の支払通知書など（提出は不要）
税額控除	外国税額控除 ➡P178	□外国税額控除に関する明細書等

02 赤字が出た場合に合算・相殺できる所得

まとめて確定申告する所得の種類

10種類ある所得➡P30のうち、所得税の計算では、事業で得た利益である事業所得と、合算して計算する所得があります。配当所得、不動産所得、給与所得、譲渡所得、一時所得、雑所得、利子所得がそれに当たり、事業所得を含めて「*総合課税の対象となる所得」と呼ばれます。このような総合課税の対象となる所得がある人は、それぞれの計算方法で所得額を出して、いっしょに確定申告を行います。

対象になる所得は、たとえば本業ではまだまだ食べていけないからと夕方にアルバイトをしているような場合は給与所得がある、また公的年金を受け取っている場合は雑所得があることになるわけです。

確定申告書では第1表➡P195の「収入金額等」の欄にそれぞれの所得の収入を、「所得金額等」の欄にそれぞれの方法で計算した所得額を書き込みます。あとは事業所得で確定申告をするのと同じ手順で計算します。総所得額から所得控除額を差し引き、税率を掛けて所得税額を出してから、税額控除額を差し引くという流れです。

赤字をほかの所得と相殺（そうさい）するルール

事業所得が赤字になってしまったとき、ほかの所得の黒字から相殺することができます。たとえば、副業のアルバイトで稼いだ給与所得で事業の赤字を相殺した場合、相殺した金額分だけ、給与所得から源泉徴収されていた所得税が還付されることになります。

これは*損益通算（そんえき）といって、確定申告で損失申告用の申告書を使って行います➡P196。ただし、ほかの所得の黒字から相殺できるのは、事業所得、譲渡所得、不動産所得、山林所得の４種類で赤字が出た場合に限られます。

また、損益通算を行うときは、まず「どの所得から相殺するか」というように、所得の種類によって相殺の順番も決まっています➡右ページ。それでも赤字が残る場合は、青色申告だと赤字を繰り越すこともできます➡P188。

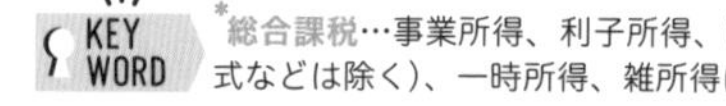

*総合課税…事業所得、利子所得、配当所得、不動産所得、給与所得、譲渡所得（土地や建物または株式などは除く）、一時所得、雑所得は所得を合算して税率を掛けて所得税を計算する。

総合課税の対象となる所得

事業所得は、ほかの所得と合算して確定申告をする。これを総合課税という。

事業所得　配当所得　不動産所得　給与所得
譲渡所得（土地、建物、株式等は除く）　一時所得　雑所得　利子所得

↓

※各所得は、それぞれ所得額の計算方法が異なる。たとえば、事業所得は「総収入－必要経費」。くわしくは国税庁のホームページで確認できる。

損益通算のしくみ

事業所得の赤字を損益通算するときは、次の手順にしたがって赤字を相殺していく。

損益通算の手順

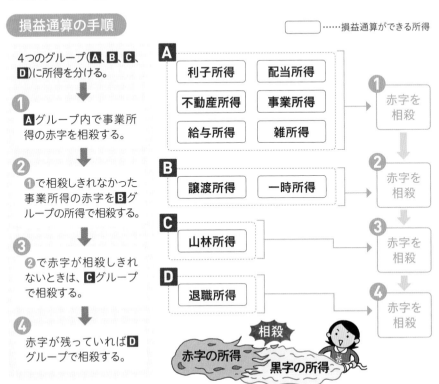

□……損益通算ができる所得

4つのグループ（A、B、C、D）に所得を分ける。

↓

1 Aグループ内で事業所得の赤字を相殺する。

↓

2 1で相殺しきれなかった事業所得の赤字をBグループの所得で相殺する。

↓

3 2で赤字が相殺しきれないときは、Cグループで相殺する。

↓

4 赤字が残っていればDグループで相殺する。

A：利子所得、配当所得、不動産所得、事業所得、給与所得、雑所得 → 1 赤字を相殺

B：譲渡所得、一時所得 → 2 赤字を相殺

C：山林所得 → 3 赤字を相殺

D：退職所得 → 4 赤字を相殺

相殺
赤字の所得
黒字の所得

KEY WORD
*損益通算…事業所得、不動産所得、譲渡所得（土地や建物または株式などは除く）、山林所得に赤字があった場合、そのほかの所得に黒字のものがあれば一定の順序で相殺できること。

03 繰越控除と繰戻し還付の特典を受ける方法

青色申告では赤字を翌年以降に繰り越せる

事業所得などが赤字になる場合、損益通算（そんえきつうさん）➡P186をして、赤字を相殺（そうさい）します。それでも赤字になる場合、確定申告を行う義務はありません。ただし、青色申告のときは、赤字の年であっても期限内に損失についての確定申告（損失申告）をしましょう。青色申告の特典を利用できるからです。

赤字に対して利用できる青色申告の特典は、おもに2つあります。

まずひとつ目の特典は、赤字額を翌年に繰り越すことができる繰越控除です。繰越控除では、赤字額を翌年から３年間繰り越すことができ、翌年以降の黒字の所得と相殺することができます。

繰越控除を受けるには、赤字を出した年の確定申告の期限までに損失申告を行い、その後も、連続して控除を受ける年に青色の確定申告を行うことが必要です。この場合、確定申告書の第１表･第２表のほかに、損失申告用の第４表（一）･(二)も記入して提出することになります➡P196。

前年の所得税額から繰戻しができる

赤字に対する青色申告の特典の２つ目として、繰戻し還付があげられます。繰越控除とは反対に、その年の赤字分を、前年分の黒字の所得から繰戻すことで、税金を還付してもらうことができるというものです。

繰戻し還付をするには、次の２つの条件をクリアする必要があります。

①*純損失が生じた年（当年）の前年に青色申告をしていること。

②当年分について青色申告をしていて、「純損失の繰戻し還付請求書」（国税庁ホームページでダウンロードできる）を提出していること。

②の「純損失の繰戻し還付請求書」は確定申告の期限内に税務署へ提出しなくてはいけないので注意しましょう。

なお、繰戻し還付はその年の赤字分の全部を繰戻さずに、一部だけを繰戻し、残りは翌年以降３年間に繰り越して、翌年以後の所得金額から差し引くこともできます。

*純損失…いわゆる赤字のこと。事業所得などに赤字がある場合で、損益通算してもなお、控除しきれない部分の金額をいう。

繰越控除と繰戻し還付

青色申告の場合、赤字を翌年以降に繰り越すことができる特典と、前年の黒字分を繰戻すことができる特典がある。

特典1 繰越控除

青色申告の特典　純損失（赤字）を翌年以降3年にわたって控除する。

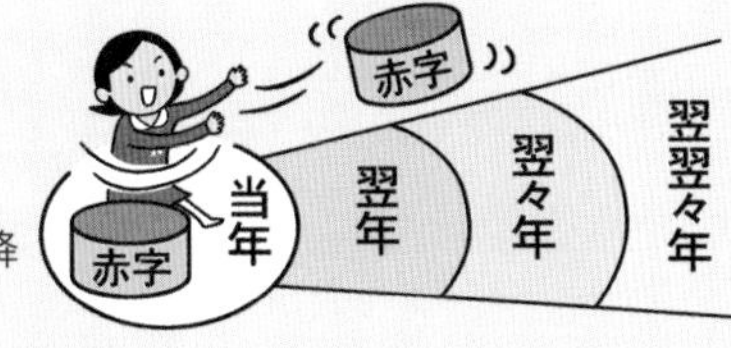

年間の所得：前年分　当年分（赤字）　翌年分　翌々年分　翌翌々年分

特典2 繰戻し還付

青色申告の特典　純損失（赤字）を前年分の所得から繰戻し、所得税を還付してもらう。

還付金額 ＝ 前年分の所得税額 －（（前年分の所得額）－（前年に繰戻された純損失の額））× 税率

不安定な職種で収入が急激に増えた年にできることは？

作曲家や作家、漫画家、ライター、漁師など、その年によって所得の変動が激しく不安定な職業では、毎年一定の収入がある人と比べて、長い期間で見たときに税負担が重くなってしまう場合があります。そこで、所得が急に増えた場合に、税金が安くなる平均課税制度という税計算の方法を選ぶことができます。この制度を利用するときは、「変動所得・臨時所得の平均課税の計算書」を確定申告書に添付する必要があります。当てはまる人は税務署や国税庁のホームページで確認してみましょう。

7章 確定申告をしよう！ 03 繰越控除と繰戻し還付の特典を受ける方法

04 確定申告書の記入は第2表からが便利

確定申告書は第２表から順に記入していく

いよいよ確定申告書に記入していきます。確定申告書の第１表には、住所・氏名などの基本情報と、収入金額、所得金額、控除金額、税額などの記入項目があります。

一方で第２表は、所得金額、各種控除金額など第１表についての明細を記入するものです。そのため、最初に第２表の項目を埋めて各合計額を確定してから、第１表に転記していくとよいでしょう。

ただし、決算で赤字が出た場合などで、損失申告書➡P196とともに提出する場合は、第２表を書き終わってから損失申告書に記入し、最後に第１表にとりかかるとよいでしょう。

「所得の内訳」の記入で注意するところ

第２表の「所得の内訳」の欄には、取引先（支払者）ごとの収入金額と、源泉徴収されたものがあればその金額を記入していきます。記入する欄が足りなくなれば、「別紙を参照」として別に内訳を記入した表を添付します。表は表計算ソフトなどで似た形式のものを作成する方法でかまいません。

源泉徴収されたものについては、帳簿を確認しながら記入します。源泉徴収税率は多くの場合、100万円以下は10.21％、100万円を超える部分は20.42％となり、*復興特別所得税額を含めた税率になっています。

確定申告の間違いに気づいた！

申告の間違いに気づいたときは、まずは税務署に問い合わせましょう。期限内であれば改めて正しい確定申告書を提出することで訂正できることもあります。また期限後に税額の納め過ぎに気づいたときは、申告期限から５年以内であれば、更正の請求書を使って修正し、認められれば余分に納めた税金が戻ってきます。ただし、納税額が少ないことに気づいたときは、さらに多く税金を支払う場合もあるのでなるべく早めに修正申告を行いましょう。

*復興特別所得税額…2013年から2037年まで、所得税額の2.1％を復興特別所得税として、所得税とあわせて申告・納税することとされている。

第2表から第1表へ転記する

申告書の第2表の所得控除に関する事項等を記入してから、第1表の「所得から差し引かれる金額」に転記するとスムーズ。

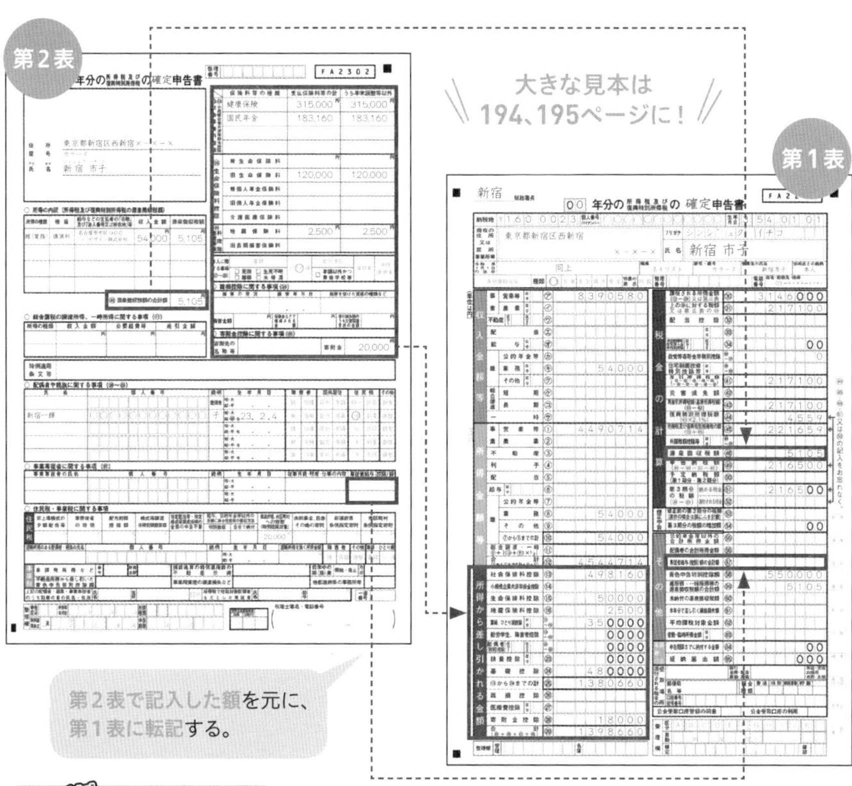

第2表
大きな見本は194、195ページに！
第1表
第2表で記入した額を元に、第1表に転記する。

ありがち！意外な落とし穴

源泉徴収税額の確認は支払調書に頼り過ぎない

源泉徴収税額は帳簿で確認！

源泉徴収されているときは、毎年1月ごろに取引先から支払調書が届くことが多いはずです。支払調書には支払額と源泉徴収税額が記入されているので、所得の内訳を書く際には参考にしてもよいでしょう。ただし、支払調書に記載された金額が間違っていることもあるので、自分の帳簿で確認し直す作業はやはり必要です。

そもそも支払調書は、支払者が源泉徴収税額を申告するために税務署に提出するもの。支払先に支払調書を発行する義務はなく、いわばサービスで発行しているものなのです。事務の簡素化などで、今後は支払調書を発行しないところも増えていくと思われます。支払調書に頼らず、自分の帳簿で源泉徴収税額を確認していくようにしましょう。

確定申告書第１表は左側からとりかかる

確定申告書第２表への記入が終わったら、第１表に記入していきます。

第１表は左側から記入します。申告書の丸番号順に当てはまる部分を埋めていくわけです。「収入金額等」「所得金額」の欄については、青色申告決算書の損益計算書から転記します➡右ページ。そのほか、事業所得以外で合算して申告するものがあれば記入します。転記するときは、第２表で記載した収入や所得の明細と合致するかどうかも確認しましょう。

「所得から差し引かれる金額」の欄には、各種所得控除の額を第２表の明細から転記します。㉔「基礎控除」の金額は所得金額に応じて記入します➡P162。よく確認してから記載しましょう。

確定申告書第１表右側の記入の注意点

次に、第１表右側の「税金の計算」の欄に移ります。㉚「課税される所得金額」を計算したら「*所得税の速算表」➡右ページを元に所得税額を計算➡下図して、㉛の項目を埋めます。

申告書の㉜～㊵、および㊻～㊼は、税額控除で差し引く控除額を直接書き込んでいきます。㊽には、第２表「所得の内訳」の源泉徴収税額を記入します。

これらの計算をして、すでに納めた所得税と比べて、追加で納める必要がある場合は㉛に納税額を、納め過ぎていた場合は、戻してもらう金額として㉜に還付税額を書き込みます。

青色申告するとき、特別控除がある人は㊳「青色申告特別控除額」の欄に、控除を受けた金額を忘れずに記入しましょう。

所得税額（税額控除前）の計算

申告書第１表、㉛の項目は次のように計算して記入する。

課税所得額 × 税率 － 速算表の控除額 ＝ 第１表㉛の所得税額

例 課税所得額500万円の場合。

500万円 × 20% － 42万7,500円 ＝ 57万2,500円

※1,000円未満切り捨て。

所得税の速算表➡右ページの500万円に該当する税率と控除額を当てはめる。

申告書の記入途中なので、税額控除前の所得税額になる。

KEY WORD *所得税の速算表…所得税は超過累進課税という課税方式のため、本来は手間のかかる計算をしなくてはならないが、その計算を簡単にするための表のこと。国税庁が公表している。

損益計算書から第１表に転記しよう

損益計算書の「売上（収入）金額」と「所得金額」を、第１表の「収入金額等」と「所得金額等」に転記する。

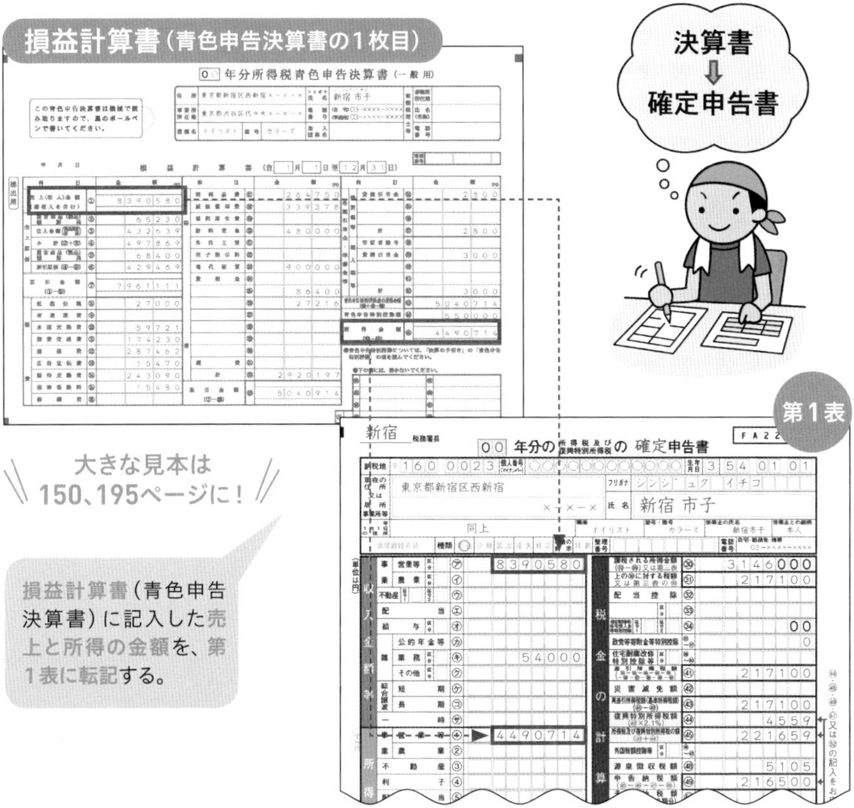

損益計算書（青色申告決算書の１枚目）

第１表

決算書
⇩
確定申告書

大きな見本は150、195ページに！

損益計算書（青色申告決算書）に記入した売上と所得の金額を、第１表に転記する。

所得税の速算表

確定申告書第１表㉛の項目の所得税額を計算するときは、速算表を使って計算する。

課税所得額	税率	控除額
195万円以下	5%	0円
195万円を超え　330万円以下	10%	97,500円
330万円を超え　695万円以下	20%	427,500円
695万円を超え　900万円以下	23%	636,000円
900万円を超え　1,800万円以下	33%	1,536,000円
1,800万円超え　4,000万円以下	40%	2,796,000円
4,000万円超	45%	4,796,000円

※控除額は、この速算表を使うときの控除額。所得控除と税額控除とは別のもの。

確定申告書第２表の記入のポイント

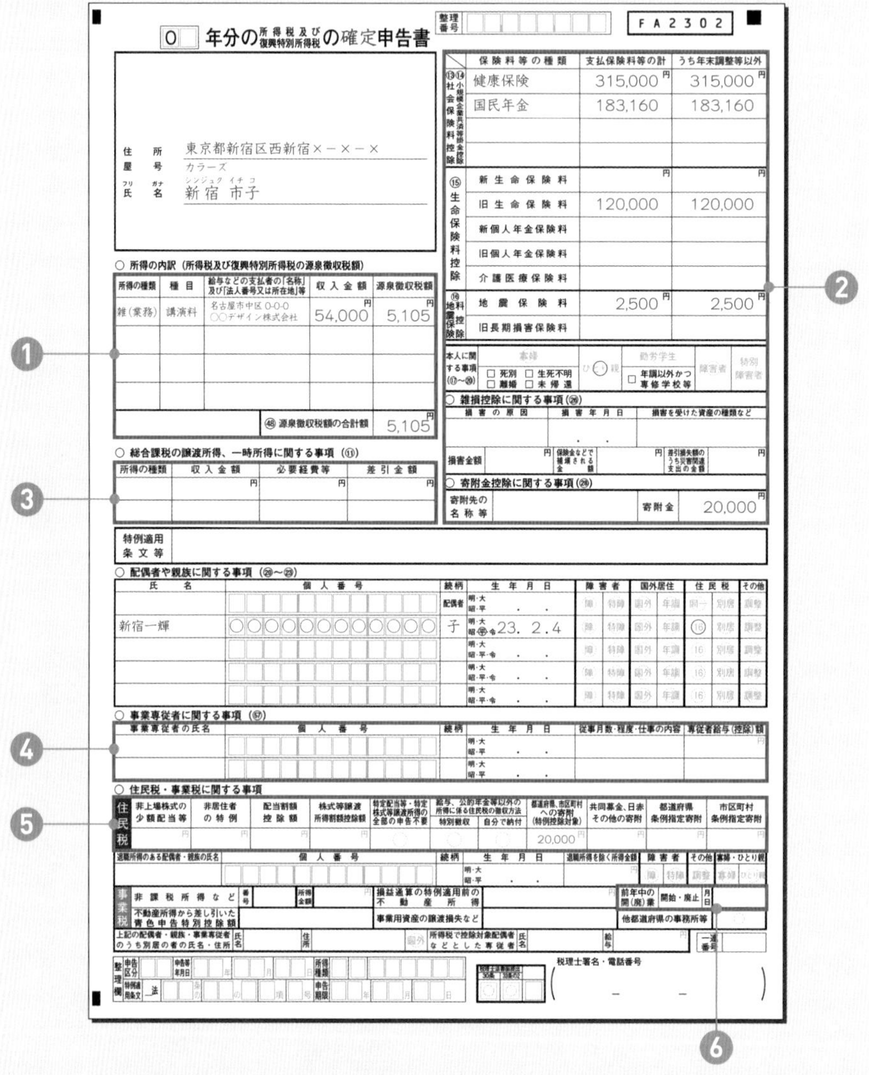

0 年分の所得税及び復興特別所得税の確定申告書

整理番号

FA2302

住所 東京都新宿区西新宿×－×－×
屋号 カラーズ
フリガナ シンジュク イチコ
氏名 新宿 市子

○ 所得の内訳（所得税及び復興特別所得税の源泉徴収税額）

所得の種類	種目	給与などの支払者の「名称」及び「法人番号又は所在地」等	収入金額	源泉徴収税額
雑（業務）	講演料	名古屋市中区 0-0-0 ○○デザイン株式会社	54,000円	5,105円
			㊽ 源泉徴収税額の合計額	5,105円

○ 総合課税の譲渡所得、一時所得に関する事項（⑪）

所得の種類	収入金額	必要経費等	差引金額
	円	円	円

	保険料等の種類	支払保険料等の計	うち年末調整等以外
⑬⑭ 社会保険料控除／小規模企業共済等掛金控除	健康保険	315,000円	315,000円
	国民年金	183,160	183,160
⑮ 生命保険料控除	新生命保険料	円	円
	旧生命保険料	120,000	120,000
	新個人年金保険料		
	旧個人年金保険料		
	介護医療保険料		
⑯ 地震保険料控除	地震保険料	2,500円	2,500円
	旧長期損害保険料		

本人に関する事項（⑰～⑳）　寡婦　□死別 □生死不明 □離婚 □未帰還　ひとり親　勤労学生 □年調以外かつ専修学校等　障害者　特別障害者

○ 雑損控除に関する事項（㉖）

損害の原因	損害年月日	損害を受けた資産の種類など
	・ ・	

損害金額 円　保険金などで補塡される金額 円　差引損失額のうち災害関連支出の金額 円

○ 寄附金控除に関する事項（㉘）

寄附先の名称等		寄附金	20,000円

特例適用条文等

○ 配偶者や親族に関する事項（⑳～㉓）

氏名	個人番号	続柄	生年月日	障害者	国外居住	住民税	その他
		配偶者	明・大・昭・平 ・ ・	障 特障	国外 年調	同一 別居	調整
新宿一輝	○○○○○○○○○○○○	子	明・大・昭・㊥・令 23. 2. 4	障 特障	国外 年調	⑯ 別居	調整
			明・大・昭・平・令 ・ ・	障 特障	国外 年調	16 別居	調整
			明・大・昭・平・令 ・ ・	障 特障	国外 年調	16 別居	調整
			明・大・昭・平・令 ・ ・	障 特障	国外 年調	16 別居	調整

○ 事業専従者に関する事項（㊼）

事業専従者の氏名	個人番号	続柄	生年月日	従事月数・程度・仕事の内容	専従者給与（控除）額
			明・大・昭・平 ・ ・		円
			明・大・昭・平 ・ ・		

○ 住民税・事業税に関する事項

住民税	非上場株式の少額配当等	非居住者の特例	配当割額控除額	株式等譲渡所得割額控除額	特定配当等・特定株式等譲渡所得の全部の申告不要	給与、公的年金等以外の所得に係る住民税の徴収方法 特別徴収	自分で納付	都道府県、市区町村への寄附（特例控除対象）	共同募金、日赤その他の寄附	都道府県条例指定寄附	市区町村条例指定寄附
	円	円	円	円				20,000円	円	円	円

退職所得のある配偶者・親族の氏名	個人番号	続柄	生年月日	退職所得を除く所得金額	障害者	その他	寡婦・ひとり親
			明・大・昭・平 ・ ・	円	障 特障	調整	寡婦 ひとり親

事業税　非課税所得など　番号　所得金額　損益通算の特例適用前の不動産所得　円　前年中の開（廃）業　開始・廃止　月日
不動産所得から差し引いた青色申告特別控除額　事業用資産の譲渡損失など　他都道府県の事務所等

上記の配偶者・親族・事業専従者のうち別居の者の氏名・住所　氏名　住所　国外　所得税で控除対象配偶者などとした専従者　氏名　給与　一連番号

整理欄　申告区分　申告等年月日　年　月　日　所得種類　特例適用条文　法　条　の　項　号　申告期限　年　月　日

税理士署名・電話番号（　－　－　）

❶ 取引先ごとの収入金額と源泉徴収されたもの（給与所得などの分も含む）を記入する。
❷ 利用する所得控除の控除額を記入する。
❸ 事業所得以外の所得があれば記入する。
❹ 青色事業専従者がいる場合、氏名や仕事の内容、年間の給与額（全額控除）を記入する。
❺ 住民税や事業税に関して当てはまるものがあれば記入する。
❻ 開業後初めて確定申告する場合は「開始」に○をして、開業の月日を記入する。

確定申告書第１表の記入のポイント

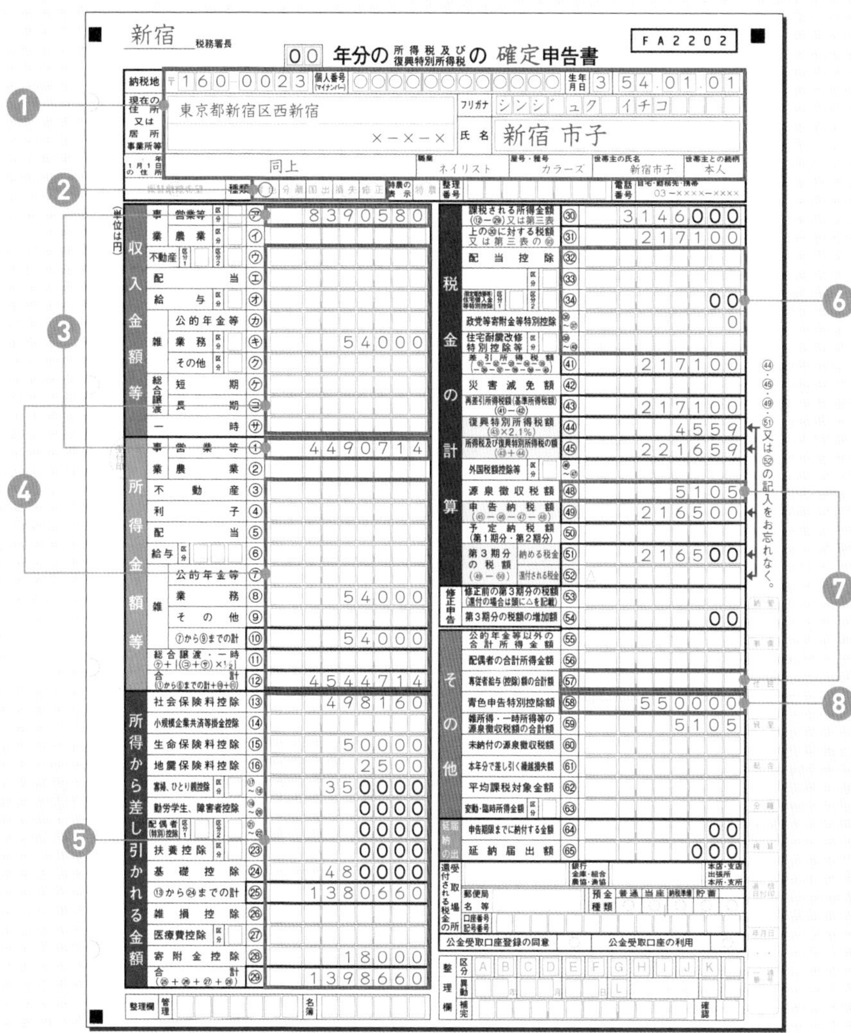

新宿 税務署長　00 年分の所得税及び復興特別所得税の確定申告書　FA2202

納税地	〒160-0023
個人番号（マイナンバー）	
生年月日	3 54.01.01
現在の住所又は居所事業所等	東京都新宿区西新宿 ×－×－×
フリガナ	シンジュク イチコ
氏名	新宿 市子
1月1日の住所	同上
職業	ネイリスト
屋号・雅号	カラーズ
世帯主の氏名	新宿市子
世帯主との続柄	本人
電話番号	03－××××－××××
種類	青色 分離 国出 損失 修正

収入金額等

事業 営業等	㋐	8390580
事業 農業	㋑	
不動産	㋒	
配当	㋓	
給与	㋔	
雑 公的年金等	㋕	
雑 業務	㋖	54000
雑 その他	㋗	
総合譲渡 短期	㋘	
総合譲渡 長期	㋙	
一時	㋚	

所得金額等

事業 営業等	①	4490714
事業 農業	②	
不動産	③	
利子	④	
配当	⑤	
給与	⑥	
雑 公的年金等	⑦	
雑 業務	⑧	54000
雑 その他	⑨	
雑 ⑦から⑨までの計	⑩	54000
総合譲渡・一時 ㋙＋{(㋘＋㋚)×1/2}	⑪	
合計 ①から⑥までの計＋⑩＋⑪	⑫	4544714

所得から差し引かれる金額

社会保険料控除	⑬	498160
小規模企業共済等掛金控除	⑭	
生命保険料控除	⑮	50000
地震保険料控除	⑯	2500
寡婦、ひとり親控除	⑰～⑱	350000
勤労学生、障害者控除	⑲～⑳	0000
配偶者（特別）控除	㉑～㉒	0000
扶養控除	㉓	0000
基礎控除	㉔	480000
⑬から㉔までの計	㉕	1380660
雑損控除	㉖	
医療費控除	㉗	
寄附金控除	㉘	18000
合計 (㉕＋㉖＋㉗＋㉘)	㉙	1398660

税金の計算

課税される所得金額 (⑫－㉙)又は第三表	㉚	3146000
上の㉚に対する税額 又は第三表の㊽	㉛	217100
配当控除	㉜	
	㉝	
住宅借入金等特別控除	㉞	00
政党等寄附金等特別控除	㉟～㊲	0
住宅耐震改修特別控除等	㊳～㊵	
差引所得税額	㊶	217100
災害減免額	㊷	
再差引所得税額（基準所得税額）(㊶－㊷)	㊸	217100
復興特別所得税額 (㊸×2.1%)	㊹	4559
所得税及び復興特別所得税の額 (㊸＋㊹)	㊺	221659
外国税額控除等	㊻～㊼	
源泉徴収税額	㊽	5105
申告納税額 (㊺－㊻－㊼－㊽)	㊾	216500
予定納税額（第1期分・第2期分）	㊿	
第3期分の税額 (㊾－㊿) 納める税金	51	216500
第3期分の税額 還付される税金	52	

㊹・㊺・㊾・51又は52の記入をお忘れなく。

修正申告

修正前の第3期分の税額（還付の場合は頭に△を記載）	53	
第3期分の税額の増加額	54	00

その他

公的年金等以外の合計所得金額	55	
配偶者の合計所得金額	56	
専従者給与（控除）額の合計額	57	
青色申告特別控除額	58	550000
雑所得・一時所得等の源泉徴収税額の合計額	59	5105
未納付の源泉徴収税額	60	
本年分で差し引く繰越損失額	61	
平均課税対象金額	62	
変動・臨時所得金額	63	

延届納の出

申告期限までに納付する金額	64	00
延納届出額	65	000

還付される税金の受取場所：銀行 金庫・組合 農協・漁協／本店・支店 出張所 本所・支所／郵便局名等／預金種類 普通 当座 納税準備 貯蓄／口座番号 記号番号／公金受取口座登録の同意／公金受取口座の利用

整理欄

❶ 住所・氏名・生年月日などの基本情報を記入する。
❷ 青色申告の場合は「青色」に、赤字の場合は「損失」に○をする（損失の場合、損失申告書 ➡ P196 を作成）。
❸ 損益計算書（青色申告決算書１枚目）から転記する。
❹ 事業所得以外の所得があれば記入する。
❺ 所得控除の控除額を記入する。第２表の⑬～⑳および㉖㉘から金額を引用する。
❻ 税額控除があれば、控除額を記入する。
❼ 第２表から、同じ丸番号（㊽・57）の部分をそれぞれ転記する。
❽ 青色申告の場合、受ける特別控除額を記入する。

確定申告書第４表（損失申告用）の記入のポイント

赤字のときで、純損失の繰越控除を受ける場合など 第４表を添付するケース➡右ページ に、第１表とともに第４表の（一）（二）を提出する。

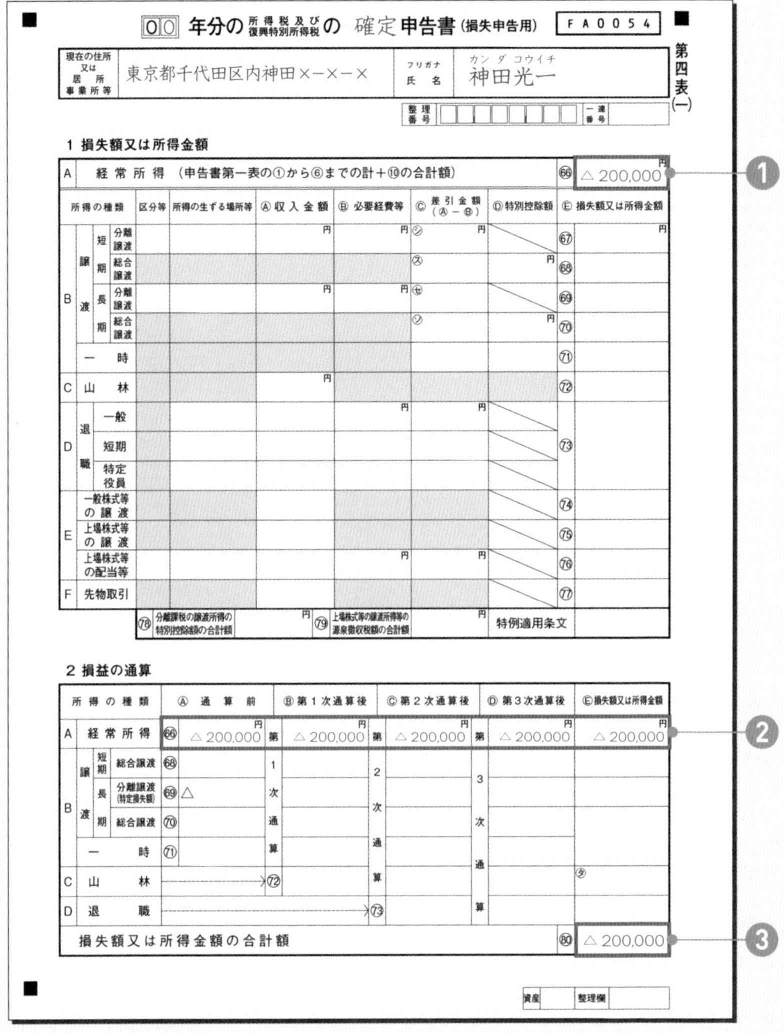

■ 00 年分の 所得税及び復興特別所得税 の 確定 申告書（損失申告用） FA0054 ■

第四表（一）

現在の住所又は居所事業所等	東京都千代田区内神田×−×−×	フリガナ 氏名	カンダ コウイチ 神田光一

整理番号 | 一連番号

1 損失額又は所得金額

A	経常所得（申告書第一表の①から⑥までの計＋⑩の合計額）	⑯	△200,000 円

所得の種類			区分等	所得の生ずる場所等	Ⓐ収入金額	Ⓑ必要経費等	Ⓒ差引金額（Ⓐ−Ⓑ）	Ⓓ特別控除額		Ⓔ損失額又は所得金額
B 譲渡	短期	分離譲渡			円	円	㋛ 円		⑰	円
		総合譲渡					㋜	円	⑱	
	長期	分離譲渡			円	円	㋝		⑲	
		総合譲渡					㋞	円	⑳	
	一時								㉑	
C 山林					円				㉒	
D 退職	一般					円	円		㉓	
	短期									
	特定役員									
E	一般株式等の譲渡								㉔	
	上場株式等の譲渡								㉕	
	上場株式等の配当等					円	円		㉖	
F 先物取引									㉗	

㉘ 分離課税の譲渡所得の特別控除額の合計額	円	㉙ 上場株式等の譲渡所得等の源泉徴収税額の合計額	円	特例適用条文	

2 損益の通算

所得の種類			Ⓐ通算前		Ⓑ第１次通算後		Ⓒ第２次通算後		Ⓓ第３次通算後	Ⓔ損失額又は所得金額
A 経常所得			⑯	△200,000 円	第	△200,000 円	第	△200,000 円	第 △200,000 円	△200,000 円
B 譲渡	短期	総合譲渡	⑱		1		2			
	長期	分離譲渡（特定損失額）	⑲	△	次		次		3	
		総合譲渡	⑳		通		通		次	
	一時		㉑		算		算		通	
C 山林			→		㉒				算	㋟
D 退職			→				㉓			
損失額又は所得金額の合計額									㊵	△200,000

■ 資産 | 整理欄

❶ 今年の金額がそのまま入る。
❷ 赤字の場合、それぞれの欄に赤字額（数字の頭に△をつける）を記入する。
❸「Ⓔ損失額又は所得金額」欄の赤字額を記入する。
❹ 第４表（一）の⑧⓪の金額を転記する。
❺ 繰越控除をして相殺（そうさい）するときは、今年の所得金額を記入する。

※上記の第４表（一）（二）の記入例は、本年も前年も事業所得が赤字で、翌年に赤字を繰り越すケース。

00 年分の所得税及び復興特別所得税の 確定 申告書（損失申告用） FA0059

第四表(二)

整理番号　一連番号

3 翌年以後に繰り越す損失額

青色申告者の損失の金額	81	△ 200,000円
居住用財産に係る通算後譲渡損失の金額	82	
変動所得の損失額	83	

被災事業用資産の損失額	所得の種類	被災事業用資産の種類など	損害の原因	損害年月日	Ⓐ損害金額	Ⓑ保険金などで補填される金額	番号	Ⓒ差引損失額（Ⓐ－Ⓑ）
山林以外	営業等・農業			. .	円	円	84	円
山林以外	不動産			. .			85	
	山林			. .			86	

山林所得に係る被災事業用資産の損失額	87	円
山林以外の所得に係る被災事業用資産の損失額	88	

4 繰越損失を差し引く計算

年分	損失の種類			Ⓐ前年分までに引ききれなかった損失額	Ⓑ本年分で差し引く損失額	Ⓒ翌年分以後に繰り越して差し引かれる損失額(Ⓐ－Ⓑ)
A ＿年（3年前）	純損失	＿年が青色の場合	山林以外の所得の損失	円	円	
			山林所得の損失			
		＿年が白色の場合	変動所得の損失			
			被災事業用資産の損失 山林以外			
			被災事業用資産の損失 山林			
		居住用財産に係る通算後譲渡損失の金額				
	雑損失					
B ＿年（2年前）	純損失	＿年が青色の場合	山林以外の所得の損失			円
			山林所得の損失			
		＿年が白色の場合	変動所得の損失			
			被災事業用資産の損失 山林以外			
			被災事業用資産の損失 山林			
		居住用財産に係る通算後譲渡損失の金額				
	雑損失					
C ＿年（前年）	純損失	＿年が青色の場合	山林以外の所得の損失	3,000,000	0	3,000,000
			山林所得の損失			
		＿年が白色の場合	変動所得の損失			
			被災事業用資産の損失 山林以外			
			被災事業用資産の損失 山林			
		居住用財産に係る通算後譲渡損失の金額				
	雑損失					

本年分の一般株式等及び上場株式等に係る譲渡所得等から差し引く損失額	89	円
本年分の上場株式等に係る配当所得等から差し引く損失額	90	円
本年分の先物取引に係る雑所得等から差し引く損失額	91	円
雑損控除、医療費控除及び寄附金控除の計算で使用する所得金額の合計額	92	0円

5 翌年以後に繰り越される本年分の雑損失の金額	93	円
6 翌年以後に繰り越される株式等に係る譲渡損失の金額	94	円
7 翌年以後に繰り越される先物取引に係る損失の金額	95	円

○第四表は、申告書の第一表・第二表と一緒に提出してください。

資産　整理欄

④ ⑤

第4表を添付するケース

1. 青色申告する人で、その年に生じた純損失の金額を翌年以後に繰り越す場合。
2. その年分の雑損失のみを翌年以後に繰り越す場合。
3. 前年からの繰越損失額があり、かつ、翌年以後への繰越損失額がある場合。
4. 純損失のうちに、翌年以後に繰り越す変動所得の損失額や、被災事業用資産の損失額がある場合。

05 確定申告書の提出と納税方法

提出方法は持参・郵送・電子申告の3つ

確定申告書の記載が終われば、最後に記入漏れがないかなどを確認して、添付書類とともに税務署に提出します。直接税務署へ行く方法もありますが、提出期限当日までの消印であれば郵送（簡易書留）で提出ができます。国税電子申告・納税システム（e-Tax）➡P200により、インターネットで確定申告書を作成し、申告する方法もあります。

期限内に申告とあわせて納付も行う

所得税の確定申告の期限は通常は、3月15日になっています。15日が土日と重なって3月16日、17日になる年もありますが、いずれにしても必ず申告期限までに提出するようにしましょう。期限後に申告した場合、青色申告の55万円控除は適用されず10万円控除になってしまいます。

申告の結果、税金が還付される場合は指定した銀行口座に還付金が振り込まれます。口座は、個人の本人名義の口座を使います。旧姓のものや、屋号などが付いている口座は原則として利用できません。

税金の納付をする場合は、申告の期限と同じ3月15日までに決められた税額を納付します。もし滞納してしまうと、延滞税などが課せられることがあるので注意しましょう。納税方法には、口座振替による納税、金融機関や税務署での納税、電子納税があります。

意外な落とし穴

控えにも受付印を押してもらうことを忘れないで

確定申告書を提出した際は、控えの申告書にも必ず受付印（収受日付印）を押してもらいましょう。小規模企業共済の加入時の書類など、各種手続きで受付印のある確定申告書の控えを求められることがあります。e-Taxで提出する場合も、確定申告書の控えといっしょに「メール詳細」という国税庁からの受信通知を受付印代わりにすることができます。

※2025年1月以降、紙で提出した申告書や申請書、届出書などについて「受付印」が押されなくなる予定です。その場合でも、提出したものと同一の控えは必ず保管するようにしましょう。

確定申告書の提出方法と所得税の納付方法

〚 提出方法 〛

管轄の税務署窓口へ持って行く

◎メリット

確実に提出することが可能。また、確定申告の相談会場が、併設されていることもある。

×デメリット

税務署へ行く時間と手間がかかる。混雑で待つことがある。

郵送（簡易書留）で送る

◎メリット

最寄りのポストに投函するだけで済む。提出期限までの消印であれば、受け付けてもらえる。

×デメリット

返信用の切手を貼った封筒を同封するなど、手間がかかる。

3

e-Tax（電子申告）で送る

◎メリット

インターネット上でデータの送信まで処理できる。

×デメリット

開始届出書を提出して利用者識別番号などを取得しておき、電子証明書を読み込むICカードリーダライタなどを用意する必要がある。

〚 所得税のおもな納付方法 〛

口座振替
申告期限までにあらかじめ税務署へ口座振替の手続きをする。

税務署の窓口
納付書を使って納付する。納付書は税務署に用意されている。

電子納税（e-Tax納税）
インターネットバンキングなどで納付する（口座振替も可能）。

e-Taxの確定申告は書類添付が一部省略になる

e-Taxは、国税に関する手続きについてインターネットを通じて申告・納税できるシステムで、パソコンの画面上で入力してそのまま確定申告書を送信できます。そのため、所得控除や税額控除の書類の添付の一部を省略できます。ただ、税務署などから問い合わせがあったときのために、5年間は保管します。

06 e-Tax（電子申告）を使った確定申告の仕方

e-Taxを使うと節税になる

e-Taxとは、インターネットなどを利用して確定申告書の提出や手続きを電子的に行えるシステムのことです。青色申告特別控除65万円は、①e-Taxによる申告（電子申告）または②電子帳簿保存を行うことで受けられるのですが、電子帳簿保存よりe-Taxを利用するほうがおすすめです。利用には16桁の利用者識別番号の取得や、電子証明書の用意、その電子証明書を読み込むためのICカードリーダライタが必要です。

利用者識別番号はスマートフォンからも取得でき、電子証明書は個人番号カード（マイナンバーカード）➡P39を取得することで利用できます。ICカードリーダライタは、個人番号カードの読み取りに対応しているスマートフォンでも代用できます。過去うまく使えなかった人も、利用の壁は年々下がっていますので、再度挑戦してみましょう。

e-Taxで確定申告書を提出する

青色申告特別控除65万円を受けるには、インターネットによりe-Taxで確定申告書・青色申告決算書などのデータを提出（送信）する必要があります。申告書のデータを送信する際には、そのデータを利用者本人が作成し、改ざんされていないことを証明するため、電子署名を行います。

具体的には、国税庁ホームページの「確定申告書等作成コーナー」で確定申告書・青色申告決算書などのデータを作成します。個人番号カードの電子証明書をICカードリーダライタやスマートフォンから読み取り、申告書データに添付し、提出（送信）します。

e-Taxで提出した場合、その控えは、受信通知（メール詳細）が送信後に表示されますので、その画面を印刷して保管します。

青色申告特別控除65万円を受けるときは提出期限を守る必要があるので、インターネット回線が混雑して期限後の申告にならないよう、提出期限ギリギリの送信は避けましょう。

e-Taxを始めるための事前準備　チェック項目

e-Taxでの申告は準備が必要なので少し手間に感じるかもしれないが、一度使い始めると申告書の作成・提出が簡単に行えるようになる。ぜひ、今年分の申告からe-Taxにチャレンジしてみよう。

□ パソコン・スマートフォンの利用環境の確認

e-Taxによる申告（電子申告）はインターネットが利用できることはもちろんのことOS、ブラウザのバージョン、PDF閲覧ソフトの利用環境が整っている必要がある。Windows、Macはともに利用が可能。

□ 電子証明書の取得

個人番号カードの裏面にあるICチップは、「署名用電子証明書」が格納されていてe-Taxの送信時に読み込んで使う。個人番号カードは、住所地の自治体から取得する。

□ ICカードリーダライタの準備

電子証明書を読み込むためのICカードリーダライタが必要。個人番号カードの読み取りに対応したスマートフォンを、ICカードリーダライタの代替として利用することも可能。

□ 利用開始の届出

利用者識別番号を取得するため、国税庁ホームページの「e-Taxの開始（変更等）届出書作成・提出コーナー」から開始届出書を作成・送信すると、利用者識別番号をその場で取得できる（対面による取得方法もある）。

□ 利用者識別番号の入手

半角16桁の利用者識別番号は、住所や税務署が変わっても使い続けることができるので、すでに取得済みの人は、新しく取得しないように注意する。

経理のちょいテク

e-Taxは確定申告書の提出だけでない！

e-Taxは、確定申告書の提出だけでなく、届出・申請の提出、源泉所得税の手続きや納税証明書の交付申請もできます。事前に税務署へ銀行口座を届けておくと、税金の口座引き落とし指示ができるダイレクト納付や、インターネットバンキング（ペイジー利用）を介して税金の支払いが便利です。金融機関に出向く手間が省け、特に多額の税金を払うときには、お金の移動がラクなので利用者識別番号だけでも取得してみましょう。

07 確定申告と連動している住民税と事業税

確定申告は住民税・事業税にも反映される

住民税と事業税は、所得税と同じように確定申告の申告内容を元に納税額が計算されます。

ただし、住民税も事業税も、地方自治体が税額を計算する課税の方式（賦課課税制度）です。そのため、地方自治体が税額を決定し、納税者に通知します。自分で計算をする必要はありません。ただし、儲かった年には所得税だけでなく、住民税も事業税も増えるということになります。納めなくてはいけない税額を心づもりしておくほうがよいでしょう。

住民税と事業税特有の非課税枠や控除

住民税は納税者が定額で負担する均等割と、所得に応じて負担する所得割を足した金額から計算されます。所得割は、基本的には所得税と同じで、所得控除や税額控除に違いはあるものの、似た計算をします。

正確な納税額は通知で確認する必要がありますが、目安として、確定申告した所得の10％ほどを納税することになります。

事業税で知っておきたいのは、所得控除や青色申告特別控除などは適用されないということです。しかし、代わりに事業主控除290万円があり、290万円以下の所得であれば事業税はかかりません。

また税率は業種によって異なり、場合によっては納めなくてもよい業種もありますが、一般的には事業所得を元に3～5％の税率をかけて計算されることになります。

ところで、確定申告書の第２表➡P194には住民税と個人事業税のための申告欄があります（「住民税・事業税に関する事項」）。この欄は、住民税や事業税独自の非課税枠や控除などを計算に加えてもらうためにあります。

そのため、ここへの記入を漏らすと、住民税額や事業税額が増えてしまう可能性もあるので、よく確認をして当てはまるものがあれば欠かさず記入するようにしましょう。

住民税と事業税のしくみ

住民税と事業税は地方税（都道府県民税・市区町村民税）で、通知書にしたがって市区町村に納める。しくみを知り、納税に備えておこう。

住民税（地方自治体が計算する）

住所地がある市区町村に納める。

1 均等割 ＋ **1 所得割** ＝ **住民税の納付額**

均等割：所得額にかかわらず、定額で徴収される。
- 標準税額は5,000円ほど※

※自治体によっては、増額するところがある。

所得割：所得に応じて決まる。
- 前年の課税所得×標準税率10%※（都道府県民税4％、市区町村税6％）

※自治体によっては、増額または減額するところがある。

! ポイント
- 専業主婦などの所得がない人、生活保護を受けている人、扶養者などを抱えて一定の所得以下の人は住民税を納める必要がない。
- 経費にはならない。

事業税（地方自治体が計算する）

事務所や店舗のある都道府県に納める。

（前年の事業所得－事業主控除290万円） × **税率（3～5％※）** ＝ **事業税**

※ほとんどの業種が税率５％。

! ポイント
- 所得額には青色申告特別控除額は適用されない。代わりに事業主控除290万円（営業期間が1年未満の場合は月割額）がある。
- 所得額には、青色申告の事業専従者給与が経費として差し引かれている。
- 全額が経費になる。

ありがち! 意外な落とし穴

償却資産にも税金がかかる！

事業用の償却資産にも税金がかかります。土地や家屋以外で、事業のために使う構築物、機械、器具、備品などの償却資産を持っている場合は、原則として1月31日までに申告し、納税通知書にしたがって償却資産税を市区町村や都税事務所に支払わなければなりません。これは固定資産税の一種ですが、知らない人も多いようです。

多くの個人事業主の場合、事務机やパソコンなどが償却資産の対象です。申告の計算のときに課税標準額が150万円未満なら課税されませんが、払い漏れには注意しましょう。

08 消費税のしくみと課税対象を知る

個人事業主が納付する消費税は？

所得税の確定申告が終わったら、次は3月31日が申告期限の消費税の確定申告が待っています。その前に、まずは消費税の基本的な疑問を解消しておきましょう。消費税は、商品やサービスの販売など、国内取引に課税される税金です。でも、ふだんの買い物に消費税を支払っているのに、なぜ個人事業主として改めて消費税を支払うことになるのでしょうか。

実は、支払われた消費税は自動的に国に納付されるわけではありません。商品やサービスを販売した人がいったん消費税を預かり、決められた時期に一定期間の消費税を計算して納付することになっているのです。

ただし、製造者から始まり、卸売業者、小売業者、消費者へと商品が流通する過程で生じた消費税をすべて納めると、二重、三重に納付される部分も出てきてしまいます。そこで「預かった消費税額」から「支払った消費税額」を差し引いた残額を納付します。消費税の確定申告は、この残額を確定して申告・納付する作業になります。

なお、「支払った消費税」には、仕入のほか、経費などの費用も含まれます。プライベートの買い物で支払った消費税は含まれません。

消費税が課税される取引とされない取引

消費税は国内のほとんどの商取引に課税されますが、厳密にいえば、「国内で、事業者が事業として対価を得て行う、商品の販売や資産の貸付、サービスの提供および外国貨物の輸入」という条件にすべて当てはまるときに課税されます。自分の事業の売上高が当てはまれば、それは*課税売上高になるわけです。この条件がひとつでも欠ける場合は、消費税のかからない不課税取引になります。不課税取引は消費税の計算の対象外です。

また、条件がすべて当てはまっても、土地の貸付や譲渡、有価証券の譲渡など「消費」という考え方になじまないモノは*非課税取引となります。非課税売上は、おもに課税売上割合の計算に使います。

*課税売上高…消費税がかかる売上高のこと。ただし、備品などの課税資産の譲渡（売却など）も課税売上高に入るため、必ずしも損益計算書の売上高とは一致しない。

消費税納付の基本的な考え方

基本的には、課税売上高から課税仕入高を差し引いた残高を、申告して納付する。

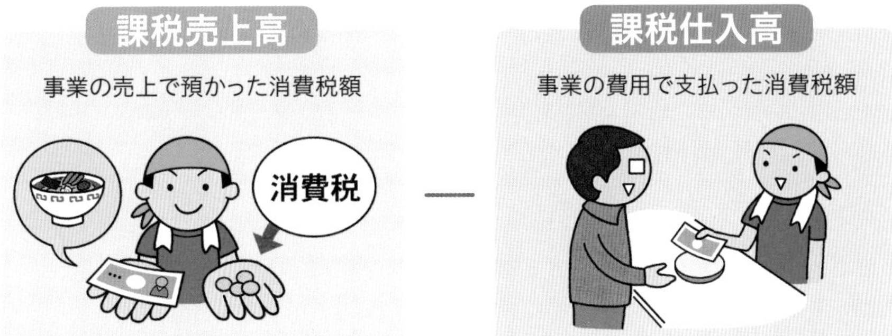

＝ **消費税の納付税額**

具体的な計算方法には、基本的な考えに沿った一般課税方式と、小規模事業者向けに簡単な計算方法を取り入れた簡易課税方式の2つがある➡P208。

消費税の課税対象になる取引

次の条件すべてに当てはまるときに、消費税の課税対象になる取引となる。

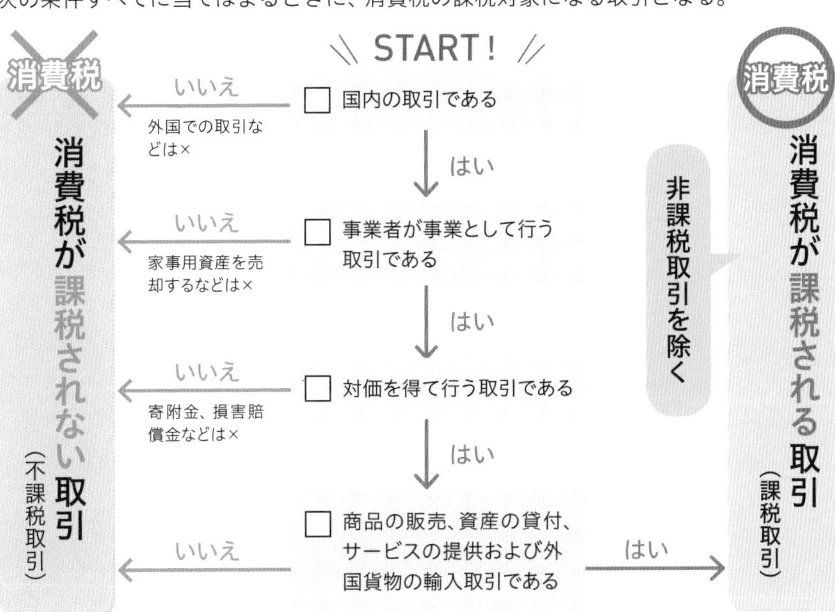

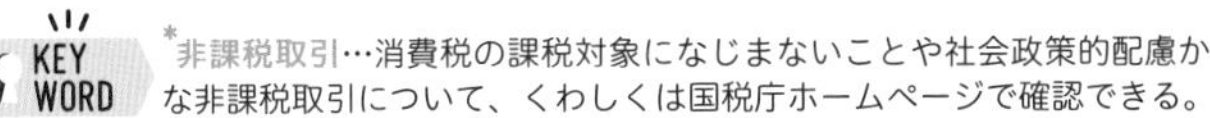

*非課税取引…消費税の課税対象になじまないことや社会政策的配慮から課税しない取引のこと。おもな非課税取引について、くわしくは国税庁ホームページで確認できる。

09 消費税の申告・納付は課税売上高で決まる

申告は一定期間の課税売上高が基準

消費税の確定申告も、所得税と同じように自分で税額を計算して申告・納付します。でも、その前に消費税の納税義務があるかどうかをチェックしましょう。

消費税は、条件が当てはまる事業者の場合、消費税の納税が免除されます。免除されるカギを握るのは課税売上高➡P204です。次の2つが当てはまれば、基本的には納税が免除されます➡右ページ。

①前々年（基準期間）の課税売上高が1,000万円以下

②前年1月1日～6月30日（特定期間）の課税売上高が1,000万円以下

また、新規開業した年は免税事業者となり、消費税を支払わなくてもよいことになっています。

反対に、①、②のどちらかでも当てはまらないときは、自動的に消費税の支払い義務が生じます。たとえ、その年の課税売上高が1,000万円以下になっていても、消費税を支払わなければなりません。課税事業者になったときは、「*消費税課税事業者届出書」を税務署にすみやかに提出する必要があります。

課税事業者のほうが得する場合もある？

たいていの場合は、免税事業者のほうが消費税を支払わないで済むので、お得だと考えられます。しかし、免税事業者であってもあえて課税事業者を選んだほうがよいケースもあります。

*調整対象固定資産の課税される仕入などで、多額の事業用の出費があり、支払った消費税額が預かった消費税額（売上高に発生する）を超えるといった場合です。つまり、課税事業者になることで、支払った消費税と預かった消費税の差額が還付されるのです。

インボイス制度が開始したあとは、適格請求書の発行ができる課税事業者のほうがメリットがあるケースもあります。消費税の納税義務者になるため利益が減ることもありますが、一方で現在の取引先との関係が継続しやすいことも考えられます。

*消費税課税事業者届出書…課税事業者に当てはまった場合に提出が義務の書類。課税事業者になりたいときに提出する「消費税課税事業者選択届出書」とは別のもの。似ているので注意。

免税事業者か課税事業者になるかチェック！

条件に当てはまれば課税事業者、当てはまらなければ免税事業者になる。

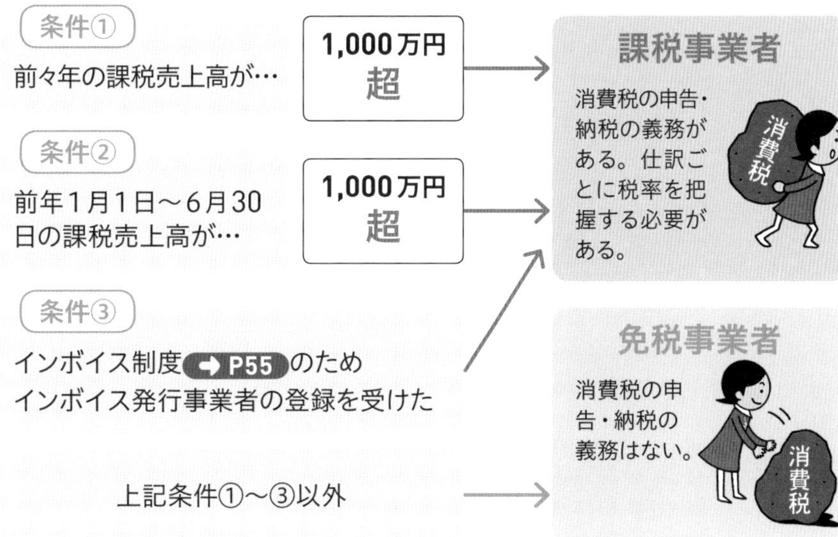

条件①
前々年の課税売上高が…
1,000万円
超
条件②
前年1月1日～6月30日の課税売上高が…
1,000万円
超
条件③
インボイス制度 ➡P55 のため
インボイス発行事業者の登録を受けた
上記条件①～③以外
課税事業者
消費税の申告・納税の義務がある。仕訳ごとに税率を把握する必要がある。
消費税
免税事業者
消費税の申告・納税の義務はない。
消費税

※条件②については、課税売上高が1,000万円を超えていても、支払った給与の合計額が1,000万円以下であれば、免税事業者になる判定もある。

〚適格請求書発行事業者の登録とは？〛

● 「適格請求書発行事業者」の登録を受けるためには「登録申請書」を税務署に提出する必要があります。登録された場合は、「氏名」および「登録番号」がホームページに公表されます。

事業用の多額の出費がある場合は課税事業者が有利

課税事業者になると、支払った消費税と預かった消費税の差額が還付される。

支払った消費税
(開業費用・設備投資費用など)

預かった消費税
(売上高に発生)

課税事業者になると※…

差額分が還付される！

※免税事業者だった人は「消費税課税事業者選択届出書」の提出が必要。ただし、最低2年間は課税事業者を取り消すことができない。

KEY WORD

*調整対象固定資産…建物、機械や装置、車両運搬具、課税資産を貸借するための権利金、ゴルフ会員権の預託金などのうち価額が100万円以上のもの。消費税法で規定されている。

10 消費税の計算は2通り 簡易課税の注意点

消費税は簡易課税方式か一般課税方式

消費税を計算する方法は、*簡易課税方式と一般課税方式があります。

簡易課税方式は、売上高全体に業種別で定められた「みなし仕入率」➡P211を掛けて消費税額を計算します。小規模事業者の負担を軽くするために、特例で設定された計算方法です。

一般課税方式は、取引1つひとつの消費税を把握し、納税する消費税額を計算します。設備投資が多い年は還付のケースがある反面➡P206、取引ごとに課税取引かを見極め消費税を計算するので手間がかかります。

簡単な簡易課税方式にするときの注意点

個人事業主には、計算方法が簡単な簡易課税方式がおすすめです。ただし、みなし仕入率は、事業区分によって定められているものなので、場合によっては納税額が実情より増えてしまうことも考えられます。そのため、前もって両方の方式で試算してから決めるのがよいでしょう計算方法➡P211。

なお、簡易課税方式にするには、次の条件があるので注意しましょう。

①前々年の課税売上高が5,000万円以下

②「消費税簡易課税制度選択届出書」➡右ページを適用を始めたい年の前の12月31日までに提出する

③最低２年間は継続して採用する

免税事業者も消費税分を考慮しよう

税込価格で仕事を受けていたり、免税事業者は消費税を請求できないと思い込んでいたりする個人事業主は多いのではないでしょうか。ただし、経費の支払いに消費税が含まれているケースも多いので、消費税の免税事業者であっても、消費税分を考えたうえで価格を決定しましょう。

なお、免税事業者が消費税を請求してはいけない法律はないものの、請求書や価格などに消費税分を記載するのは、インボイスの登録事業者と紛らわしいので避けましょう。

*簡易課税方式…１年間に支払った消費税額とみなした「みなし仕入率」を掛けて、消費税を計算する方法。売上高にかかる消費税額のみで計算でき、一般課税方式の計算よりも簡単。

消費税簡易課税制度選択届出書（記入例）

❶ 届出日と提出先の税務署名を記入する。

❷ 事業所の住所、名前を記入する。

❸ 簡易課税方式の適用を受けようとする課税期間の初日と末日を記入する。

❹ 課税期間の前々年（基準期間）の初日と末日を、記入する。

❺ 基準期間の課税売上高を記入する。

❻ 具体的な事業内容を記入する。

❼ 簡易課税制度の第１種事業から第６種事業の事業区分のうち、該当する事業の種類を記入する。

❽ 課税事業者を選択して課税事業者になっている場合は「はい」に✓をつける。自動的に課税事業者になっている場合は「いいえ」に✓をつける。

❾ ❽で「はい」にチェックした場合、課税事業者になった日を記入する。

❿ ❽で「はい」にチェックした場合、課税事業者になった日から２年以内に調整対象固定資産の課税仕入などを行っていなければ、「はい」にチェックする。行っていた場合は、一定期間この届出書を提出することができない。

第１号様式

消費税簡易課税制度選択届出書

収受印

○○年 ○月 ○日

新宿 税務署長殿

届出者		
納税地	（フリガナ）	トウキョウト シンジュクク ニシシンジュク
		（〒160－0023）東京都新宿区西新宿 ×－×－×（電話番号 03－××××－××××）
氏名又は名称及び代表者氏名	（フリガナ）	シン ジュク イチ コ
		新宿 市子
		※個人の方は個人番号の記載は不要です。
法人番号		

下記のとおり、消費税法第37条第１項に規定する簡易課税制度の適用を受けたいので、届出します。

（□ 所得税法等の一部を改正する法律（平成28年法律第15号）附則第40条第１項の規定により消費税法第37条第１項に規定する簡易課税制度の適用を受けたいので、届出します。）

① 適用開始課税期間	自 ×4年 1月 1日　至 ×4年 12月 31日
② ①の基準期間	自 ×2年 1月 1日　至 ×2年 12月 31日
③ ②の課税売上高	10,815,000円
事業内容等	（事業の内容）ネイルサロンの経営、商品販売　（事業区分）第５、２種事業

提出要件の確認

次のイ、ロ又はハの場合に該当する（「はい」の場合のみ、イ、ロ又はハの項目を記載してください。）　はい □　いいえ ☑

イ	消費税法第９条第４項の規定により課税事業者を選択している場合	課税事業者となった日	年 月 日
		課税事業者となった日から２年を経過する日までの間に開始した各課税期間中に調整対象固定資産の課税仕入れ等を行っていない	はい □
ロ	消費税法第12条の２第１項に規定する「新設法人」又は同法第12条の３第１項に規定する「特定新規設立法人」に該当する（該当していた）場合	設立年月日	年 月 日
		基準期間がない事業年度に含まれる各課税期間中に調整対象固定資産の課税仕入れ等を行っていない	はい □
ハ	消費税法第12条の４第１項に規定する「高額特定資産の仕入れ等」を行っている場合（同条第２項の規定の適用を受ける場合）（仕入れ等を行った資産が高額特定資産に該当する場合はAの欄を、自己建設高額特定資産に該当する場合は、Bの欄をそれぞれ記載してください。）	A 仕入れ等を行った課税期間の初日	年 月 日
		A この届出による①の「適用開始課税期間」は、高額特定資産の仕入れ等を行った課税期間の初日から、同日以後３年を経過する日の属する課税期間までの各課税期間に該当しない	はい □
		B 仕入れ等を行った課税期間の初日	年 月 日
		B 建設等が完了した課税期間の初日	年 月 日
		B この届出による①の「適用開始課税期間」は、自己建設高額特定資産の建設等に要した仕入れ等に係る支払対価の額の累計額が１千万円以上となった課税期間の初日から、自己建設高額特定資産の建設等が完了した課税期間の初日以後３年を経過する日の属する課税期間までの各課税期間に該当しない	はい □

※ 消費税法第12条の４第２項の規定による場合は、ハの項目を次のとおり記載してください。
1「自己建設高額特定資産」を「調整対象自己建設高額資産」と読み替える。
2「仕入れ等を行った」は、「消費税法第36条第１項又は第３項の規定の適用を受けた」と、「自己建設高額特定資産の建設等に要した仕入れ等に係る支払対価の額の累計額が１千万円以上となった」は、「調整対象自己建設高額資産について消費税法第36条第１項又は第３項の規定の適用を受けた」と読み替える。

※ この届出書を提出した課税期間が、上記イ、ロ又はハに記載の各課税期間である場合、この届出書提出後、届出を行った課税期間中に調整対象固定……課税仕入れ等又は高額特定資産の仕入れ等を行うと、原則としてこの届出書の提出はなかったものとみなされ……。

所得税法等の一部を改正する法律（平成28年法律第15号）（平成28年改正法）附則第40条第１項の規定による場合

次のニ又はホのうち、いずれか該当……

ニ	平成28年改正法附則第40条第１項に……に該当する（ただし、上記イ又はロに記載の各……課税仕入れ等を行っている場合又はこの届出書を提出した日を含む……当する場合には、次の「ホ」により判定する。）	はい □
ホ	平成28年改正法附則第40条第２項に……とき」に該当する（該当する場合は、以下に「著しく……（　　）	はい □

参考事項	
税理士署名	（電話番号 － － ）

※税務署処理欄					
整理番号		部門番号			
届出年月日	年 月 日	入力処理	年 月 日	台帳整理	年 月 日
通信日付印 年 月 日	確認印	番号確認			

注意 1．裏面の記載要領等に留意の上、記載してください。
2．税務署処理欄は、記載しないでください。

11 消費税の計算の仕方と必要書類

消費税の確定申告も事前の準備が大切

消費税の確定申告を行う前にも、下準備が大切です。まずは、課税事業者の条件や消費税額の計算方法などを確認して、必要な手続き➡P206～209を済ませておきます。

確定申告書を作成するときは、消費税の場合も国税庁ホームページ内の「確定申告書等作成コーナー」を利用すると便利です。また毎年、『消費税の確定申告の手引き』が発行されるので、その年から変更されることがないか確認するためにも、税務署の窓口や国税庁ホームページから最新版を入手します。申告で提出する書類は、「消費税及び地方消費税の確定申告書」などがあります➡下図。

提出方法や納税方法は、所得税の確定申告の場合と同じです➡P198。ただし、所得税と違って納税期限と申告期限は、3月31日なので注意しましょう。

消費税の確定申告で提出する書類

消費税の確定申告では、おもに税額計算に利用する計算表と確定申告書の2つを提出する。簡易課税の場合と一般課税の場合とで、それぞれ別の書類を使用する。

一般課税

（取引1つひとつの消費税を計算していく課税方式。）

提出書類

- 〈一般用〉消費税及び地方消費税の確定申告書
- ［付表1］税率別消費税額計算表等
- ［付表2］課税売上割合・控除対象仕入税額等の計算表※

簡易課税

（業種別のみなし仕入率を掛けて計算していく簡単な課税方式。）

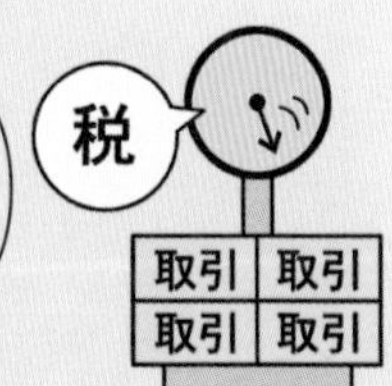

提出書類

- 〈簡易課税用〉消費税及び地方消費税の確定申告書
- ［付表4］税率別消費税額計算表等
- ［付表5］控除対象仕入税額の計算表※

※2019年9月以前の旧税率が適用される課税売上などがある場合は、その申告に対応した別の書類を提出する。

消費税額の計算方法

※インボイス制度により、免税事業者から課税事業者になった課税期間について、2023年〜2026年までは売上税額の20%に軽減される特例ができた。

〖一般的な消費税の納付税額の計算方法〗

課税期間中の課税売上に係わる消費税額 − 課税期間中の課税仕入に係わる消費税額 ＝ 消費税の納付税額

一般課税方式

1 国税の消費税額を計算する

消費税額 ＝ Ⓐ −（課税仕入高（税込）× Ⓒ）

2 地方消費税額を計算する

地方消費税額 ＝ 1 の消費税額 × Ⓑ

3 納付税額を計算する

納付税額 ＝ 1 ＋ 2

簡易課税方式

1 国税の消費税額を計算する

消費税額 ＝ Ⓐ −（Ⓐ × みなし仕入率）

2 地方消費税額を計算する

地方消費税額 ＝ 1 の消費税額 × Ⓑ

3 納付税額を計算する

納付税額 ＝ 1 ＋ 2

標準税率の場合

Ⓐ ＝ 課税売上高（税抜）×7.8%

Ⓑ ＝ $\frac{22}{78}$

Ⓒ ＝ $\frac{7.8}{110}$

消費税10%

軽減税率の場合

Ⓐ ＝ 課税売上高（税抜）×6.24%

Ⓑ ＝ $\frac{22}{78}$

Ⓒ ＝ $\frac{6.24}{108}$

消費税8%

〖みなし仕入率（簡易課税方式）〗

事業区分	該当する事業	みなし仕入率
第１種事業	卸売業	**90%**
第２種事業	小売業	**80%**
第３種事業	農業、林業、漁業、鉱業、建設業、製造業（製造小売業を含む）、電気業、ガス業、熱供給業及び水道業	**70%**
第４種事業	飲食店業など（第１種・第２種・第３種・第５種以外の事業）	**60%**
第５種事業	運輸通信業、金融業及び保険業、サービス業（飲食店業を除く）	**50%**
第６種事業	不動産業	**40%**

12 消費税の経理処理は2種類ある

「税抜経理」と「税込経理」とは？

消費税の納税義務者になると、帳簿づけの際、消費税の経理については「税抜経理」または「税込経理」のどちらを選択してもよいことになっています。

税抜経理は、消費税が課税される取引を、本体価格と消費税を別々に区分して記帳する方法です。具体的には、課税売上に係る消費税を「仮受消費税」とし、課税仕入に係る消費税については「仮払消費税」とします。

税込経理方式による場合は、本書で説明してきたような消費税が課税される取引でも、本体価格と消費税を合計して記帳する方法です。なお、消費税の納税義務が免除されている事業者は「税込経理」で記帳します。

税抜経理は、売上や経費に消費税が含まれていません。そのため、税抜経理で計算される利益は、経営実態が反映された正味利益になります。また、仮受消費税から仮払消費税を引いた差額が納付すべき消費税とすると、納税額の把握がしやすくなるメリットがあります。

また、税抜経理の場合、取引をしたそのつど、税抜で仕訳をする方法のほかに、月末や年末に一括して税抜仕訳にし、仮受消費税・仮払消費税に振り替えて消費税額を把握する方法もあります。

個人事業主は「税込経理」がおすすめ

上場企業の多くは、税抜経理を採用しています。その理由は売上や経費について消費税分が水増しされているように見えないようにするためや、消費税抜きの本体価格で経営状態を把握したい意図があります。つまり金融機関が融資の審査をする際、数年分の確定申告書を見比べたときに、税込経理だと消費税率の改正があったなど事業の実態が見えにくくなるデメリットがあるからです。

一方、会計ソフトを使わない限り、税抜経理は複雑で集計が大変です。会計ソフトを利用したとしても、経理担当者を雇えるほどの規模でないうちは、事務処理はシンプルなほうがいいので、総合的に判断すると、個人事業主の場合は税込経理がおすすめです。

税抜経理と税込経理の仕訳の違い

仕訳例① 携帯電話料金22,000円（うち消費税2,000円）を預金口座から引き落とされた。

税抜経理

借方		貸方	
通信費	20,000	普通預金	22,000
仮払消費税	2,000		

税込経理

借方		貸方	
通信費	22,000	普通預金	22,000

仕訳例② 商品110,000円（うち消費税10,000円）を掛けで販売した。

税抜経理

借方		貸方	
売掛金	110,000	売上高	100,000
		仮受消費税	10,000

税込経理

借方		貸方	
売掛金	110,000	売上高	110,000

仕訳例③ 消費税の納税額300,000円が確定したため、決算で納付税額の仕訳をした。

税抜経理

借方		貸方	
仮受消費税	1,800,000	仮払消費税	1,500,000
		未払消費税	300,000

※差額は「雑収入」「雑損失」で計上する。

税込経理

借方		貸方	
租税公課	300,000	未払消費税	300,000

こんなときどんな勘定科目を使う？

勘定科目早わかり 逆引き一覧表

取引を仕訳するときに、どの勘定科目を使うか迷うことは多いもの。そこで、多く発生する取引内容から勘定科目を探せるようにしました。仕訳のときの参考にしてください。

※〈　〉書き以外は費用グループ。

取引の内容	勘定科目
あ行	
アウトソーシング費用	外注工賃
青色事業専従者への給与	専従者給与
アフィリエイト広告	広告宣伝費
アルバイト代	給与賃金
慰安旅行積立金	預り金〈負債〉
慰安旅行費	福利厚生費
維持管理費（固定資産）	修繕費
イス	消耗品費
一時的な収入	雑収入〈収益〉
衣装代（事業のみ使用）	衣装費
iDeCoの掛金	事業主貸〈資本〉➡所得控除
祝金（取引先に対して）	接待交際費
祝金（従業員に対して）	福利厚生費
印鑑	消耗品費
インク（プリンター）	消耗品費
印刷代（通常）	消耗品費
印刷代（プレゼンテーション用）	広告宣伝費
印紙税	租税公課
飲食代（打ち合わせ・会議）	会議費
インターネット関連費	通信費
インテリア小物	消耗品費
ウイルス対策ソフト	消耗品費
WEBカメラ	消耗品費
請負収入	売上高〈収益〉
打ち合わせ	会議費
内金受け取り	前受金〈負債〉
売上奨励金（支払った金額）	広告宣伝費
売上代金	売上高〈収益〉
売上の未回収分	売掛金〈資産〉
運送保険料	保険料・損害保険料
運送料	荷造運賃
延滞税（国税）	事業主貸〈資本〉
延滞金（地方税）	事業主貸〈資本〉
応接セット（取得価額10万円以上）	工具器具備品〈資産〉
おしぼり（接客用）	消耗品費
お歳暮	接待交際費
お茶代（従業員）	福利厚生費
お茶代（打合わせ時）	会議費
お中元	接待交際費
オンライン会議	通信費

取引の内容	勘定科目
オンラインサロン	諸会費
オンラインレッスン	研修研究費

か行

取引の内容	勘定科目
カーテン	消耗品費
海外出張費	旅費交通費
開業資金	元入金〈資本〉
開業前の諸費用	開業費〈資産〉
会計ソフト	消耗品費
会社案内制作	広告宣伝費
害虫駆除作業	外注工賃
書留料金	通信費
確定拠出年金の掛金	事業主貸〈資本〉➡所得控除
火災保険料	損害保険料・保険料
加算税(国税)	事業主貸〈資本〉
貸金庫	リース料・賃借料
貸倉庫	地代家賃
加湿器	消耗品費
貸付金(返済期間1年以内)	短期貸付金〈資産〉
貸付金(返済期間1年超)	長期貸付金〈資産〉
ガス料金	水道光熱費
ガソリン代(出張など)	旅費交通費
ガソリン代(日常的に使う)	燃料代
過怠税(国税)	事業主貸〈資本〉
ガムテープ(荷造用)	荷造運賃
カメラ(取得価額10万円未満)	消耗品費
カメラ(取得価額10万円以上20万円未満)	一括償却資産〈資産〉
カメラ(取得価額20万円以上)	工具器具備品〈資産〉
借入金(返済期間1年以内)	短期借入金〈負債〉
借入金(返済期間1年超)	長期借入金〈負債〉
借入金の利息	支払利息
科料(地方税)	事業主貸〈資本〉
過料(地方税)	事業主貸〈資本〉
カレンダー	消耗品費
カレンダー制作(社名入り)	広告宣伝費
為替手数料	支払手数料
関税	仕入高
キーボード	消耗品費
切手	通信費
キャビネット	消耗品費
求人広告	広告宣伝費
給与(従業員)	給与賃金
給与(専従者)	専従者給与
共益費(共用部分の維持管理費)	地代家賃
協賛品(祭・スポーツ大会など)	広告宣伝費
空港利用税/旅客施設使用料	旅費交通費
クレジットカード売上手数料	支払手数料
クレジットカード年会費	諸会費
経営コンサルタントへの報酬	支払手数料
経営セーフティ共済(中小企業倒産防止共済)掛金	保険料・損害保険料
携帯通信料	通信費
携帯本体代(取得価額10万未満)	消耗品費
携帯本体代(取得価額10万円以上20万円未満)	一括償却資産〈資産〉
決算で現金過不足を振り替える	雑収入(収益)・雑損失
現金が帳簿と合わない	現金過不足(一時的な科目)
原状回復費	修繕費
健康診断(従業員)	福利厚生費

取引の内容	勘定科目
源泉所得税(従業員)	預り金〈負債〉
源泉所得税(外注者)	預り金〈負債〉
コインパーキング	旅費交通費
コインロッカー利用代	支払手数料
航空券	旅費交通費
高速道路料金	旅費交通費
香典(取引先)	接待交際費
香典(従業員)	福利厚生費
国際観光旅客税	租税公課
国民健康保険料・国民健康保険税	事業主貸〈資本〉➡所得控除
国民年金	事業主貸〈資本〉➡所得控除
国民年金基金	事業主貸〈資本〉➡所得控除
国民年金の支給を受けたとき	事業主借〈資本〉➡雑所得
個人事業税	租税公課
個人年金保険料の支払い	事業主貸〈資本〉➡所得控除
固定資産税	租税公課
コピー機(取得価額10万円未満)	消耗品費
コピー機(取得価額10万円以上20万円未満)	一括償却資産 ➡P137〈資産〉
コピー機(取得価額20万円以上)	工具器具備品〈資産〉
コピー代	消耗品費
コピー用紙	消耗品費
ゴミ収集費用(ゴミ収集シールなど)	雑費
ゴルフクラブ年会費	接待交際費
ゴルフプレー(接待)	接待交際費
雇用保険料(従業員負担分)	預り金〈負債〉
雇用保険料(事業主負担分)	法定福利費
コワーキングスペース(月額)	地代家賃
コワーキングスペース(そのつど)	会議費
梱包用材料	荷造運賃

さ行

取引の内容	勘定科目
サーバー利用代	通信費
サービス料収入	売上高〈収益〉
材料費	仕入高
雑誌代	新聞図書費
残高証明発行手数料	支払手数料
仕入諸経費	仕入高
仕入費用の未払金	買掛金〈負債〉
敷金(店舗)	敷金〈資産〉
事業税	租税公課
視察旅行	旅費交通費
自転車	消耗品費
自動車(取得価額10万円未満)	消耗品費
自動車(取得価額10万円以上)	車両運搬具〈資産〉
自動車修理	修繕費
自動車取得税・自動車重量税	租税公課
自動車定期点検	修繕費
自動車の売却益(営業用)	事業主借➡譲渡所得
自動車保険料	保険料・損害保険料
自賠責保険料	保険料・損害保険料
司法書士への報酬	支払手数料
社会保険労務士への報酬	支払手数料
車庫証明費用	車両運搬具・租税公課

取引の内容	勘定科目
社内旅行	福利厚生費
社内旅行積立金	預り金〈負債〉
収入印紙	租税公課
住民税	事業主貸〈資本〉
住民税(従業員)	預り金〈負債〉
宿泊費(出張先)	旅費交通費
出張費	旅費交通費
傷害保険料の支払い(従業員)	保険料・損害保険料
消火器	雑費
小規模企業共済掛金	事業主貸〈資本〉➡所得控除
償却資産税	租税公課
商談	会議費
商店会会費	諸会費
消毒液・店内消毒代	消耗品費
消費税の納税	➡ P212
常備薬	福利厚生費
商品仕入	仕入高
賞与	給与賃金
除菌器(10万円未満)	消耗品費
除菌グッズ	消耗品費
除湿機(10万円未満)	消耗品費
所得税(還付)	事業主借〈資本〉
所得税(納税)	事業主貸〈資本〉
所得補償保険料の支払い	事業主貸〈資本〉➡所得控除
シルバー人材センターからの配当金	事業主借〈資本〉➡雑所得
新聞購読料	新聞図書費
水道料金	水道光熱費
スカイプ使用料	通信費
生命保険(満期保険金を受けた)	事業主借〈資本〉➡一時所得
生命保険料の支払い	事業主貸〈資本〉➡所得控除
税理士への報酬	支払手数料
設備代(工場機械・厨房などで30万円以上)	機械装置〈資産〉
セミナー参加費	研修研究費
洗剤	消耗品費
倉庫代	地代家賃
掃除用具	消耗品費
贈答品	接待交際費
贈答品(知人にあげた場合)	事業主貸〈資本〉
速達料金	通信費

た行

取引の内容	勘定科目
台車	消耗品費
退職金を受け取った	事業主借〈資本〉➡退職所得
ダイレクトメール	広告宣伝費
タクシー代	旅費交通費
宅配便(商品発送)	荷造運賃
宅配便(書類など)	通信費
段ボール箱(荷造用)	荷造運賃
段ボール箱(保管用)	消耗品費
地図	新聞図書費
仲介手数料(店舗)	支払手数料
駐車場料金(一時)	旅費交通費
駐車場料金(月極)	地代家賃
治療代(医療機関)	事業主貸〈資本〉➡所得控除
賃貸家賃	地代家賃
賃貸家賃更新料(20万円未満)	支払手数料
賃貸家賃更新料(20万円以上)	長期前払費用〈資産〉

取引の内容	勘定科目
通勤手当	旅費交通費
通帳発行手数料	支払手数料
机(テーブル)	消耗品費
定期刊行物購読料	新聞図書費
定期券	旅費交通費
ティッシュペーパー	消耗品費
データストレージ(月額)	消耗品費
テープ(荷造用)	荷造運賃
テープ(事務用)	消耗品費
デジタルカメラ	消耗品費
デジタルビデオカメラ(取得価額10万円未満)	消耗品費
デジタルビデオカメラ(取得価額10万円以上20万円未満)	一括償却資産〈資産〉
デジタルビデオカメラ(取得価額20万円以上)	工具器具備品〈資産〉
手付金の支払い	前払金〈資産〉
手土産(取引先)	接待交際費
電気代	水道光熱費
電子書籍購入	新聞図書費
電車代	旅費交通費
電池	消耗品費
電報(従業員)	福利厚生費
電報(祝電・お悔やみ)	接待交際費
電報(取引先)	接待交際費
店舗用雑貨	消耗品費
電話代(固定・携帯)	通信費
動画編集ソフト	消耗品費
盗難保険料	保険料・損害保険料
灯油代(冷暖房)	水道光熱費
時計	消耗品費
図書カード	新聞図書費
図書カード(贈答用)	接待交際費
ドメイン代	通信費
トラック(取得価額30万円以上)	車両運搬具〈資産〉

な行

取引の内容	勘定科目
内容証明郵便	通信費
人間ドックの費用	事業主貸〈資本〉
人間ドックの費用(重大な病気が発見されたとき)	事業主貸〈資本〉➡所得控除
年賀状	広告宣伝費
納車費用	車両運搬具
ノート	消耗品費
のし袋	消耗品費

は行

取引の内容	勘定科目
パート代	給与賃金
廃棄物処理費用	雑費
はがき	通信費
バス代	旅費交通費
パソコン(取得価額10万円未満)	消耗品費
パソコン(取得価額10万円以上20万円未満)	一括償却資産 ➡P137〈資産〉
パソコン(取得価額20万円以上)	工具器具備品〈資産〉
罰金	事業主貸〈資本〉
花代(事務所で使用)	消耗品費
花代(店舗内用)	消耗品費
花代(取引先)	接待交際費
パンフレット制作費	広告宣伝費
表札制作費	消耗品費
副業による収入	雑収入〈収益〉
不動産取得税	租税公課
不明の支払い(一時的)	仮払金〈資産〉
不明の入金(一時的)	仮受金〈負債〉
フランチャイズ加盟手数料(20万円未満)	支払手数料
振替手数料	支払手数料

取引の内容	勘定科目
振込手数料	支払手数料
ふるさと納税の寄附金	事業主貸 〈資本〉 ➡所得控除
プロジェクター (会議時にレンタル)	会議費
プロジェクター(購入)	消耗品費
プロバイダー費用	通信費
プロパンガス料金	水道光熱費
文房具	消耗品費
弁護士への報酬	支払手数料
報酬の源泉徴収分	預り金 〈負債〉
保険料	損害保険料・保険料
保険料の積立部分の 支払い	保険積立金 〈資産〉
ホームページ制作	広告宣伝費
忘年会	福利厚生費
補助金の受け取り	雑収入 〈収益〉
本	新聞図書費
本棚	消耗品費
保守点検料	修繕費

ま行

マーケティングリサーチ 報酬	支払手数料
前払い(代金・経費)	前払金 〈資産〉
マガジンラック	消耗品費
マスク(接客用)	消耗品費
未収金を 回収できない	貸倒金
未使用の消耗品類・ 収入印紙	貯蔵品 〈資産〉
見本品制作	広告宣伝費
見舞金(従業員)	福利厚生費
見舞金(取引先)	接待交際費
名刺入れ	消耗品費
名刺制作費	消耗品費
メールマガジン	広告宣伝費
メールマガジン 購読料	新聞図書費

や行

家賃	地代家賃
USBメモリ	消耗品費
融資による保証料	前払費用 〈資産〉 ➡支払手数料
融資を受ける	借入金〈負債〉
有料道路交通料	旅費交通費
輸出諸手数料	荷造運賃
輸出海上保険料	保険料・損害保険料
ユニフォーム	消耗品費
輸入海上保険料	保険料・損害保険料
予防接種(従業員)	福利厚生費

ら行

リース料 (コピー機など)	貸借料・リース料
リサイクル預託金	預託金 〈資産〉
預金の利息	事業主借 〈資本〉
料金別納郵便	通信費
礼金(20万円未満)	支払手数料
礼金(20万円以上)	長期前払費用 〈資産〉
冷暖房費	水道光熱費
レジスター	消耗品費
レンタカー費	旅費交通費
レンタルサーバー 使用料金	通信費
レンタル (ビデオ・DVD・CD)	新聞図書費
レンタル(wifi)	通信費
労災保険料	法定福利費
ローンの利息	支払利息
ロッカー	消耗品費

さくいん

あ行

か行

さ行

た行

な行

は行

ま行

や・ら・わ行

監修者 **益田あゆみ**（ますだ あゆみ）

税理士。2007年開業、益田税理士事務所代表。金融系上場会社にて税務を担当した後アメリカに渡り、ニューヨークの会計事務所で日本の税務にも精通した税理士として大きな実績を上げる。帰国後、国際税務だけでなく、日本の税務を中心に提案型の女性税理士として脚光を浴びる。特に、個人事業主や中小企業に対する提案は、税務のみならず多岐に渡り、多くの事業者・開業者から信頼が厚い。事務所の方針は、「成長する事業者様・経営者様と一緒に歩んでいく」。

執筆協力	松原ヨーコ
イラスト	瀬川尚志
デザイン・DTP	村口敬太（Linon）、大島歌織
校閲	西進社
編集協力	有限会社パケット

※本書は、当社ロングセラー『オールカラー　個人事業の経理と節税のしかた』（2016年1月発行）を再編集し、書名、内容等を変更したものです。

最新版 オールカラー 個人事業の経理と節税

2021年8月10日発行　第1版
2024年7月25日発行　第4版　第1刷

監修者	益田あゆみ
発行者	若松和紀
発行所	株式会社 西東社 〒113-0034　東京都文京区湯島2-3-13 https://www.seitosha.co.jp/ 電話　03-5800-3120（代）

※本書に記載のない内容のご質問や著者等の連絡先につきましては、お答えできかねます。

ISBN 978-4-7916-3052-3